公路施工安全与管理研究

张 慧 著

吉林科学技术出版社

图书在版编目（CIP）数据

公路施工安全与管理研究 ／ 张慧著． -- 长春 ： 吉林科学技术出版社，2022.8

ISBN 978-7-5578-9355-2

Ⅰ．①公… Ⅱ．①张… Ⅲ．①道路工程－工程施工－安全管理－研究 Ⅳ．① U415.12

中国版本图书馆 CIP 数据核字（2022）第 113568 号

公路施工安全与管理研究

著	张 慧	
出 版 人	宛 霞	
责任编辑	程 程	
封面设计	刘婷婷	
制 版	张 冉	
幅面尺寸	185mm×260mm	
开 本	16	
字 数	270 千字	
印 张	12.125	
印 数	1–1500 册	
版 次	2022年8月第1版	
印 次	2022年8月第1次印刷	

出 版	吉林科学技术出版社
发 行	吉林科学技术出版社
地 址	长春市南关区福祉大路5788号出版大厦A座
邮 编	130118
发行部电话/传真	0431-81629529　81629530　81629531
	81629532　81629533　81629534
储运部电话	0431-86059116
编辑部电话	0431-81629510
印 刷	廊坊市印艺阁数字科技有限公司

书 号	ISBN 978-7-5578-9355-2
定 价	48.00 元

前　言

本书着眼于交通行业安全生产及环境保护管理岗位所需的专业能力和职业素养要求，以企业安全生产标准化体系及环境保护原则为引领，以安全生产管理制度、安全生产现场管理、公路施工安全控制措施、公路施工环境保护为主要内容。本书既可作为道路桥梁施工技术及工程监理专业用书，也可作为公路建设管理部门、建设单位、施工单位的相关人员在安全、环境保护管理领域的学习辅导资料或职工培训用书。

考虑到公路施工组织安全与管理的特点及工程管理人员应具备的能力，本书以公路工程施工为核心，以施工组织管理为重点，在工程组织与管理方面特别突出工程实际应用能力的培养，全面介绍公路工程施工组织安全与管理的具体方法。通过本书的学习，学生能够掌握公路工程施工过程中的组织原理、施工组织设计编制、机械化施工组织设计、网络计划技术、施工过程中的质量控制、成本管理、安全管理、合同管理、信息管理、施工现场人力资源管理等综合知识。使学生了解和掌握现代公路工程施工必须具备的组织与管理的基本知识和技能，具备组织与管理施工的能力，为培养面向施工一线的高素质技术技能型人才打下坚实的基础。

本书有如下特点：

1. 紧紧围绕教育人才培养目标，依据岗位能力要求，完善项目驱动式内容体系。正确处理知识、能力、素质的辩证统一关系，理论学习深入浅出，突出实践应用，强调素质养成。

2. 根据职业能力要求及教学目标，做到理论和实践紧密结合，通过紧跟公路施工行业安全管理和环境保护标准及要求，切实增强学生的职场岗位适应能力。

3. 内容突出实用性。本书所设计的具体项目都是道路运输行业安全管理及环境保护领域应用最广泛的知识，实用性强。

本书系统地介绍了公路工程施工安全技术的理论及风险评估的有关知识，以及在施工安全生产实践中的具体应用，以预防施工安全生产事故的发生，提高工程的施工安全水平。

目 录

第一章　公路工程概述

第一节　公路工程概述

公路是布置在大地表面供各种车辆行驶的一种线形带状结构物。它主要承受汽车荷载的重复作用和经受各种自然因素的长期影响。因此，公路不仅要有平顺的线形，和缓的纵坡，而且还要有坚实稳定的路基，平整和防滑性能好的路面，牢固耐用的人工构造物以及不可缺少的附属工程和设施。

公路由路基、路面、桥梁、涵洞和隧道等基本部分组成，此外，还有路线交叉、防护工程和沿线设施等。

一、路基

路基，是路面的基础，是按照预定路线的平面位置和设计高程在原地面上开挖和填成一定断面形式的线形人工土石构造物。路基作为行车部分的基础，设计时必须保证行车部分的稳定性，并防止水分及其他自然因素对路基本身的侵蚀和损害。因此，它既要有足够的力学强度和稳定性，又要经济合理。路基通常包括路面、路肩、边坡、边沟等部分的基础。

二、路面

路面，是供汽车安全、迅速、经济、舒适行驶的公路表面部分，它是用各种不同的坚硬材料铺筑于路基顶面的单层或多层结构物，其目的是加固行车部分，使之具有足够的强度和良好的稳定性，以及表面平整、抗滑和无尘。

路面是道路上最重要的建筑物，行车的安全、舒适和经济均取决于路面的质量，因此经常以路面的质量来判断整条公路的质量。

三、排水结构物

一条较长的路线常常需要跨越不同的水流，故需要修建桥梁和涵洞．桥涵，它是公路跨越河流、山谷等障碍物而架设的结构物。桥梁应满足安全、经济、适用、美观的要求。公路上常用的桥涵一般用钢筋混凝土、块石、钢材等材料建造而成。

其他排水结构物：当公路所跨越的水流流量不大时，可以使水流以渗透的方式通过石块砌成的路堤，这种结构称为渗水路堤。周期性的水流有时也容许从行车部分表面流过，这种行车部分称为过水路面。当水流需从公路上方跨过时，可设置渡水槽。当公路跨越较大的水面，而交通量又较小时，为了节省投资，避免建造桥梁，可以采用渡船或浮桥。路线上地面水可用边沟、截水沟、排水沟、急流槽等设施排除（地面排水系统）；当地下水影响严重时，可以采用暗沟、渗沟、渗井等设施进行排除（地下排水系统）。

四、隧道

在山区修筑公路时，常常会遇到山岭。如果用盘山公路绕过山脊或翻越垭口，必须采用展线的方法。在展线的公路线路上，当上爬的地势高、里程较长、坡度较陡、线形曲折迂回时，技术标准很难提高；如果在山岭的腰部，选择一处高度适中、地形合适的地方，打通一条山洞将山岭两侧的公路连接起来，就可以得到一条捷径，也避免了公路因展线所带来的技术标准低的缺点，这类山洞便是公路隧道，如图 1.4 所示。虽然隧道的修建在施工技术上较复杂，工程造价也可能比一般的石方路面要高一些，但是它提高了公路的技术等级和行车效率，降低了运输成本，这是任何展线线形方案无法与之相比的。公路隧道也可以用于山梁和山嘴对穿；当地质条件不好时，还可以用隧道来代替明挖的垭口路堑。

五、防护工程与路线交叉

为了保证路基的强度和稳定性，特别是在不利的水文、地质条件下，为了维持正常的汽车运输，确保行车安全，以及保持公路与自然环境相协调，必须对路基进行防护和加固，它除了保证公路的使用品质外，更主要是对提高投资效益具有重要的意义。

公路与公路，公路与铁路，以及公路与其他道路或管线交叉，除管线必须采用立体交叉外。公路与公路或其他道路相交，既可采用平面交叉也可采用立体交叉，这就是路线交叉。

六、公路沿线设施

在公路上，除了上述各种基本组成结构外，为了保证行车安全、舒适和美观，还需要设置交通安全设施、交通管理设施、防护设施、服务性设施、公路养护管理房屋以及绿化等公路沿线设施．

（一）交通安全设施

为了保证行车和行人的安全和充分发挥公路的作用，各级公路应按规定设置必要的安全设施。

1. 护栏

它是在行车道旁连续架设的、具有一定柔度的梁或索，可使失控车辆与坚硬物体、其他物体及车辆冲撞的损害减到最低程度。护栏一般设置在地势险峻的路段，或填方较高的路段以及像急弯、陡坡、狭路等技术标准较低的路段的一侧或两侧。它一般由立柱与梁或索组成，护栏对车辆的保护作用主要是使碰撞车辆的动能被车轮与钢轨（索），车轮与路面的摩擦力以及立杆发生水平位移时做的功（等于消耗的能量）抵消，从而大大降低车辆碰撞的损毁程度ｃ立柱的间距3—4米，高出路肩表面70—80厘米。

2. 护墙

它是用于安全目的的连续墙体，一般由混凝土制作。它通常设置在山区公路地势险峻的路段，以及分道高速行驶的高速公路中央分隔带处，以防止车辆驶出公路或者车辆驶入高速分道行驶的对向车道，护墙厚度约40—50厘米，高出地面约50—80厘米。

3. 护柱

它是在一般公路较危险路段的一侧或两侧，或者事故多发段，以及高速公路收费处的匝道上设置的漆成红白相间颜色的立柱。用于警告车辆注意行车安全，兼起诱导司机视线的作用，但不能阻挡车辆驶出公路。一般护柱可以采用石料或混凝土做成。

此外。用于安全的设施还有反光标志、轮廓标、人行天桥等。

（二）交通管理设施

为了确保行车安全，使司机能知道前面道路的情况和特点，公路上应设置交通标志和布设路面标线。

按交通部颁发的《公路标志和路面标线标准》，公路标志可分为：

1. 指示标志

它是指示车辆行驶和停车的标志，共25种。采用圆形和矩形的蓝底白色图案。

2. 警告标志

它是指出前方有行车障碍物和行车危险的地点，警告司机集中注意力、保证行车安全的标志，共24种。它采用等边三角形、黑边框、黄底黑色图案。

3. 禁令标点

它是指根据交通情况，为保证安全而对车辆必须加以限制的标志，共 28 种。包括对车辆类型的限制；限高，限重，限宽，限停车；限制调头，转弯，需要车或鸣喇叭等。

4. 指路标志

它是指示道路单程、地点和行驶方向的标志，共 10 种。除里程碑、百米桩外，均采用矩形、蓝底、白字和白色图案。

公路路面标线是布设在路面上的一种文通安全设施，它配合公路标志引导车辆分道行驶，可以对交通作有效的管制，以达到安全、畅通的目的。汽车专用公路以及一般的二级公路和城市道路应设置较齐全的交通标线；运输繁忙的三级公路以及视距不符合要求的路段，应设分道行驶的行车道中心线。公路路面标线可分为四种形式：①白色连续实线，多用于技术等级低的路段，或作为不准逾越的车道分界线，并作停车线、人行横道线等。②白色间断线，常用作车道分界线，车辆可以逾越。③白色箭头指示线，用来指引汽车左、右转弯或直行。④黄色连续实线，严禁车辆逾越。作为车辆分道行驶的分界线。

此外，在高速公路上，应在路上适当的间隔内设置紧急电话，供司机及时向管理机构报告事故、故障或求援。高速公路与一级公路在可能发生事故的路段，应根据需要设置交通监视设施。

（三）防护设施

在各级公路上，对于具有积雪、积沙、坠石、弃物等妨碍交通安全的地点，应根据实际情况设置适当的防护设施。例如在沙漠地区，对风沙频繁运动的路段，可在垂直刮风方向的路堤迎风面一侧，设置防沙栅栏；在泥石流多发地区，常在泥石流流经的河道内及沿途设置拦截坝群，或者用足够孔径的桥梁代替涵洞；在高寒积雪地区，对易受暴风雨及雪崩掩埋的挖方路段，可在行车道上方修建防雪走廊。

（四）服务性设施

公路的服务性设施包括渡口码头、汽车站、加油站、修理站、停车场、餐厅等。渡口是公路路线跨越大型河流时，短期内无法修建桥梁而设置的一种设施。

在交通量稠密并有公共运输交通的公路上，应设置汽车站、加油站、修理站、停车场、餐厅等，以方便乘客，保障行车安全。对于有夜间行车的公路，为保证行车安全，应有符合要求的照明设备。

（五）公路养护管理房屋

养路道班或工区的房屋，是养路职工办公、居住、存放工具、器材，修理养路机械、机具的建筑物。养路道班应根据养路机械化程度和实际需要，本着布局合理、设施适用、环境整治、方便生产和生活的原则，在适宜的地点设置适当规模的管理、生产用房。

（六）绿化

绿化是美化公路，保护环境不可缺少的部分，应在公路用地范围内大力进行绿化。绿化植树可起到防雪固沙和抗御洪水的作用；同时它也是美化路容、保持水土、稳固路基、防止降雨和径流对边坡剥蚀的有效手段；树木在夏季还可起到遮阳和保持路基湿度的作用。此外，在立交区，可以搞一些景观设计，适当的花草摆设和造型设计，可起到装饰点缀的作用。但应注意在路肩上不得植树，在公路交叉范围内和弯道内侧避免植树，以满足视距要求。

第二节　公路施工方法及特点

一、公路施工的方法与特点

（一）施工的方法

高等级公路的施工方法主要有人工、简易机械化、机械化、水力机械化和爆破等。

1. 人工施工法

是使用手工工具进行公路施工的方法。这种施工方法效率低、劳动强度大，不仅要占用大量的劳动力，而且施工进度慢，工程质量也难以保证。但在山区低等级公路路基工程中，当机械无法进入施工现场或施工场地难以展开机械化作业时，就不可避免地要采用人工施工法。

2. 简易机械化施工法

是以人力为主，配以简易机械的公路施工方法。与人工施工法相比较，能适当地减轻劳动强度，而且可以加快施工进度，提高施工质量。在中国目前的施工生产条件下，特别是山区一般公路建设中，仍是一种值得推广的施工方法。

3. 机械化施工法

是使用配套机械，主机配以辅机，相互协调，共同形成主要工序的综合机械化作业的公路施工方法。机械化施工可以极大地提高劳动生产率，减轻劳动强度，显著地加快施工进度，提高工程质量，而且安全程度高，是加速公路工程建设和实现公路施工现代化的根本途径。

4. 爆破施工法

是通过爆破震松岩石、硬土或冻土，开挖路堑或采集石料的施工方法。这种方法是道路施工、特别是山区公路施工不可或缺的重要施工方法。

5. 水力机械化施工法

是利用水泵、水枪等水力机械,喷射出强力水流,冲散土层,并流运至指定地点沉积的施工方法。这种方法需要有充足的水源和电源,适于挖掘比较松散的土质和地下钻孔工程。施工方法的选择,应根据工程性质、工程数量、施工期限以及可能获得的人力和机械设备等条件综合考虑。为了适应中国公路建设标准高和速度快的要求,近年来许多施工单位都先后从国内外购置了大量现代化筑路机械与设备,在高等级公路施工中,基本实现了机械化或半机械化作业,迅速提高了施工质量和劳动效率,大大加快了公路工程建设的步伐。

(二)施工特点

作为一种特定的人工构造物,公路工程施工与工业生产比较,虽然公路施工同样是把一系列的资源投入产品(即工程)的生产过程,其生产上的阶段性和连续性,组织上的专门化和协作化也与之基本相符。但是,公路施工与一般工业生产和其他土建工程施工(如房屋建筑)仍有所不同。

1. 公路工程属于线性工程

一般一条公路项目的建设路段少则几千米,多则数十千米、数百千米以上,路线跨越山川、河谷。路线所经路段难以完全避开不良地质地区,如滑坡、软基、冻土、高填、深挖等路段;在地形复杂的地段,难以避免地要修建大桥,特大桥、隧道、挡墙等结构物。这就使得公路项目建设看似简单,实际上却比一般土木工程项目复杂得多。由于公路路线所经路段地质特性的多变性,使得公路路基施工复杂、多变性凸显,结构物的施工也因地质条件的不确定性,经常导致设计变更、工期延长,使进度控制、质量控制、投资控制的难度大大增加。

2. 公路工程项目构成复杂

公路工程项目的单位工程包括:路基土石方工程路面工程、桥梁工程、隧道工程、互通立交工程、沿线设施及交通工程、绿化工程等。各单位工程中的作业内容差异很大,如桥梁工程,随不同的桥型,施工技术差异很大。这也决定了公路工程项目施工的技术复杂性和管理的综合性。

3. 公路工程项目规模庞大

施工过程缓慢,工作面有限,决定了其较长的工期。高速公路的施工工期通常在2~5年,工期长意味着在工程建设中面临着更多的不确定因素,承担着更大的风险。

4. 公路工程项目建设投资大

高速公路造价一般为2000~4 000万元/km,有时甚至更高。工程建设需要的巨大资金能否及时到位,是保障工程按期完工的前提。资金投入对于投资活动的成功与否关系重大,同时,在工程建设中要求有高质量的工程管理,以确保项目的工期、投资和质量目标的实现。

二、公路施工的基本程序

施工程序是指施工单位从接受施工任务到工程竣工阶段必须遵守的工作程序，主要包括接受施工任、签订工程承包合同、组织施工和竣工验收等。

（一）签订工程承包合同

1. 接受施工任务的方式

施工企业接受任务的方式主要有三种：

（1）上级主管单位统一布置任务，安排计划下达。

（2）经主管部门] 同意，自行对外接受任务。

（3）参加招投标，中标而获得任务。

2. 接受任务的要求

（1）查证核实工程项目是否列入国家计划。

（2）必须有批准的可行性研究初步设计（或施工图设计）及工程概（预）算文件。

3. 接受任务的方式

（1）签订工程承包合同，对工程接受加以肯定。

（2）施工承包合同的内容主要包括承包的依据方式、工程范围、工程质量、施工工期、工程造价、技术物资供应、拨款结算方式、奖惩条款等。

（二）施工准备工作

施工准备工作是为拟建工程的施工建立必要的技术和物质条件，统筹安排施工力量和现场。施工准备工作也是施工企业搞好目标管理，推行技术经济承包的依据。要编制好施工组织设计，以保证工程建设的顺利进行。其作用是发挥企业优势，合理资源供应，加快施工速度，提高工程质量，降低工程成本。。

（三）组织施工

1. 施工准备就绪后，向监理工程师提交开工报告，经同意即可开工。

2. 按施工顺序和施工组织设计中所拟定的施工方法进行施工。

3. 组织施工应具备的文件有：（1）设计文件。（2）施工规范和技术操作规程。（3）各种定额。（4）施工图预算。（5）施工组织设计。（6）公路工程质量检验评定标准和施工验收规范。

（四）竣工验收

1. 所有建设项目和单位工程都已按设计文件内容建成。

2. 以设计文件为依据，根据有关规定和评定质量等级进行工程验收。

第三节 公路工程施工准备

一、技术准备

（一）熟悉与审查设计文件并进行现场核对

组织有关人员学习设计文件，其目的是对设计文件、设计图及资料进行了解和研究，使施工人员明确设计者的设计意图和业主要求，熟悉设计图的细节，并对设计文件和设计图进行现场核对。其内容主要包括：

1. 设计图是否齐全，规定是否明确，与说明有无矛盾。

2. 路基平、纵横断面，构造物总体布置和桥涵结构物形式等是否合理，相互之间是否有错误和矛盾。

3. 主要标高、尺寸、位置有无错误。

4. 设计文件所依据的水文、气象、土壤等资料是否准确、可靠、齐全。

5. 核对路线中线、主要控制点、水准点、三角点、基线等是否准确无误。

6. 路线或构造物与农田、水利航道、公路、铁路、电信、管线及其他建筑物的互相干扰情况及其解决办法是否恰当，干扰可否避免。

7. 对地质不良地段采取的处理措施。

8. 主要材料、劳动力、机械台班等计算（含运距）是否准确。

9. 施工方法、料场分布、运输工具、道路条件等是否符合实际情况。

10. 结构物工程数量计算是否有误。

11. 工程预算以及采用的定额是否合理。如现场核对时发现设计不合理或有错误之处，应做好详细记录并拟定修改意见，待设计技术交底时提交。

（二）补充调查资料

进行现场补充调查是为编制实施性施工组织设计收集资料。调查的内容主要有：

1. 工程地点的水文、地形、气候条件和地质情况。

2. 自采加工料场、当地材料、可供利用的房屋情况。

3. 当地劳动力资源、工业加工能力、运输条件和运输工具情况。

4. 施工场地的水源、电源以及生活物资供应情况。

5. 当地风俗习惯等。

（三）设计交桩和设计技术交底

工程在正式施工之前，应由勘测设计单位向施工单位进行交桩和设计技术交底。交桩应在现场进行，设计单位将路线测设时所设置的导线控制点和水准点及其他重要点位的桩志逐一移交给施工单位。施工单位在接受这些控制点后，要采取必要措施完善加固与保护。

设计技术交底一般由建设单位主持，设计、监理和施工单位参加。交底时设计单位应说明工程的设计依据、设计意图，并对某些特殊结构、新材料、新技术以及施工中的难点和需注意的方面详细说明，提出设计要求。施工单位则将在研究设计文件中发现的问题及有关修改设计的意见提出，由设计单位对有关问题进行澄清和解释，对于合理的修改设计的意见，必要时可在统一认识的基础上，对所讨论的结果逐一记录，并形成会议纪要，由建设单位正式行文，参加单位共同会签，作为与设计文件同时使用的技术文件和指导施工的依据以及进行工程结算的依据"。

（四）建立工地实验室

1. 工地实验室的作用

公路：工程施工过程中，必须进行各种材料试验，以便选用合适的材料及其材料性能参数，才能保证公路工程结构物的强度和耐久性，并有利于掌握各种材料的施工质量指标，保证结构物的施工质量。

随着公路技术等级的提高，相应的筑路材料试验任务增大，并要求试验结果具有更高的准确性和可靠性。高等级公路的线形更趋于平、直，使得路基工程的高填深挖及经过不良地带的路段增加。由于高等级公路对路面的行车性能及耐久性能提出更高的要求，相应地要求路基更为稳定，路面材料应具有更高的力学性能、耐磨蚀性和气候稳定性等。公路工程事业的进步，促进了其施工技术水平的不断提高，同时也推动了公路工程新材料的研究应用，并且使材料性能试验及质量检验工作显得日益重要；另一方面，随着经济体制改革的深化，要求不断改善公路工程的投资效益，因而工程质量问题已从一般化的要求变成了衡量工程施工单位技术质量水平的标志。因此，从某种意义，上说，一项工程的质量如何，已关系到该公路施工单位以后的业务前景。基于上述情况，加强质量管理和施工质量检验、建立并充分发挥工地实验室的作用，是施工单位必须做的一项十分重要的工作。

2. 工地实验室的主要工作内容

工地实验室是为施工现场提供直接服务的实验室，主要任务是配合路基、路面施工，对工地使用的各种原材料、加工材料及结构性材料的物理力学性能以及施工结构体的几何尺寸等进行检测。

3. 工地实验室的人员及设施

工地实验室的试验检测人员必须是施工单位试验检测机构的正式人员。工地实验室负责人应由施工单位试验检测机构负责人授权，从事试验检测工作3年以上，具有交通运输部试验检测工程师资格的人员担任；工地实验室部门负责人需具有省交通厅试验检测员及以上资格的人员担任；一般试验检测人员需具有省交通厅试验检测员及以上资格或交通系统试验检测培训证的人员担任。未取得交通系统试验检测资格或培训证的人员不得上岗。

施工单位试验检测人员数量按施工合同额进行配备，5000万元以下的至少4人；5000万元以上、1亿元以下的至少6人；1亿元以上、2亿元以下的至少8人；2亿元以上的至少10人。

工地实验室在工程项目完工之前，不准对人员和设备进行更换和调离。确实需要更换和调离的，应取得项目建设单位的书面批准。工地实验室面积应达到300m2，并按检测项目要求合理布局，满足工地试验要求；设备安置要合理，便于操作，并保持环境整洁卫生。

工地实验室应按照合同和工程实际需要配备合格的试验检测仪器设备。工地实验室试验检测仪器设备在使用前必须通过计量检定或校准。试验检测仪器设备应由专人负责日常保养、保管，做好使用记录、保养记录，主要试验检测仪器设备应建立设备档案，仪器设备的操作规程要张贴上墙。

（五）编制施工组织设计

施工组织设计是指工程项目在施工前，根据设计人员、业主和监理工程师的要求以及主客观条件，对工程项目施工的全过程所进行的一系列筹划和安排。公路施工组织设计是指导公路施工的基本技术经济文件，也是对施工实行科学管理的重要手段。编制施工组织设计的目的在于全面、合理、有计划地组织施工，从而具体实现设计意图，按质、按量、按期完成施工任务。实践证明，一个工程如果施工组织设计编制得好，并能得到认真地执行，施工就可以有条不紊地进行，否则将会出现盲目施工的混乱局面，造成不必要的损失"。

1. 编制原则

（1）严格遵守合同签订的或上级下达的施工期限，保质保量按期完成施工任务。对工期较长的大型项目，可根据施工情况，分期分批进行安排。

（2）科学、合理地安排施工顺序：在保证质量的基础上，尽可能缩短工期，加快施工进度。

（3）采用先进的施工方法和施工技术，不断提高施工机械化、预制装配化程度，减轻劳动强度，提高劳动生产率。

（4）应用科学的计划方法确定最合理的施工组织方法，根据工程特点和工期要求，因地制宜的快速施工、平行作业。对于复杂的工程应通过网络计划确定最佳的施工组织方案。

（5）落实季节性施工的措施，科学安排施工计划，组织连续、均衡的施工。

（6）严格遵守施工规范、规程和制度，认真按照基本建设程序办事，根据批准的设计文件与工期要求安排进度。严格执行有关技术规范和规程，提出具体的质量、安全控制和管理措施，并在制度上加以保证，确保工程质量和作业安全。

2. 编制施工组织设计的程序

需要遵守一定的程序，根据合同要求和施工现场的具体条件，按照施工的客观规律，协调和处理好各个影响因素的关系，用科学的方法进行编制。

3. 施工组织设计的主要内容

（1）工程概述：包括简要说明工程项目、施工单位、业主、监理机构、设计单位、质检单位名称、合同开工日期和竣工日期、合同价；简要介绍项目的地理位置、地形地貌、水文、气候、交通运输、水电供应等情况；介绍施工组织机构设置及职能部门之间的关系；说明工程结构、规模、主要工程量；说明合同特殊要求等。

（2）施工技术方案：包括施工方法（特别是冬期和雨期以及技术复杂的特殊施工方法），施工程序（重点是施工顺序及工序之间的衔接），决定采用的新技术新工艺、新材料和新设备，技术安全措施、质量保证措施等。

（3）施工进度计划：主要是对施工顺序、开始和结束时间、搭接关系进行综合安排，包括以实物工程量和投资额表示的工程的总进度计划和分年度计划以及所需用的工日数和机械台班数。

（4）施工总平面图布置：必须以平面布置图表示，并标明项目建设的位置、生产区生活区、预制厂材料场、爆破器材库等的位置。

（5）劳动力需要量和来源：包括总需要量和分工种、分年度的需要量在内。

（6）施工现场平面布置。

（7）施工机械、建筑材料，施工用水、用电的分年度需要量及供应方案。

（8）便道、防洪、排水和生产、生活用房屋等设施的建设及时间要求。

（9）施工准备工作进度表：包括各项准备工作的负责单位、完成时间及要求等。

施工组织设计用文、图表三种形式表示，互相结合，互相补充。凡能用图表表示的，应尽量采用图表。因为图表便于"上墙"，能形象、准确、直观地说明问题，有利于指导现场施工。

4. 施工组织设计的编制步骤

（1）施工方案的制定：编制施工组织设计首先遇到的问题就是选择和制定施工方案，如果这个问题得不到解决，施工组织设计乃至以后的施工工作就不可能进行。所以，施工方案的优劣，在很大程度上决定了施工组织设计质量的好坏和施工任务能否圆满完成。

施工方案是指对项目施工所作的总体设想和安排。施工方案应包括：施工方法和施工机具的选择，施工段划分，施工顺序，新工艺、新技术、新机具、新材料、新管理方法的使用，有关该工程的科学试验项目安排等。选择和制定施工方案，首先要考虑其是否可行，同时还要做到技术先进、经济合理、施工安全，应全面权衡、通盘考虑。施工方法是施工方案的核心内容，它对工程的实施具有决定性的作用。确定施工方法应突出重点，凡是采用新技术、新工艺和对本工程质量起关键作用的项目以及工人在操作上还不够熟练的项目，应详细而具体，不仅要拟订进行这一项目的操作过程和方法，而且要提出质量要求以及达到这些要求的技术措施，并要预见可能发生的问题，提出预防和解决这些问题的办法。对于一般性工程和常规施工方法则可适当简化，但要提出工程中的特殊要求。确定施工方法，应考虑工程项目的特点，结合现场一切有关的自然条件和施工单位拥有的施工经验和设备，吸收国内外同类工程成功的施工方法和先进技术，以达到施工快速、经济和优质的目的。

（2）施工进度计划的编制：施工进度计划是对施工顺序、开始和结束时间、搭接关系进行综合安排。施工进度计划是施工组织设计中最重要的组成部分，它必须配合施工方案的选择进行安排，它又是劳动力组织、机具调配、材料供应以及施工场地布置的主要依据，一切施工组织工作都是围绕施工进度计划来进行的。

编制施工进度计划的目的是要确定各个项目的施工顺序，开竣工日期。一般以月为单位进行安排，从而据此计算人力、机具、材料等的分期（月）需要量，进行整个施工场地的布置和编制施工预算。

施工进度计划一般用图示法表现。进度计划的图形可以采用横道图、S形曲线、"香蕉"曲线、网络图等。通常采用横道图，它的形式简单、醒目，易绘制、易懂；还可以在施工过程中在同一图上描绘实际进度。与计划进度相比，当工程项目及工序比较简单，且它们之间的关系也不太复杂，其工序衔接及进度安排凭已有施工经验即可确定时，可以直接绘制横道图进度计划；当工程项目以及工序之间的相互关系比较复杂、各工序的衔接及进度安排有多种方案需进行比较时，则要用网络图求得最优先计划，再整理绘制成横道进度图。

（3）资源供应计划：资源供应计划包括劳动力供应计划、材料供应计划、施工机械和大型工具供应计划、预制品供应计划等，这些计划是根据施工进度计划编制的，是计划进度的保证性计划，是进行市场供应的依据。

（4）场外运输计划：将各种物资从产地或交货地点运到工地仓库、料场；称为场外运输。场外运输计划应解决的主要问题是正确选择运输方式及运输工具，以达到降低成本和加速工程进度的目的。

（六）施工现场规划和场地布置

1. 施工现场规划和场地布置

施工现场和场地布置是施工组织设计的基本内容之一，它需要考虑的问题很多、很广泛也很具体。它是一项实践性、综合性很强的工作，只有充分掌握了现场的地形、地物、熟悉了现，场的周围环境和其他有关条件，并对本工程情况有了一个清楚与正确的认识之后，才能做到统筹规划，合理布局。

施工现场规划和场地布置情况应以场地平面布置图表示出来。在施工场地平面布置图内应表示出公路的平面位置、场地内需要修建的各项临时工程和露天料场、作业场的平面位置和占地面积以及场地内各种运输线路（包括由场外运送材料至工地的进出口线路）。

2. 材料加工及机械修配场地的规划和布置

施工单位为满足本身的需要，有条件时应设置采石场、采砂场、混凝土构件预制场、金属加工厂、机械修配厂等。对于预制场，一般宜设在工地上，以减少构件的运输。对于砂石材料开采场，宜设在材料产地。如有两个或两个以上的产地可供选择时，选择的条件首先是材料品质要符合设计要求；其次是运输距离要近；再次是开采的难易程度、成材率的高低。预制场的选择要综合考虑，做出综合经济分析。对于材料加工场地，则设在原材料产地较为有利。

3. 工地临时房屋的规划与布置

工地临时房屋主要包括施工人员居住用房、办公用房、食堂和其他生活福利设施用房以及实验室、动力站、工作棚和仓库等。这些临时房屋应建在施工期间不被占用、不被水淹，不受塌方影响的安全地带。现场办公用房应建在靠近工地，且受施工噪声影响小的地方；工人宿舍、文化生活用房，应避免设在低洼潮湿、有烟尘和有害健康的地方；此外，房屋之间还应按消防规定相互隔离，并配备灭火器。

4. 工地仓库及料场布置

工地储存材料的设施，一般有露天料场、简易料棚和临时仓库等。易受大气侵蚀的材料，如水泥、铁件、工具、机械配件及容易散失的材料等，宜储存在临时仓库中，钢材、木材等宜设置简易料棚堆放；砂石、石灰等一般在露天料场中堆放。

仓库、料棚、料场的位置，应选择在运输及进出料都方便，而且尽量靠近用料最集中、地形较平坦的地点。设置临时仓库、料棚时，应根据储存材料的特点，进出料的便利程度以及合理的储备定额，来计算需要的面积。面积过大会增加临时工程费用，过小可能满足不了储备需要及增加管理费用。

5. 施工场内运输的规划

在工地范围内，从仓库、料场或预制场等地到施工点的料具、物资搬运，称为场内运输。场内运输方式应根据工地的地形、地物、材料在场内的运距、运量以及周围道路和环境等因素进行选择。如果材料供应运输与施工进度能密切配合，做到场外运输与场内运输一次完成，即由场外运来的材料直接运至施工使用地点，或场内外运输紧密衔接，材料运到场内后不存入仓库、料场，而由场内运输工具转运至使用地点，这是最经济的运输组织方法。这样可节省工地仓库、料场的面积，减少工地装卸费用。但这种场内外运输紧密结合的组织方法在工程实践中是很难做到的。大量的场内运输工作是不可避免的，必须做好施工场内运输规划。

二、组织准备

施工企业通过投标方式获得工程施工任务后，应根据签订的施工合同的要求，迅速组建符合本工程实际的施工管理机构，组织施工队伍进场施工。同时，为保证工程按设计要求的质量、计划规定的进度和低于合同运价的成本，安全顺利地完成施工任务，还应针对施工管理工作复杂，困难多的特点，建立一整套完善的施工管理制度，采用科学的管理方法，切实有效地开展工作。

施工组织准备工作的主要任务是：组建施工项目经理部；选配强有力的施工领导班子和施工力量；强化施工队伍的技术培训。

（一）施工机构的组建和人员的配备

这里的施工机构是指为完成公路施工任务负责现场指挥、管理工作的组织机构。根据中国具体情况及以往的公路施工经验，施工机构一般由生产系统、职能部门］和行政系统等组成。

（二）建立健全各项管理制度

1. 施工计划管理制度

是施工管理工作的中心环节，其他管理工作都要围绕计划管理来开展。计划管理包括编制计划，实施计划、检查和调整计划等环节。由于公路施工受自然条件的影响大，其他客观情况的变化也难于准确预测，这就要求施工计划必须经过充分调查研究后制订，同时在执行过程中应随时检查，发现问题及时采取措施解决，必要时还应对计划进行调整修改，使之符合新的客观情况，保证计划的实现。

2. 工程技术管理制度

是对施工技术进行一系列组织、指挥、调节和控制等活动的总称。其主要内容包括：施工工艺管理、工程质量管理、施工技术措施计划、技术革新和技术改造、安全生产技术措施、技术文件管理等。要搞好各项技术管理工作，关键是建立并严格执行各种技术管理制度，只有执行技术管理制度，才能很好地发挥技术管理作用，圆满地完成技术管理的任务。

3. 工程成本管理制度

是施工企业为降低工程成本而进行的各项管理工作的总称。工程成本管理与其他管理工作有着密切的联系，施工企业总的技术水平和经营管理水平的高低，均能直接或间接地反映在成本这个指标上。工程成本的降低，表明施工企业在施工过程中活劳动（支付劳动者的报酬）和物化劳动（生产资料）的节约。活劳动的节约说明劳动生产率的提高，物化劳动的节约说明机械设备利用率的提高和建筑材料消耗率的降低。因此，建立成本管理制度，加强对工程成本的管理，不断降低工程造价，具有十分重要的意义。

4. 施工安全管理制度

安全生产关系到人民群众生命和财产安全，关系到改革发展和社会稳定大局。加强施工安全、劳动保护对公路工程的质量、成本和工期有重要意义，也是企业管理的一项基本原则。

其基本任务是：正确贯彻执行"以人为本"的思想和"安全第一、预防为主、综合治理"的方针。建立安全施工责任制，加强安全检查，开展安全教育，在保证安全施工的条件下，创优质工程。

第二章　路基施工

第一节　路基工程基本知识

一、路基的概念与分类

公路路基是路面的基础，是线形承重主体，承受着自身土体的自重和路面结构的重量，以及由路面传递下来的行车荷载。没有稳定坚固的路基，就不会有一个好的路面，松软的路基会产生不均匀下沉现象，造成路面开裂和不平整，进而影响行车的速度、安全、舒适和道路的畅通。

根据填挖情况的不同，路基可分为路堤、路堑和填挖结合路基三种类型。路堤是指全部用岩、土（或其他填料）填筑而成的路基；路堑是指全部开挖形成的路基；当天然地面横坡比较大，一侧开挖，另一侧填筑时，称为填挖结合路基，也称半堤半堑路基。

对于一级公路和高速公路，路基又可分为整体式断面路基和分离式断面路基两类。对于路堤来讲，按路基的填土高度不同，又可划分为：矮路基（小于 1.5m）、高路基（大于 18m）和一般路基（1.5—18m）。按填料不同，又可分为土质路基、石质路基和土石混合路基。路基在结构上又分为：上路堤和下路堤、路床。路床是指路面底面以下 0—0.8m 内的路基部分，又可分为上路床和下路床。上路堤是指路面底面以下 0.8—1.5m 的填方部分，下路堤是指上路堤以下的填方部分。

路堑按其开挖方式的不同，又可分为：全挖式路基、台口式路基和半山洞式路基。按其材质不同，路堑又可分为土质路堑和石质路堑。

二、路基施工的特点和基本要求

（一）路基施工的主要特点

土石方数量大，不同路段工程数量差别大：一般平原微丘区的二级公路，每千米土石方数量在 10000—22000m³，山岭重丘区更是数量巨大，不同路段的挖填方数量差别大。

材质差别大：不论是填方路段还是挖方路段，路基工程都是宜土则土、宜石则石。土路基本身也有不同土质类型，如粉性土、砂性土、黏性土、黄土，还有须加固处理的软土等。石质路基材质有可能是石灰岩、沉积岩、变质岩或是火山岩，不论其风化程度如何，只要其强度满足要求，都可以用作路基填料。在同一道路的同一路段上，出现多种材质混合的可能性比较大。

施工方法因地制宜：由于地形地貌、地质水文、气象、现有交通条件等诸多条件的制约，施工方法，宜挖则挖、宜爆则爆，多种多样，因地制宜。

路基工程和桥梁、涵洞、防护工程、路面工程等在施工中相互干扰、相互影响，应认真组织，妥善安排。

应注意环境和生态保护，防止取土、弃土和排水沟、边沟等影响农田水利和排灌系统。

（二）车辆荷载对路基工程的基本要求

具有足够的整体稳定性。

具有足够的强度，也就是抵抗变形的能力。

具有足够的水温稳定性，即在最不利的水温条件下，保持路基的强度仍能满足设计和行车荷载对路基的要求。

（三）路基工程施工的基本要求

路基工程施工应满足设计和使用要求，并把试验检测作为主要的监控手段来指导路基工程施工。

路基施工宜移挖作填，即使用路堑段的挖方用作路堤填筑段的填方，减少占用土地并有利于环境保护，减少对自然景观的破坏，保持与地形地貌的协调。

路基施工应严格按照规范要求来组织，特殊地区的路基施工采取相应的技术措施。

石方挖方路基的施工，不宜采取大爆破的方法进行：必须使用时，需请有相应设计施工资质的单位，做出专门的设计，反复论证后，按大爆破的有关规定组织和实施。

三、路基填料

路基填筑工程量巨大，路基填料的选择一般采取因地制宜的原则，宜土则土，宜石则石。凡是具有规定强度且能被压实到规定密实度和能形成稳定路基的材料均为适用的填料。也就是说，不论是细粒土、粗粒土或是爆破之后的岩石或工业废渣，只要符合一定的技术要求，均可以用作路基填料。但在路基填料的选择上还要注意以下几点：

路基填方应优先考虑使用级配较好的砾类土、砂类土等粗集料做填料，填料的最大粒径应小于 150mm。

当采用细粒土做填料时，最为符合规定。

泥炭、淤泥、冻土、强膨胀土、有机土及易溶盐超过允许含量的土，不得直接用于填筑路基。液限大于 50%，塑性指数大于 26 的土以及含水量超过规定的土，也不得直接用于路基填料。确需使用上述土或黄土填筑路基时，必须采取一定的改善措施，使其满足要求，并取得监理工程师批准。

钢渣、粉煤灰等可用做路基填料，其他工业废渣使用前应进行有害物质的检测，以免对土地和水源造成污染。

浸水路基应选用渗水性良好的材料填筑，如中等颗粒的砂砾、级配碎石等，不应直接采用粉质土填筑。如必须采用细砂、粉砂等易液化的材料做填料时，应考虑防止震动液化的技术措施。

桥梁台背应优先选用渗水性好的填料，在渗水材料缺乏的地区，可以使用石灰、水泥、粉煤灰等单独或综合处置的细粒土。

填石路基的石块最大粒径应小于厚度的 2/3，路床顶面 50cm 厚度内不得使用石块填筑。

四、路基施工期间的防水与排水

在路基工程施工期间，为防止工程或附近农田、建筑物及其他设施受冲刷淤积，应修建临时排水设施，以保持施工场地处于良好的排水状态。

临时性排水设施应与永久性排水设施相结合。施工场地流水不得排入农田、耕地或污染自然水源，也不应引起淤积、阻塞和冲刷。

施工时，不论挖方或填方，均应做到各施工层表面不积水。因此，各施工层应随时保持一定的泄水横坡或纵向排水通道。挖方路基顶面或填方基底含水率过大时，应采取措施降低其含水率。

临时排水设施及排水方案应报请监理检查验收。

五、路基基本施工方法

路基施工方法大致可分为以下几种：

（一）人工施工

采用手工工具，如小推车、扁担挑、铁锹挖、人工填筑、人工石夯夯实的施工方法。人工施工工效低、进度慢，古代和近代的道路基本使用这种方法施工。目前道路施工中，特别小的项目和施工机械无法进入的区域，如庭院人行小路、块石路面，也主要采取人工施工方法。

（二）简易机械化施工

以人工为主、简易机械为辅的施工方式，采取人工战术，大兵团作战，仅在碾压、整形等环节使用机械作业。20 世纪 80 年代以前，由于缺乏机械，我国道路施工和河道清淤多采取这种施工组织方式。

（三）机械法施工

使用配套机械（个别工序辅以人工）相互协调，共同形成主要工序的综合机械化施工方法，目前高等级公路的施工都采用这种方法。

（四）爆破法施工

主要适用于石质路堑和隧道施工。

（五）水力机械法施工

使用水泵、水枪等水力机械喷射强力水流，冲散土层并流至指定地点沉积。这种方法对电力和水源要求高，且沉积时间长，难以控制下工程质量，目前在公路施工中很少使用。

六、路基填方试验路段

对于一级以上公路，或使用新材料、新技术、新工艺、新设备的施工路段，施工单位在正式施工之前，应首先进行一定长度的试验路段，试验路段的施工方法与正式施工相同。进行试验路段的目的是：确定填方施工的松铺厚度，验证最佳含水量范围，确定碾压组合形式，确定最佳的机械配套和施工组织。路段试验应对所有的实验环节做好记录，包括：压实设备的类型，碾压组合方式，碾压速度和碾压遍数，含水量的大小及均匀程度，有无出现翻浆及处理办法，填料的松铺厚度及压实厚度，最后实测的压实度等。试验结果作为以后该种填筑材料施工控制的重要依据。

第二节　一般路基施工

一、土质路堤施工

（一）施工取土

路基填方取土，应根据设计要求，结合路基排水和当地土地规划、环境保护要求进行，不得任意挖取。

施工取土应不占或少占良田，尽量利用荒坡、荒地，取土深度应结合地下水等因素考虑，利于复耕。原地面耕植土应先集中存放，以利再用。

自行选定取土方案时，应符合下列技术要求：①地面横向坡度陡于 1：10 时，取土坑应设在路堤上侧。②桥头两侧不宜设置取土坑。③取土坑与路基之间的距离，应满足路基边坡稳定的要求。取土坑与路基坡脚之间的护坡道应平整密实，表面设 1%—2% 向外倾斜的横坡。④取土坑兼作排水沟时，其底面宜高出附近水域的常水位或与永久排水系统及桥涵出水口的标高相适应，纵坡不宜小于 0.2%，平坦地段不宜小于0.1%。⑤线外取土坑等与排水沟、鱼塘、水库等蓄水（排洪）设施连接时，应采取防冲刷、防污染的措施。

对取土造成的裸露面，应采取整治或防护措施。

（二）施工方法

路堤填筑是把填料用一定方式运送上堤进行铺平、碾压密实的过程。路堤填筑分为分层填筑法、竖向填筑法和混合填筑法三种方法。

1. 分层填筑法

路堤填筑根据不同的土质，从原地面逐层填起并分层压实，每层填土的厚度可按压实机具的有效压实深度和压实度确定。分层填筑法又可分为水平分层填筑和纵向分层填筑两种：①水平分层填筑：填筑时按照横断面全宽分成水平层次，逐层向上填筑，如原地面不平，应由最低处分层填起，每填一层，经过压实符合规定要求之后，再填上一层，依此循环进行直至达到设计高程。②纵向分层填筑：此方法适用于用推土机从路堑取土填筑距离较短的路堤，依纵坡方向分层，逐层向上填筑，原地面纵坡大于12% 的地段常采用此法。

2. 竖向填筑法

是指从路基一端或两端同时按横断面的全部高度，逐步推进填筑。此方法适用于无法自下而上填筑的深谷、陡坡、断岩、泥沼等运土和机械无法进场的路堤。

竖向填筑因填土过厚不易压实，施工时要选用沉陷量较小、透水性较好及颗粒粒径均匀的砂石材料或附近开挖路堑的废石方，并一次填足路堤全宽度；选用振动式或夯击式压实机械；暂时不修建较高级的路面，容许短期内自然沉落。

3. 混合填筑法

在路堤下层竖向填筑，上层水平分层填筑，使上部填土经分层压实获得需要的压实度。此方法适应于因地形限制或填筑堤身较高，不宜采用水平分层法和竖向填筑法自始至终进行填筑的情况。在深谷陡坡地段填筑路堤，尽量采用混合填筑法。施工时可以单机作业，也可多机作业，一般沿线路分段进行，每段距以 20—40m 为宜，多在地势平坦或两侧有可利用的山地土场的场合采用。

（三）施工要点

地基表层处理应符合下列规定：①二级及二级以上公路路堤基底的压实度应不小于90%；三、四级公路应不小于85% 路基填土高度小于路面和路床总厚度时，基底应按设计要求处理。②原地面坑、洞、穴等，应在清除沉积物后，用合格填料分层回填分层压实。③泉眼或露头地下水，应按设计要求，采取有效导排措施后方可填筑路堤。④地基为耕地、松散土、水稻田、湖塘、软土、高液限土等时，应按设计要求进行处理，局部软弱的部分也应采取有效的处理措施。⑤地下水位较高时，应按设计要求进行处理。⑥陡坡地段、土石混合地基、填挖界面、高填方地基等都应按设计要求进行处理。

路堤填筑应符合下列规定：①性质不同的填料，应水平分层、分段填筑，分层压实。同一水平层路基的全宽应采用同一种填料，不得混合填筑。每种填料的填筑层压实后的连续厚度不宜小于500mm。填筑路床顶最后一层时，压实后的厚度应不小于100mm。②潮湿或冻融敏感性小的填料应填筑在路基上层，强度较小的填料应填筑在下层。在有地下水的路段或临水路基范围内，宜填筑透水性好的填料。③在透水性不好的压实层上填筑透水性较好的填料前，应在其表面设2%—4%的双向横坡，并采取相应的防水措施。不得在由透水性较好的填料所填筑的路堤边坡上覆盖透水性不好的填料。④每种填料的松铺厚度应通过试验确定。⑤每一填筑层压实后的宽度不得小于设计宽度。⑥路堤填筑时，应从最低处起分层填筑，逐层压实；当原地面纵坡大于12%或横坡陡于1：5时，应按设计要求挖台阶，或设置坡度向内并大于4%、宽度大于2m的台阶。⑦填方分几个作业段施工时，接头部位如不能交替填筑，则先填路段，按1：1坡度分层留台阶。如能交替填筑，则应分层相互交替搭接，搭接长度不小于2m。

选择施工机械：应考虑工程特点、土石种类及数量、地形、填挖高度、运距、气候条件、工期等因素经济合理地确定。填方压实应配备专用碾压机具。

压实度检测应符合以下规定：①用灌砂法、灌水（水袋）法检测压实度时，取土样的底面位置为每一压实层底部；用环刀法试验时，环刀中部处于压实层厚的1/2深度；用核子仪试验时，应根据其类型，按说明书要求办理。②施工过程中，每一压实层均应检验压实度，检测频率为每1000 ㎡至少检验2点，不足1000 ㎡时检验2点，必要时可根据需要增加检验点。

二、填石路堤施工

（一）填料要求

路堤填料粒径应不大于500 mm，并不宜超过层厚的2/3，不均匀系数宜为15—

20。路床底面以下 400 mm 范围内，填料粒径应小于 150 mm；路床填料粒径应小于 100 mm。膨胀岩石、易溶性岩石不宜直接用于路堤填筑，强风化石料、崩解性岩石和盐化岩石不得直接用于路堤填筑。

（二）填筑方法

填石路堤的填筑施工方式有倾填（含抛填）和逐层填筑、分层压实两种。倾填又可分为石块从岩面爆破后直接散落在准备填筑的路堤内和用推土机将爆破后堆置在半路堑上的石块以及用自卸汽车从远处运来的爆破石块推入路堤两种情况。高速公路、一级公路和铺设高级路面的其他等级公路的填石路堤不宜采用倾填式施工，而应采用分层填筑、分层压实的方法。二级及二级以下且铺设低级路面的公路在陡峻山坡段施工特别困难或大量爆破以挖作填时，可采用倾填方式将石料填筑于路堤下部，但倾填路堤在路床底面下不小于 1.0 m 范围内仍应分层填筑压实。

采用分层填筑方式施工，又可分为机械作业和人工作业两种方法。机械施工分层填筑时，高速公路及一级公路分层松铺厚度一般为 50 cm，其他公路为 100 cm。施工中应安排好石料运行路线，专人指挥，按水平分层，先低后高、先两侧后中央卸料。由于每层填筑厚度较大，故摊铺平整工作必须采用大型推土机进行，个别不平处应配合人工用细石块、石屑找平，如果石块级配较差、粒径较大、填层较厚，石块间的空隙较大时，可于每层表面的空隙里扫入石渣、石屑、中砂、粗砂，再以压力水将砂冲入下部，反复数次，使空隙填满。人工摊铺、填筑填石路堤，当铺填粒径 25 cm 以上石料时，应先铺填大块石料，大面向下，小面向上，摆平放稳，再用小石块找平，石屑塞填，最后压实；铺填粒径 25 cm 以下石料时，可直接分层摊铺，分层碾压。

（三）施工要点

基层处理时：其承载力应满足设计要求；在非岩石地基上填筑填石路堤前，应按设计要求设过渡层。

路堤施工前：应先修筑试验路段，确定满足孔隙率标准的松铺厚度、压实机械型号及组合、压实速度及压实遍数、沉降差等参数。

路床施工前：应先修筑试验路段，确定能达到最大压实干密度的松铺厚度、压实机械型号及组合、压实速度及压实遍数、沉降差等参数。

岩性相差较大的填料应分层或分段填筑：严禁将软质石料与硬质石料混合使用。

中硬、硬质石料填筑路堤时：应进行边坡码砌。码砌边坡的石料强度、尺寸及码砌厚度应符合设计要求。边坡码砌与路基填筑宜基本同步进行。

压实机械宜选用自重不小于 18 t 的振动压路机。

在填石路堤顶面与细粒土填土层之间应按设计要求设过渡层。

（四）质量检验

上、下路堤的压实质量标准：

填石路堤施工过程中的每一压实层，可用试验路段确定的工艺流程和工艺参数，控制压实过程；用试验路段确定的沉降差指标检测压实质量。

填石路堤填筑至设计标高并整修完成后，其施工质量应符合规定。

填石路堤成型后的外观质量标准：路堤表面无明显孔洞；大粒径石料不松动，铁锹挖动困难；边坡码砌紧贴、密实，无明显孔洞、松动，砌块间承接面向内倾斜，坡面平顺。

三、土石路堤施工

土石路堤是指石料含量占总质量 30%—70% 的土石混合材料填筑的路堤。

（一）填料要求

膨胀岩石、易溶性岩石等：不宜直接用于路堤填筑，崩解性岩石和盐化岩石等不得直接用于路堤填筑。

天然土石混合填料中：中硬、硬质石料的最大粒径不得大于压实层厚的 2/3；石料最大粒径不得大于压实层厚。

（二）填筑方法

土石路堤不得采用倾填方法，只能采用分层填筑，分层压实。

当土石混合料中石料含量超过 70% 时，宜采用人工铺填，即先铺填大块石料，且大面向下，放置平衡，再铺小块石料、石渣或石屑嵌缝找平，然后碾压。当土石混合料中石料含量小于 70% 时，可用推土机将土石混合料铺填，每层铺填厚度应根据压实机械类型和规格确定，不宜超过 40 cm。用机械铺填时应注意避免硬质石块，特别是集中在一起的尺寸大的硬质石块。

（三）施工要点

在陡、斜坡地段，土石路堤靠山一侧应按设计要求做好排水和防渗处理。

压实机械宜选用自重不小于 18 t 的振动压路机。

施工前应根据土石混合材料的类别分别进行试验路段施工，确定能达到最大压实干密度的松铺厚度、压实机械型号及组合、压实速度及压实遍数、沉降差等参数。

碾压前应使大粒径石料均匀分散在填料中，石料间孔隙应填充小粒径石料、土和石渣。

压实后透水性差异大的土石混合材料，应分层或分段填筑，不宜纵向分幅填筑。如确需纵向分幅填筑，应将压实后渗水良好的土石混合材料填筑于路堤两侧。

土石混合材料来自不同料场，其岩性或土石比例相差较大时，宜分层或分段填筑。

填料由土石混合材料变化为其他填料时，土石混合材料最后一层的压实厚度应小于 300 mm，该层填料最大粒径宜小于 150 mm，压实后，该层表面应无孔洞。

中硬、硬质石料的土石路堤，应进行边坡码砌：码砌边坡的石料强度、尺寸及码砌厚度应符合设计要求。边坡码砌与路堤填筑宜基本同步进行。软质石料土石路堤的边坡按土质路堤边坡处理。

（四）质量检验

中硬、硬质石料土石路堤在施工过程中的每一次压实层，可用试验路段确定的工艺流程和工艺参数，控制压实过程；用试验路段确定的沉降差指标，检测压实质量。路基成型后质量应符合规定。

软质石料填筑的土石路堤应符合地基表层处理的规定。

土石路堤的外观质量标准包括路基表面无明显孔洞；大粒径填石无松动，铁锹挖动困难；中硬、硬质石料土石路基边坡码砌紧贴、密实，无明显孔洞、松动，砌块间承接面应向内倾斜，坡面平顺。

四、挖方路基施工

（一）土质路堑开挖

1. 土方开挖方法

路堑开挖施工，除需考虑当地的地形条件、采用的机具等因素外，还需考虑土层的分布及利用。在路堑开挖前，应做好现场伐树除根等清理工作和排水工作。如果移挖作填时，还应将表层土单独摒弃，或按不同的土层分层挖掘，以满足路堤填筑的要求。路堑的开挖方法根据路堑深度、纵向长短及现场施工条件，可采用横向挖掘法、纵向挖掘法和混合式挖掘法气

纵向全宽掘进开挖（横挖法）：是在路线一端或两端，沿路线纵向向前开挖。单层掘进开挖，其高度即等于路堑设计深度，掘进时逐段成型向前推进，由相反方向运土送出。单层掘进的高度受到人工操作安全及机械操作有效因素的限制，如果施工紧迫，对于较深路堑，可采用双层纵向掘进开挖，上层在前，下层随后，下层施工面上留有上层操作的出土和排水通道。双层或多层开挖，增多了施工工作面，加快了施工进度，层高应视施工方便且能保证安全而定，一般为 1.5—2.0 m。

横向通道掘进开挖（纵挖法）：是先在路堑纵向挖出通道，然后分段同时由横向掘进。此法工作面多，既可人工施工，亦可机械施工，也可分层纵向开挖，即将路堑分为宽度和深度都合适的纵向层次向前掘进开挖，可采用各式铲运机施工。在短距离及大坡度时，可用推土机施工，如系较长、较宽的路堑，可用铲运机并配以运土机具

进行施工。

混合式掘进开挖：是横挖法和纵挖法的混合使用，即先顺路堑开挖通道，然后沿横向坡面挖掘，以增加开挖坡面，每一开挖坡面应能容纳一个施工组或一台开挖机械作业。在较大的挖土地段，还可沿横向再挖沟，配以传动设备或布置运土车辆。当路线纵向长度和深度都很大时，宜采用混合式开挖法。

2. 土方开挖施工要点

土方开挖应自上而下进行，不得乱挖超挖，严禁掏底开挖，土方应分类开挖分类使用，非适用材料应按设计要求或作为弃方按规定处理。开挖过程中，应采取措施保证边坡稳定。开挖至边坡线前，应预留一定宽度，预留的宽度应保证刷坡过程中设计边坡线外的土层不受到扰动。

路基开挖中，基于实际情况，如需修改设计边坡坡度、截水沟和边沟的位置及尺寸等时，应及时按规定报批。边坡上稳定的孤石应保留。开挖至零填、路堑路床部分后，应尽快进行路床施工；如不能及时进行，宜在设计路床顶标高以上预留至少 300 mm 厚的保护层。采取临时排水措施，确保施工作业面不积水。挖方路基路床顶面终止标高，应考虑因压实而产生的下沉量，其值通过试验确定。

边沟与截水沟应从下游向上游开挖，截水沟通过地面坑凹处时，应将凹处填平夯实。边沟及截水沟开挖后，应及时进行防渗处理，不得渗漏、积水和冲刷边坡及路基。

挖方路基施工遇到地下水时，应采取排导措施，将水引入路基排水系统，不得随意堵塞泉眼。路床土含水量高或为含水层时，应采取设置渗沟、换填、改良土质、土工织物处理措施，路床填料应具有良好的透水性能。

（二）石质路堑施工

1. 石质路堑施工注意事项

采用松土法或破碎法施工应注意的事项与土质路堑开挖基本相同。当采用爆破施工时，应注意以下事项：

爆破影响区内既有建筑物、管线的调查：一旦确定采用爆破法开挖岩石后，应查明爆破区内有无电力、电讯、供排水管道等地面、地下管线，既有建筑物的类型、权属、年限等。若有，还应明确其具体的平面位置、埋置深度、迁移可行性。此外，对开挖边线范围外的既有建筑物、各类管线、距离、权属也应充分调查，以便制定爆破方案，确保线外建筑物、管线的安全。

报请当地公安等部门审批爆破方案：对大、中型爆破，确定方案后，应分别报送当地公安局、建筑物及管线的直接单位及主管部门、监理工程师审批。

持证上岗：持证上岗是杜绝爆破伤亡事故的根本保证。凡从事爆破作业的施工人员均必须经过专业培训，取得爆破证书后才能上岗。必须一人一证，严禁一证多人使用。

清渣工作：清渣应自上而下，将松动的、破碎的岩石撬落。不准掏"神仙渣"（即在下面往里掏成悬岩状，石渣在自重的作用下坍落），以免坍塌伤人。目前多用大功率推土机集石，装载机装车；或直接用斗容量 1.5—2.0 m³ 的正铲挖掘机装车。对特大的孤石，可采用钢钎炮二次爆破解小。

安全：爆破施工安全包括爆破器材安全管理、施工操作安全及警戒线之内的其他人员、物资安全。爆破施工是一项危险作业，要求杜绝各种事故的发生，做到安全生产。对爆破作业的每一道工序，都必须认真执行各有关爆破安全规程，有组织、有计划、有步骤地进行施工。为了避免事故，石方爆破作业以及爆破器材的管理、加工、运输检验和销毁等工程均应按国家现行的《爆破安全规程》执行。

爆破器材安全管理。所有爆破器材、雷管、炸药应在指定地点分开存放，相距不得小于 1 km，距离施工现场不得小于 3 km。存放仓库应保持良好的通风，设置避雷设施。库房周围设围墙，无关人员不得入内，严禁烟火。仓库应配备 24 小时全天候看守的警卫值勤人员，配备良好的足够的防火设备。临时性爆破器材仓库禁止安装电灯照明，可用自然采光或安全手电筒。临时性爆破器材仓库的最大库存量：炸药 10 L，雷管 2 万发，导火索 1 万 m。库房内设单独的发放间，雷管和炸药分开存放，间距在 8 m 以上。爆破器材应有专人负责入库、发出，健全各种手续。在雷雨黑夜天气不得办理爆炸物品的收发工作。

施工操作安全。爆破施工环节，包括钻孔、导洞开挖，装药、堵塞、起爆，瞎炮处理等，这些环节都具有危险性。

钻孔和导洞开挖时，所有作业人员必须戴安全帽和必要的劳保用品。洞口和险道设置栏杆，并有足够的照明。洞内采用 12—36V 的低压安全灯，严禁高压或明火照明。洞口开挖前应处理危石，以确保安全，否则采取支撑。导洞深度越过 6 m 时，应采取通风措施。经常检查洞内风量、气压和有害气体含量。装药、堵塞、起爆阶段，应注意以下几点：①炮孔、洞室完成后及时报验，合格后方可装药 g ②起爆药包只准在爆破附近的安全地点进行。③在炸药、雷管送达洞口前，将洞内所有电线取出，改用绝缘手电筒或蓄电池灯照明，严禁烟火。④装药、堵塞严格按设计要求操作，不准用块石压盖药包，并注意保护起爆线。⑤装药、堵塞后，由经过专职培训合格的爆破工连线。⑥爆破区边界和通道设岗哨和标志，爆破信号和解除信号要及时、显著。⑦爆破后应对爆破现场进行认真检查，发现瞎炮及时、安全处理。

排水：节理发育的岩石，例如石灰岩地区，地表水会沿裂缝缝隙往下渗入，一般不用设截水天沟 & 但在开挖区内应在纵、横向形成坡面，确保工作面不积水。其他石质路堑视现场而定。

2. 炮型的选择

公路工程爆破炮型种类繁多，分类方法也不尽相同。影响炮型选择的因素很多，包括石方的集中程度，路堑开挖深度，地质、地形条件，公路路基横断面形状及施工机械。其中施工机械往往是决定炮型选择的决定性因素。

按工作动力不同，凿岩机可分为风动凿岩机、液压凿岩机、电动凿岩机和内燃凿岩机。风动凿岩机采用压缩空气为动力，结构简单，质量轻，工作安全可靠，操作维修方便，适用于任何硬度的岩石。液压凿岩机是近年发展起来的一种新型凿岩机，具有单一动力，低消耗，实现一人多机操作，现场调整参数等优点。目前爆破大多采用这类凿岩机械。电动凿岩机、内燃凿岩机或因可靠性差，或因笨重，实际没有前两种使用普遍。

3. 公路工程特殊爆破技术

公路工程施工中比较常用的有光面爆破、预裂爆破、定向爆破、微差爆破、松动爆破等。下面就以上特殊爆破技术做简要介绍。

光面爆破：是指在开挖界面的周边，适当排列一定间隔的炮孔，在有侧向临空面的情况下，用控制抵抗线和落量的方法使爆破后的坡面保持光滑、顺直、平整而不受明显破坏的爆破方法。光面爆破具有以下特点：①爆破后成型规整，路基断面符合设计轮廓，特别在松软岩层中更能显示出光面爆破的作用。②爆破后不产生或很少产生爆震裂隙，新岩面保持原有稳定性，岩体承载能力不致下降，因而可有效地保证施工安全，为快速施工创造有利条件。③新岩壁平整，通风阻力小，岩面上应力集中现象减少，在深部岩壁表面可以减少岩爆危害。

光面爆破属于控制爆破，其机理是沿开挖轮廓线布置间距减少的平行炮眼，在这些岩面炮眼中进行药量减少的不耦合装药（即采用间隔药包、间隔钻孔装药，通常是使炮孔直径大于药卷直径 1~2 倍），然后同时起爆，爆破时沿这些炮眼的中心连线破裂成平整的光面。光面爆破时由于采用不耦合装药，药包爆炸后，炮眼壁上的压力显著降低，此时药包的爆破作用为准静压作用，当炮孔压力值低于岩石抗压强度时，在炮眼壁上不至于造成"压碎"破坏，因此爆炸引起的应力和凿岩时在炮眼壁上造成的应力状态相似，只能引起少量的径向细微裂隙。裂隙数目及其长度随不耦合系数（一般为 1.1~3.0，其中 1.5~2.5 用得较多）和装药量不同而不同，一般地在药包直径一定时，不耦合系数值愈大，药量愈小，则细微裂隙数愈少而长度也愈短。光面炮眼同时起爆时，由于起爆器材的起爆时间误差，不可能在同一时刻爆炸，先起爆的药包的爆炸应力作用在炮眼周围产生细微径向裂隙，由于相邻炮眼的导向作用，结果沿相邻两炮眼中心连线的那条径向裂隙得到优先发育，在爆炸气体作用下，这条裂隙继续延伸和扩展，在相邻两炮眼的炮眼连线与眼壁相交处产生应力集中，此处拉应力值最大，该相邻两炮眼中爆炸气体的气楔作用将这些径向裂隙加以扩展，成为贯通裂隙，最后造成光面。

光面爆破施工的主要技术要点：①选择要求工作空间较小的优良钻机，精确凿岩，控制炮眼底部的偏离，严格保持炮孔在同一平面内。②光面爆破应在主炮起爆之后，间隔时间在 25~50 ms 范围内洞一排炮孔必须同时爆破，以免影响起爆质量，最好用传爆线起爆。③采用恰当的药包结构，并控制装药量。一般地，光面爆破装药量比正常减少 1/2~1/3，炮孔直径不大于 50 mm，且大于药卷直径 1~2 倍，或采用间隔药包、间隔钻孔装药。④边孔间距可通过计算确定，也可由工地试验决定，曲线边孔应加密到 0.2 m，采用小孔径，可间隔 1~2 孔装药。

预裂爆破：是沿岩体设计开挖面与主孔之间布置一排预裂主炮孔，并使预裂炮孔超前主炮孔起爆（一般超前 50~150 ms 起爆），从而沿设计开挖面将岩石拉断，形成贯通预裂，使爆破主体与山体分离形成隔震减震带，为全部爆破完成后岩石开挖面形成要求的轮廓的一种爆破方法。

预裂爆破是在没有侧向空面和最小抵抗线的情况下，按一定间距钻一排小孔距平行炮孔，孔内装入少量炸药，在开挖区主爆起爆之前，这些炮孔首先爆破，预裂出一条裂缝，预裂缝在一定范围减小主炮炮孔的爆破震动效应，使开挖界限以外的山体或建筑物免遭爆破震动的破坏，并且防止额外超爆，有效保护开挖边坡，减小破坏。预裂爆破是在光面爆破基础上发展起来的一项特殊爆破技术。

施工时，为了获得良好的预裂爆破效果，除选择合理的爆破参数、起爆顺序和布孔方式外，更应精确掌握施工方法、操作要点，掌握好"孔深、方向和倾斜角度"三大要素，一般孔底的钻孔偏差不应大于 15 cm。对钻孔的质量应十分重视，符合设计要求。

定向爆破：就是利用爆破的作用，将大量的岩石和土按照指定的方向搬移到一定的地点，并堆积成一定形状的填方。定向爆破的基本原理，就是炸药在岩石或土内部爆炸时，岩石和土是沿着最小抵抗线，即沿着从药包到临空面最短距离的方向而抛出去，因此，合理选择临空面并布置炮孔是定向爆破的一个重要问题。临空面可以利用自然的地形，也可以在爆破地点，用人工方法造成需要的孔穴或空向槽作为临空面，以便能够按照需要的方向，将爆破的岩石抛向指定的位置。

第三节　特殊路基施工

一、软土路基施工

淤泥、淤泥质土以及天然强度低、压缩性高、透水性小的一般黏性土统称为软土。软土路基天然含水率大于或等于 35% 与液限；天然孔隙比大于或等于 1 m；十字板抗剪强度小于 35 kPa ；压缩系数宜大于 0.5 MPa^{-1}。

高速公路路基的软土系指：标准贯击数小于 4，无侧限抗压强度小于 50 kPa，含水量大于 50% 的黏性土和标准贯击数小于 10，含水量大于 30% 的砂性土。

软土无论是按沉积成因还是按土质划分，它们都具有共同的工程性质，即：①颜色以深色为主，粒度成分以细颗粒为主，有机质含量高。②天然含水量高，容重小，天然含水量大于液限，超过 30%；相对含水量大于 10；软土的饱和度高达 100%，甚至更大，天然重力密度为 1.5~19 km^3。③天然孔隙比，一般大于 1m。④渗透系数小，一般小于 10^{-6}cm/s 数量级，沉降速度慢，固结完成所需时间较长。⑤黏粒含量高，塑性指数大。⑥高压缩性，压缩系数大，基础沉降量大，一般压缩系数大于 0.5 MPa。⑦强度指标小，软土的快剪黏聚力小于 10 kPa，快剪内摩擦角小于 5°。固结快剪黏聚力小于 10 kPa，快剪内摩擦角小于 5°；固结快剪的强度指标略高，黏聚力小于 15 kPa，内摩擦角小于 10°。⑧软土的灵敏度高，灵敏度一般在 2~10，有时大于 10，具有显著的流变特性。软土路基应进行路基处理并观测路堤沉降，按图纸或经监理工程师批准的处理方法进行施工。

（一）软土路基处理方法

换填法：是将原路基一定深度和范围内的淤泥挖除，换填符合规定要求的材料，使之达到规定压实度的方法。换填时，应选用水稳性或透水性好的材料，分层铺筑，逐层压实。

抛石挤淤法：是在路基底从中部向两侧抛投一定数量的碎石，将淤泥挤出路基范围，以提高路基强度。所用碎石宜采用不易风化的大石块，尺寸一般不小于 0.15 m。抛石挤淤法施工简单、迅速、方便。适用于常年积水的洼地，排水困难，泥炭呈流动状态，厚度较薄，表层无硬壳，片石能沉达底部的泥沼或厚度为 3~4m 的软土；适用于在特别软的地面上施工，或是表面存在大量积水无法排出时；适用于石料丰富，运距较短的情况。

排水固结法：堆载预压法、真空预压法、降水预压法、电渗排水法，适用于处理厚度较大的饱和软土和冲填土路基，但对于较厚的泥炭层要慎重选择。

加筋土法：适用范围为人工填土，砂土的路堤、挡墙、桥台等；土工织物适用于砂土、黏性土和软土的加固，或用于反滤、排水和隔离的材料；树根桩适用于各类土，主要用于既有建筑物的加固及稳定土坡、支挡结构物；锚固法能可靠地锚固土层和岩层。对软弱黏土宜通过重复高压灌浆或采用多段扩体或端头扩体以提高锚固段锚固力。对于液限大于 50% 的黏性土，相对密度小于 0.3 的松散砂土以及有机质含量较高的土层，均不得作为永久性锚固地层。

石灰桩法：适用于渗透系数适中的软黏土、杂填土、膨胀土、红黏土、湿陷性黄土。

不适合地下水位以下的渗透系数较大的土层。当渗透系数较小时，软土脱水加固效果不好的土层慎用。

强夯置换法：适用于饱和软黏土，一般适合 3~6 m 的浅层处理。

砂桩法：适用于软弱黏性土，但应慎用，且需要较长的时间，对不排水剪切强度小于 15 kPa 的软土应采用袋装砂井桩。

夯坑基础法：适用于软黏土、非饱和的黏性土、夯填土、湿陷性黄土。

强夯法：适用于碎石、砂土、杂填土、素填土、湿陷性黄土及低饱和度的粉土和黏性土。对于高饱和度的粉土和黏性土，需经试验论证后方可使用，且应设置竖向排水通道。该法处理深度可达 10 多米，但强夯的震动可能会对周围环境造成不良影响，因此，使用时要求考虑周围环境因素。

挤密碎石桩法：适用于松散的非饱和黏性土、杂填土、湿陷性黄土、疏松的砂性土。对饱和软黏土应慎重使用。

（二）软土路基施工方法

1. 抛石挤淤施工

抛石挤淤应按设计要求或监理工程师的要求进行。

应选用不易风化的片石，片石厚度或直径不宜小于 300 mm。

当软土地层平坦，软土成流动状时，填土应沿路基中线向前成三角形方式投放片石，再逐渐向两侧全宽范围扩展，使泥沼或软土向两侧挤出。当软土地层横坡陡于 1：10 时应自高侧向低侧抛投，并在低侧边部多抛填，使低侧边部约有 2 m 的平台。

片石抛出软土面或抛出水面后，应用较小石块填塞垫平，用重型压路机压实。

2. 垫层施工

垫层处置施工通常用于松软过湿的表面，采用排水、铺设填料或以掺加剂加固使地表层强度增加，防止地基局部剪切变形，从而保证重型机械通行，又使填土荷载均匀分布在地基上。

垫层材料宜采用无杂物的中、粗砂，含泥量应不小于 5%；也可采用天然级配型砾料，其最大粒径应小于 50 mm，砾石强度应不低于四级。垫层应分层摊铺压实，碾压到规定的压实度。垫层宽度应宽出路基边脚 500~1 000 mm，两侧宜用片石护砌或采用其他方式防护。垫层采用沙砾料时，应避免粒料离析。在软、湿路基上铺以 0.3~0.5 m 厚度的排水层，有利于软湿表层的固结，并形成填土的底层排水，在一定程度上能提高地基强度，使施工机械可以通行。碎石、岩渣垫层的一般厚度为 0.4 m 左右，并铺设单层或双层土工织物或土工网格，有利于均匀支承填土荷载，提高地基承载力，减少地基的沉降量。掺合料垫层是利用掺合料（石灰、水泥、土、加固剂）以一定剂量混合在填料土中，可改变地基的压缩性和强度特性，从而保证施工机械的通行，垫层大部分松散，应进行大部或全部防护。

3. 袋装砂井施工

袋装砂井施工工艺流程为：施工设备的准备→沉入套管→袋装砂沉入→就地填砂或井→预制沙袋沉放。

袋装砂浆的成孔方法可根据机械设备条件进行比较选择：专用的施工设备一般为导管式的振动打设机械，只是在进行方式上有差异。成孔的施工方法有五种，即锤击沉入法、射水法、压入法、钻孔法及振动贯入法等。

施工要点：①中、粗砂中大于 0.6 mm 颗粒的含量宜占总质量的 50% 以上，含泥量小于 3%，渗透系数大于 5×10^{-2} mm/s。沙袋的渗透系数应不小于砂的渗透系数。②袋装砂井施工应符合以下规定：沙袋露天堆放时，应有遮盖，不得长时间暴晒；沙袋应垂直下井，不得扭结、缩颈、断裂、磨损；拔钢套管时，如将沙袋带出或损坏，应在原孔位边缘重打；连续两次将沙袋带出时，应停止施工，查明原因并处理后方可施工；沙袋在孔口外的长度，应能顺直伸入砂垫层至少 300 mm。③袋装砂井施工质量应符合规定。

4. 塑料排水板施工

塑料排水板：①芯板是由聚乙烯或聚丙烯加工而成的多孔管道或其他形式的板带，应具有足够的抗拉强度和垂直排水能力。其抗拉强度不应小于 130 N/cm；当周围土体压力在 15 m 深度范围内不大于 250 kPa 或在大于 15 m 范围不大于 350 kPa 的条件下，其排水能力应不低于 30 cm^3/s。芯板应具有耐腐性和足够的柔性，保证塑料排水板在地下的耐久性并在土体固结变形时不会被折断或破裂。②滤套一般由无纺织物制成，应具有一定的隔离土颗粒和渗透功能，应等效于 0.025 mm 孔隙，其最小自由透水表面积宜为 1 500 cm^2/m，渗透系数应不小于 5×10^{-3} cm/s。

施工机械：主要机具是插板机，基本上可与袋装砂井打设机具共用，只是将圆形套管换成矩形套管。对于振动打设工艺、锤击振力大小，可根据每次打设根数、导管断面大小、入土长度和地基均匀程度确定。

塑料排水板加固软土地基：施工工艺流程为整平原地面→摊铺下层砂垫层→机具就位→塑料排水板穿靴→插入套管→拔出套管→割断塑料排水板→机具移位→摊铺上层砂垫层。

施工质量要求：①施工现场堆放的塑料排水板盘带应加以适当覆盖，以防暴露在空气中老化。②插入过程中导轨应垂直，钢套管不得弯曲，透水滤套不应被撕破和污染；排水板底部应有可靠的锚固措施，以免拔出套管时将芯板带出。③塑料排水板留出孔口长度应保证伸入砂垫层不小于 50 cm，使其与砂垫层贯通，并将其保护好，以防机械、车辆进出时受损，影响排水效果。④塑料排水板搭接应采用滤套内平接的方法，芯板对扣，凹凸对齐，搭接长度不少于 20 cm；滤套包裹，用可靠措施固定。⑤施工中防止泥土等杂物进入套管中，一旦发现须及时清除。⑥塑料排水板施工允许偏差。

5. 碎石柱（砂桩）施工

材料要求：采用中、粗砂，大于 0.6 mm 的颗粒含量宜占总重的 50% 以上，含泥量应小于 3%，渗透系数大于 5×10^{-2} mm/s。也可使用砂砾混合料，含泥量应小于 5%。未风化碎石或砾石，粒径宜为 19~63 mm，含泥量应小于 10%。

如果对砂桩质量要求较为严格或采用小直径管打大直径砂桩时，可以采用双管冲击法或单管振动重复压拨法成桩。

施工前应按规定要求进行成桩试验：详细记录冲孔、清孔、制桩时间和深度、水压、冲水量、压入碎石用量及工作电流的变化等。通过试桩确定水压、工作电流等变化的幅值和规律（主要指土层变化与水压、工作电流的相应变化），并验证设计参数和施工控制的有关参数，作为振冲碎石桩成桩的施工控制指标。

填料方式：采用"先护壁，后制桩"的办法施工。成孔时先达到软土层上部 1~2 m 范围内，将振冲器提出孔口加一批填料；下降振冲器使这批填料挤入孔壁，把这段孔壁加强以防塌孔；然后使振冲器下降至下一段软土中，用同样方法加料护壁。如此重复进行，直达设计深度。孔壁护好后，就可按常规步骤制桩了。

桩的施工：桩的施工顺序一般采用由里向外、由一边推向另一边，或间隙跳打的方式。制桩操作步骤：先用振冲器成孔，而后借循环水清孔，最后倒入填料，再用振冲器沉至填料进行振实成型。

施工要点：①采用单管冲击法、一次打桩管成桩法或复打成桩法施工时，应使用饱和砂；采用双管冲击法、重复压拨法施工时，可使用含水量为 7%~9% 的砂；饱和土中施工可用天然湿砂。②地面下 1~2m 土层应超量投砂，通过压挤提升表层砂的密实程度。③成桩过程应连续。④实际灌砂量未达到设计用量时，应进行处理。

碎石（砂）桩施工质量应符合相关规定。

6. 加固土桩施工

材料要求：①生石灰粒径应小于 2.36 mm，无杂质，氧化镁和氧化钙总量应不小于 85%，其中氧化钙含量应不小于 80%。②粉煤灰中二氧化硅和三氧化二铝含量应大于 70%，烧失量应小于 10%。③水泥宜用普通或矿渣水泥。

成桩试验：加固土桩施工前必须进行成桩试验，桩数不宜少于 5 根，且满足以下要求：①应取得满足设计喷入量的各种技术参数，如钻进速度、提升中速度、搅拌速度、喷气压力、单位时间喷入量等。②应确定能保证胶结料与加固软土拌和均匀性的工艺。③掌握下钻和提升的阻力情况，选择合理的技术措施。④根据地层、地质情况确定复喷范围。

应根据固化剂喷入的形态（浆液或粉体），采用不同的施工机械组合。

采用浆液固化剂时，制备好的浆液不得离析，不得停置过长。超过 2 小时的浆液应降低等级使用。浆液拌和均匀、不得有结块，供浆应连续。

采用粉体固化剂时，应符合以下规定：①严格控制喷粉标高和停粉标高，不得中断喷粉，确保桩体长度；严格控制粉喷时间、停粉时间和喷入量；应采取措施防止桩体上下喷粉不匀、下部剂量不足、上下部强度差异大等问题；应按设计要求的深度复搅。②当钻头提升到地面以下小于 500 mm 时，送灰器停止送灰，用同剂量的混合土回填。钻头直径的磨损量不得大于 10 mm。如喷粉量不足，应整桩复打，复打的喷粉量不小于设计用量。因故喷粉中断时，必须复打，复打重叠长度应大于 1m。③施工设备必须配有自动记录的计量系统。

加固土桩施工质量，应符合相关规定。

二、黄土地区路基施工

（一）黄土路基的特点

湿陷性黄土一般呈黄色或黄褐色，粉土含量常占 60% 以上，含有大量的碳酸盐、硫酸盐等可溶盐类，天然孔隙比在 1 左右，肉眼可见大孔隙。在自重压力或自重压力与附加压力共同作用下，受水浸湿后土的结构迅速被破坏而发生显著附加下沉气。

（二）施工准备工作

黄土地区路基施工，应做好施工期排水，将水迅速引离路基。在填挖交界处引出边沟时，应做好出水口的加固，排水设施接缝处应坚固不渗漏。

（三）湿陷性黄土地基的处理方法

湿陷性黄土地基应采取拦截、排除地表水的措施，防止地表水下渗，避免地基地层湿陷下沉。其地下排水构造物与地面排水沟渠必须采取防渗措施。

若地基土层有强湿陷性或较高的压缩性，且容许承载力低于路堤自重压力时，应考虑地基在路堤自重和活载作用下所产生的压缩下沉。除采用防止地表水下渗的措施外，可根据湿陷性黄土工程特性和工程要求，因地制宜采取换填土、重锤夯实、强夯法、预浸法、挤密法、化学加固法等措施对地基进行处理。

（四）黄土填筑路堤要求

路床填料不得使用老黄土，路堤填料不得含有粒径大于 100 mm 的块料。

在填筑横跨沟堑的路基土方时，应做好纵横向界面的处理。

黄土路堤边坡应拍实，并应及时予以防护，防止路表水冲刷。

浸水路堤不得用黄土填筑。

（五）黄土路堑施工要求

路堑路床土质应符合设计要求，密实度不足时，应采取措施碾压至要求的压实度。

路堑施工前，应做好堑顶地表排水导流工程，路堑施工期间，开挖作业面应保持干燥。

路堑施工时，如边坡地质与设计不符，可提出修改边坡坡度。

（六）地基陷穴处理方法

陷穴表面的防渗处理层厚度不宜小于 300 mm，并将流向陷穴的附近地面水引离。对现有的陷穴、暗穴，可以采用灌砂、灌浆、开挖回填等措施，开挖的方法可以采用导洞、竖井和明挖等。

挖方边坡坡顶以外 50 m 范围内、路堤坡脚以外 20 m 范围内的黄土陷穴宜进行处理。挖方边坡坡顶以外的陷穴，若倾向路基，应作适当处理。对串珠状陷穴应彻底进行处置。

三、滑坡地段路基施工

对于滑坡的处置，应分析滑坡的外表地形、滑动面，滑坡体的构造、滑动体的土质及饱水情况，以了解滑坡体的形式和形成的原因，根据公路路基通过滑坡体的位置、水文、地质等条件，充分考虑路基稳定的施工措施。

路基滑坡直接影响到公路路基稳定时，不论采用何种方法处理，都必须做好地表水及地下水的处理。

对于滑坡顶面的地表水，应采取截水沟等措施处理，不让地表水流入滑动面内。必须在滑动面以外修筑 1—2 条环截水沟，对于滑坡体下部的地下水源应截断或排出。

在滑坡体未被处置之前，禁止在滑坡体上增加荷载（如停放机械、堆放材料、弃土等）。

对于挖方路基上边坡发生的滑坡，应修筑一条或数条环形水沟，但最近一条必须在滑动裂缝面最小 5 m 以外，以截断流向滑动面的水流。截水沟可采用砂浆封面浆或砌片（块）石修筑，滑坡上面出现裂缝时须填土进行夯实，避免地表水继续渗入，或结合地形，修建树枝形及相互平行的渗水沟与支撑渗沟，将地表水及渗水迅速排走。

当挖方路基上边坡发生的滑坡不大时，可采用刷方（台阶）减重、打桩或修建挡土墙进行处理以实现路基边坡稳定，采用打桩时，桩身必须深入到滑动面以下设计要求的深度；采用修建挡土墙时，挡土墙基础必须置于滑动面以下的硬岩层上。同时，宜修统排水沟、暗沟（或渗沟）排出地下水。滑坡较大时，可采用修建挡土墙、钢筋混凝土锚固桩或预应力锚索等方法处理，不论采用何种方法处理，其基础都必须置于滑动面以下的硬岩层上或达到设计要求的深度。同时宜修筑深渗沟、排水涵洞（管）或集水井。

四、冻土地区路基施工

（一）多年冻土地区路基施工

1. 冻土的定义及特征

凡温度为负温或零温并含有冰的各种土均被称为冻土。如果土中只有负温而不含冰时则被称为寒土。冬季冻结、夏季全部融化的土层被称为季节冻土，季节冻结层又称季节作用层、活动层。冬季冻结，一两年内不融化的土层被称为隔年冻层。冻结状态持续3年以上的土层被称为多年冻土。

季节冻土地区的表层土夏季融化，冬季冻结，所以是季节冻土。根据其与下伏多年冻土的关系又可分为季节冻结层和季节融化层。其中，季节冻结层夏季融化，冬季冻结时不与多年冻土层衔接或其下为融土层，季节融化层是夏季融化，冬季冻结时与多年冻土完全衔接的土层。不衔接多年冻土属于前者，衔接多年冻土属于后者。

多年冻土上限、下限及冻土厚度：在多年冻土地区，地表以下的一定深度内，每年夏季融化，冬季冻结，该层被称为季节融化层。在该深度以下的土则终年处于冻结状态，称为多年冻土。这一深度被称为季节融化层底板或多年冻土上限。从地表到达这一深度的距离即为季节融化层厚度或多年冻土上限的埋深。

多年冻土厚度是多年冻土的重要标志之一，它反映着冻土的发育程度；冻土层的厚度对评价建筑物地基稳定性有着重要意义，是进行各类型建筑地层基础设计不可缺少的依据。多年冻土薄的在10 m以下，最厚的多年冻土在大小兴安岭可超过100 m。

多年冻土分类：多年冻土按含冰量分类，可分为少冰冻土、多冰冻土、富冰冻土、饱冰冻土和含土冰层五类。

多年冻土上限的类别及用途：多年冻土上限有天然上限和人为上限两种。天然状态的多年冻土上限为其天然上限。因受人类活动影响改变了地温与气温的热交换条件，破坏了天然条件下的热平衡状态导致多年冻土上限发生变化，变化后的多年冻土上限即为人为上限。

人为多年冻土上限决定了多年冻土融化下沉计算的下部界限；而天然上限往往是厚层地下冰的埋藏深度。在建筑物地基的融沉计算中应包括融沉和压密下沉两部分。

2. 冻土地区的不良地质现象

多年冻土地区的不良地质对公路建设会产生多种病害。因此，有必要了解冻土地区不良地质现象的形成和发展，以便采取预防措施。多年冻土地区之所以会形成不良地质现象，在于多年冻土地区不仅气候严寒，而且有多年冻土层作为底板使地表水的下渗和多年冻土层上水的活动受到约束，这是冻土地区不良地质现象发生和存在的基本条件。多年冻土地区的不良地质现象主要有冰丘、冰锥、地下冰和冻土沼泽等。

3. 冻土地区公路路基的主要病害

（1）融沉

融沉多发生在含冰量大的黏质土地段。当路基基底的多年冻土上部或路堑边坡上分布有较厚的地下冰层时，由于地下冰层埋藏较浅，在施工及使用过程中，因原来的自然环境条件发生变化，多年冻土局部融化，上覆土层在土体自重力及外力的作用下产生沉陷，造成路基变形。融沉主要表现在路堤向阳侧路肩及边坡开裂、下滑，路堑边坡溜坍等。

融沉现象一般以较慢的速度下沉，但有时也会经过一段时间的慢速下沉后，突发大量的沉陷，并使两侧部分地基土隆起。产生的原因是路基基底由于含冰量大的黏质土融化后处于过饱和状态，几乎没有承载能力，又因路堤两侧融化深度不同，所以基底形成一个倾斜的冻结滑动面。在外荷载的作用下，过饱和的黏质土顺着冻结面挤出，路堤瞬间产生大幅度的沉陷，通常称之为突陷。这样的突陷危及行车的安全。

（2）冻胀

多发生在季节性冻结深度较大的地区及多年冻土地区，以多年冻土地区较严重。其原因是地基土及填土中的水冻结时体积膨胀。水分的来源是地表水或地下水对路基土的浸湿。冻胀的程度与土质及土中的含水量有关。

（3）冰害

主要是指在路堤上方出露地表的泉水，或开挖路堑后地下水自边坡流出，在隆冬季节随流随冻，形成积冰掩埋路基或边坡挂冰、堑内积冰等病害冰害在严寒的多年冻土地区尤为严重。对于路基工程来说，路堑地段较路堤地段冰害要多，其发生在浅层地下水发育的低填浅挖及零填挖地段的冰害危害程度更大。

（二）季节性冻融翻浆地区路基施工

季节性冻融地区的路基在冰冻过程中，土中的水分不断地向上移动，使路基上部的水分含量大大增加。春融期间，由于土基含水量过多，强度急剧降低，再加上行车的作用，路面会发生弹簧、裂缝、鼓包、冒泥等现象，形成翻浆。这主要发生在我国北方各省及南方的季节性冰冻地区。

翻浆的发生，不仅会破坏路面，妨碍行车，严重的还会中断交通。因此，在翻浆地区修筑公路，对水文及水文地质不良地段，要注意详细调查沿线地面水、地下水、路基土和筑路材料的情况，以便采取相应的处理措施。从设计与施工两方面综合考虑，防止翻浆的发生。

1. 防治翻浆的工程措施

做好路基排水、提高路基：施工前应根据设计文件对翻浆地段进行现场详细调查，按水文、地质情况，做好场地排水工作。施工中要切实做好排水设施，防止地面水或地下水侵入路基，使路基土体保持干燥，从而减少冻结时水分聚流的来源，这是预防和处理地面水类和地下水类翻浆的首要措施。

提高路基，增大路基边缘至地下水或地面水位间的距离，使路基上部土层保持干燥，在冻结过程中不致因过分聚冰而失去稳定，是一种效果显著、简便易行、比较经济的常用措施，主要适用于取土方便的地段。当路线穿过农田地段，为了少占农田，则应与路面结构综合考虑，以确定合理的填土高度。

在有些中、重冰冻地区及粉性土地段，亦不能单靠提高路基保证道路的稳定性，要与其他措施配合应用。如在路堤填土高度受限制时，可在底槽做 1%~3% 的横坡，上铺 15~30 cm 厚的砂垫层（砂的质量以不含粉砂和杂质泥土的粗砂为宜，不宜用细砂）进行处理。

铺设隔离层：隔离层设在路基中一定深度（一般设在土基 80 cm 左右）处，其目的在于防止水分进入上部路基，从而保持上部土基干燥，防止翻浆发生。隔离层按使用材料可分为透水性及不透水性隔离层两类：①透水性隔离层一般由碎石、砾石或细砂等做成，铺在聚冰层之下，其厚度为 10~20 cm，并在其上、下面反铺草皮，防止隔离层被淤塞隔离层的底部应高出地表水面 25 cm 以上，并向路基两侧做 3% 的横坡排水。②不透水隔离层分不封闭式（仅隔断毛细水）和封闭式（隔断毛细水和横向渗水）两种。

设路基盲沟：①横向盲沟：公路纵坡大于 3% 的翻浆路段，当中级路基（岔道、辅道等）基层采用透水性材料时，为了及时排出透水层内的纵向水流和春融期土基化冻时的多余水分，可在路槽下设置横向盲沟。横向盲沟可设成人字形，纵向间距 10 m 左右，深度 20~40 cm，易淤塞，使用中应予注意。②排水渗沟：为了降低路基附近的地下水位，可采用有管渗沟。为了拦截并排除流向路基的层间水，可采用排水渗沟。

换土处理：采用水稳性好、冰冻稳定性好、强度高的粗颗粒土换填路基上部，可以提高土基的强度和稳定性，这是高等级公路中常用的处理方法。换土主要适用于因路基标高限制，不允许提高路基，且附近有砂石材料可利用的路段及原有路基土质不良路段。换填厚度根据地区情况、强度要求及换填材料等因素确定，一般换填 40~60 cm 路基就可以基本稳定。

改善路面结构层：①铺设砂（砾）垫层。砂（砾）垫层对防治翻浆主要有以下三方面的作用：能隔断毛细水上升；融期具有蓄水（汇积从路基化冻土层中渗出的水量）、排水（利用暗管式路肩盲沟砂垫层中汇积的水排出去，以疏于土基）作用；在冻结和融化时，砂（砾）垫层可减轻路面冻胀和融沉。排除砂垫层中水分的方法，有整体式砂垫层和砂垫层与纵向或横向排水暗管配合的形式。暗管一般用石棉水泥管或陶瓷管。纵向暗沟中的水宜在纵断最低处，或在一定距离处设横向暗管排除。砂（砾）垫层适用于盛产砂石地区，可选用砂砾、粗砂或中砂为材料，要求砂中不含杂质、泥土。砂垫层路段两端，要用不透水的黏性土封闭，以防止翻浆的蔓延。施工时要洒适量水，用履带式拖拉机碾压,效果较好。透水性很差的黏性土路基,一般不宜使用蓄水的砂(砾)垫层。②石灰土防治翻浆主要有两方面的作用:由于石灰土具有一定板体性,可使行车荷载传至土基上的应力分布均匀,并逐渐扩散减小;石灰土水稳性和冰冻稳定性均较好,力学强度也较高。③煤渣石灰土结构层:煤渣石灰土结构层防治翻浆的作用,与石灰土大致相同,水稳走性则比石灰土好。煤渣石灰土结构层厚度可根据地区经验确定,也可按现行路面设计方法计算确定,一般应不小于 15 cm。

2. 季节性冻融翻浆路基施工要点

排水:在施工前应认真了解地形及水文地质情况,凡是可能危害路基强度稳定性的地面水和地下水,均应采取有效的临时性或永久性措施,使水能迅速排出路基之外。路床面应保持良好的排水状态。从路堑到路堤必须修建过渡边沟并无阻塞现象。各层填土应有路拱,表面无积水。施工后,各式沟、管、井、涵等能形成完整有效的排水系统。

路堤。①原地面处理:水文地质不良和湿软地段,可视情况在地表铺填厚度不小于 30 cm 的砂砾,或做局部挖除换填处理。当路堤高度低于 20 cm 时(包括挖方土质路段)应翻松 30~50 cm 并分层整形压实,其压实度为 93%~95%,高速公路、一级公路取高限,其他公路取低限。②填料:宜选用水稳性良好的土填筑路基。路基上部受冰冻影响部位,应选用水稳性和冻稳性均较好的粗粒土。冻土、非渗水性过湿土、腐殖土禁止用于填筑各层路堤。压实时的含水量应控制在最佳含水量 ±2% 范围内。③取土场:宜设置集中取土场,排水困难地段更宜集中取土。④碾压:各层表面碾压前应用平地机进行整平和修整路拱,切实控制松铺厚度以及填料的均匀性。压实后各层表面的平整度,用 3 m 直尺测量,其间隙高度不宜大于 20 mm,成形后路床顶面应进行弯沉检查或用不小于 20 t 的压路机碾压检验有无软弹现象。⑤路堤高度:应满足路基能全年处于干燥或中湿状态。填筑低路堤时,应根据具体情况采取相应技术措施。⑥为使路基预拱度和稳定性满足设计要求,施工中各类冻融翻浆防治方法可综合选用。

路堑:①石方段超挖回填部位应选用符合要求的石渣,压实度不得低于 95%,禁止使用劣质开山料或覆盖土回填或找平。超挖部分不规则或超挖不超过 8 cm 时,可用混凝土修补找平。整平层宜采用级配碎石或水泥稳定碎石、二灰稳定碎石类等半刚性材料。②土质路或遇水崩解软化的风化泥质页岩等类路堑的路床压实度如不符合规定要求,应翻松压实或根据土质情况,换填符合路床强度并满足压实度要求的足够厚度的好土,然后加强排水措施,如封闭路肩、浆砌边沟等。③有裂隙水、层间水、潜水层、泉眼等路段,应分别采取切断、拦截、降低等措施,如加深边沟和设置渗沟、渗管、渗井等。

第四节　路基防护与支挡设施

一、路基防护与支挡

（一）路基防护与支挡工程类型

路基防护与支挡工程中，一般把防止风化和冲刷，主要起隔离、封闭作用的措施称为防护工程。防护工程不能承受外力作用，所以要求路基本身必须是稳定的。把防止路基或山体因重力作用而滑移，地基承载力不足而沉陷，主要起支撑和加固作用的结构物称为支挡工程。它们当中有些措施往往兼有防护与加固作用。路基防护与支挡工程设施，按其作用不同，可分为边坡坡面防护、冲刷防护及支挡建筑物三大类。

1. 坡面防护

主要是保护路基边坡表面免受雨水冲刷，减缓温差及温度变化的影响，防止和延缓软弱岩土表面的风化、碎裂、剥蚀演变进程，从而保护路基边坡的整体稳定性，在一定程度上还可美化路容，协调自然环境。常用类型有植物防护、浆（干）砌片石及混凝土预制块、坡面处置及综合防护等。

2. 冲刷防护

用于防护水流对路基的冲刷与淘涮，可分为直接防护和间接防护等。直接防护类型有植物防护、砌石防护与加固等，而间接防护主要指设置导流结构物，如丁坝、顺坝、防洪堤、拦水坝等，必要时进行疏浚河床、改变河道，以改变水流方向，避免或减缓水流对路基的直接破坏作用。

3. 支挡建筑物

用以防止路基变形或支挡路基本身或山体的位移，以保证其稳定性，常用的类型有挡土墙、土垛、石垛及浸水挡土墙等。

（二）植物防护施工

进行公路边坡坡面防护，必须考虑当地的气候特点、边坡类型和工程经济特点。植物的选择应根据植物学特性，考虑公路结构、护管条件、环境条件等。优先选择本地区的绿化植物、乡土植物和园林植物等；注重种类和生态习性的多样性；与附近的植物和风景等诸多条件相适应；兼顾近期和远期的植物规划，将慢生和速生种类的植物相结合；选择花、枝、叶形态美观的植物。植物的配置应考虑如下条件：根据季节的变化要求，使用不同季节相变化的植物，丰富公路景观。南方一般地区植物防护种类宜做到花常开、叶常绿；北方有条件地区宜做到三季有花、四季常绿。有条件地区植物防护的空间配置在平面和立面的基础上，可采用自然式和规则式；草地与周围植物应根据景观、功能要求，利用对比等手法进行配置。

边坡的植物防护配比一般应通过种子发芽率试验和种植试验确定，种植试验一般可分为路堤边坡和路堑边坡，其中路堑边坡又可分为阳坡土质、阴坡土质、阳坡土夹石、阴坡土夹石、缀花边坡及纯石质边坡，对植物进行不同配比的试验，根据试验边坡植物的生长情况确定施工配比。

1. 植物防护的技术要求

公路边坡植物防护应与主体工程相互协调：①路堤或路堑边坡，考虑高度和坡度，利用护坡道、平台、碎落台，在满足土壤和灌木条件的前提下，进行植物防护。②一般坡度缓于1∶1.5的路基边坡可种植乔木，大乔木种植坡度缓于1∶4，中乔木种植坡度缓于1∶3。③坡度较陡、土质不佳时，可设计支架或砌筑植树坑，混凝土、砌石或喷射砂浆的边坡，可在边坡脚挖筑种植坑、槽填客土或坡面预留坑、槽填客土种植。

土质或以土质为主的边坡，宜用灌木或混播抗逆性强的草种，并可多选用豆科植物进行植物防护，通过管护逐步稳定。种植香根草防护路堤边坡。

边坡平台宜选择灌木或小乔木植物防护。

混凝土、砌石或喷射砂浆的边坡，可选择攀缘或悬垂的植物以及抗逆性强的灌木或小乔木植物防护。

土夹石边坡，应结合防护工程，改善水肥条件后，用灌木或草本植物防护。

2. 植物防护施工时间的选择

边坡植物防护需在土建工程完成后进行：在土建施工完成并清除场地废物和其他有碍植物生长的杂物，边坡平整后开始边坡植物防护施工，上边坡植物防护应在边坡工程治理稳定后进行。

施工季节宜在春季、雨季、秋季：春季在3—4月；雨季在5—9月；秋季在10—11月。

植物防护施工应根据植物特性适时种植：①耐寒树种在秋季落叶后种植为宜；耐寒性较差或珍贵的边缘树种宜在春季种植。②常绿树种、骨叶树类宜在春季或雨季种植；常绿阔叶树类在春季、雨季种植效果好。③草地建植：采用营养体繁殖的，适宜时间是春末、夏初和深秋，以雨季为好。播种的时间，一般冷季型草以秋季为好，暖季型草宜在春末夏初。

公路植物防护一般在生土场地，杂草源少时及时播种；如需使用恶杀草性除草剂，一般应在施用恶杀草性除草剂的20—30天后进行。

3. 植物防护的施工流程和施工方法

（1）公路边坡播种植物防护的施工流程及施工方法

公路边坡喷播播种防护的工艺流程为：①坡面整理：进行喷播的场地废物和其他有碍植物生长的杂物清除和边坡平整，填平低洼。草地种植前，宜打碎土块至30 mm

以下，不得超过 60 mm。施用底肥以用有机肥为主，均匀撒布或条施、穴施，并与土壤充分拌和。对土壤较硬、节理发育差、种子着床困难的边坡，采用挖沟、挖槽、打孔等技术进行处理，以保证种子的附着及生长；对较贫瘠的坡面施以底肥，增强植物对贫瘠土壤的适应能力。对拱形（或人字形）护坡工程的坡面需做成行距 15~20 cm、深 5~8 cm 的横沟，六角空心砖坡面只松土不做槽。对不适应植物生长的边坡土壤，进行换土处理，所换土壤必须符合植物防护技术规范中对土壤的要求。对于可能产生径流冲刷的坡面，应采取截排水措施，避免径流对种植坡面的冲刷，影响种植效果。②种子处理。种子的处理是影响植物生长最直接的因素。根据各种种子生长特性，采取不同的处理方法：如白三叶，提前 24 小时进行根瘤接种，使根瘤的复活及附着繁殖较为充分；对于部分苗木种子，如车桑子、刺槐等要提前用温水（一般为 50℃ 左右的温水）或 5% 的氢氧化钠溶液浸泡 12 小时，作催芽处理；如苗木种子壳较硬难以出苗，应进行种子的破壳处理，以保证灌木的正常出苗。③施工：由于在初期，树苗出芽、生长一般较草的出芽、生长速度慢，如果树、草同时播种，出苗初期的阳光、养分等被草吸收，树苗生长速度慢，甚至死亡。为此，对于树草混播的植物防护应采用两步施工，即先点播，后喷播。采用点播法种植树种，采用喷播法种植草种。当土质松散，急需快速植物防护的边坡时，可采取先喷播、后补播的工艺流程。无论采用那一种施工方法，都需施足底肥。

点播：种子种植一般每平方米 4~6 穴，穴深 3~5 cm，穴宽 10~15 cm。肥料与种子以 2：1 的体积充分混合后，一次点播到穴位内，每穴点播种子 5~10 粒后立即覆土，等小苗长到 2~3 cm 高后，即可实施喷播。

配料是在喷播车料箱注水的同时，首先加入复合肥和纤维材料（如锯木面等），在注水到约 3/5 时加种子、黏结剂（如胶粉）、保水剂（如纸浆等）以及土壤防蚀剂，注满水后搅拌 15 min 即可用高压水把混合好的液体均匀喷播在坡面上。喷播施工后及时覆盖无纺布，用 U 形铁丝、铁钉、木（竹）钉间隔 60~100 cm 把无纺布固定在坡面上。如果是一次施工法，即树种和草种同时一次喷播，由于灌木种子的种皮较厚，应在喷播前用 50℃ 温水浸泡 12 小时（或进行破壳处理，或在 5% 的氢氧化钠溶液中浸泡 12小时）后再与其他种子拌和，以提高发芽率。但应注意出芽不宜过长，否则在喷播时幼芽易损伤，反而影响成苗率。

（2）公路边坡直播播种防护的施工流程及施工方法

①应采用新鲜的种子，其纯度、重量、含水量、净度和发芽率等应合格。②发芽困难、需经处理后播种的草种，应进行催芽处理。常用的处理方法有：冷水浸种、机械处理、药物催芽、高温催芽等。③播种以撒播为主，还可以采用开沟条播、穴播等方法。播种均匀，播种后应及时覆土滚压，或用齿耙拉松表土，埋没种子 1~2 cm。④设计的播种量应根据现场情况适当调整。种子发芽率高，填土湿润、疏松，建坪时间

充足的，播种量可适当减少；相反，则相应增加。⑤播种后，为保持土壤水分、调节土温和抑制其他杂草，宜覆盖无纺布，苗高 6~8 cm 后可适时揭布。⑥出苗前后应重点进行水肥管理，出苗一周内，尤其要保持土壤水分，并可采用复合肥追肥增加苗势。

（3）三维植被网垫植草施工流程及施工方法

三维植被网垫植草法，种子均匀且用量省，降雨或浇水时不易被冲刷、不易流失，防止水土流失效果明显。三维植被网垫植草可按以下步骤施工：清理边坡→整平坡面→润湿坡面→铺网垫→用竹（木）钉固定网垫→撒细土→播种→撒土覆盖→浇水养护→后期管理。

4. 植物防护的施工质量控制

（1）确定施工质量控制点

①喷播的施工气候；配比、称量的准确性，搅拌的均匀性，灌木种子的催芽率，喷播的均匀性、覆盖固定的牢固性。②栽植的树苗质量（树根的完整性、分级情况）；运输对树苗的损伤保护；坑距、坑的尺寸，风大地段的树苗固定情况，底肥施做情况。③葡萄茎繁殖法的根茎长度、种植时的出露情况。④两步施工法的施工间隔。⑤揭布时机。⑥施肥量、施肥时的气候。⑦浇水的时机。

（2）公路边坡植物护坡质量检测要求

①成活率的指标。②边坡喷播植物、灌木成活率指标。③覆盖率的指标。

（三）坊工防护施工

1. 喷浆、喷射混凝土防护

喷浆、喷射混凝土防护适用于易风化和坡面不平的岩石挖方边坡。喷浆、喷射混凝土的水泥用量较大，可用于重点工程或重点防护地段。根据实践经验，比较经济的砂浆是用水泥、石灰、河砂及水四种原材料制成，厚度一般为 1~3 cm（喷浆）或 7~15cm（喷混凝土）。对于坡面较陡或易风化的坡面，可以在喷射防护之前先铺设加筋材料，加筋材料可以用铁丝网或土工格栅。喷浆、喷射混凝土坡面应设置泄水孔，一般按 2~3 m 间距和排距设置。

（1）喷浆、喷射混凝土防护的施工流程

喷浆、喷射混凝土防护一般按下列工序和步骤进行：施工前准备→测量放样→清理坡面→准备水泥浆或喷射混凝土→预留泄水孔→（打锚孔→清孔→插锚杆→压力灌浆→检查锚杆抗拔力→挂网）→（预留伸缩缝）→喷浆或喷射混凝土→（切缝机切缝→封缝）。

（2）喷浆、喷射混凝土防护的施工方法

①施工前，要清除坡面的活岩、虚渣、浮土、草根等杂物，坡面如有较大的裂缝、凹坑，应先嵌补牢实，使坡面平顺整齐；岩体表面要冲洗干净，土体表面要平整、密

实、湿润；对坡面渗水进行处理。②材料要符合设计规定，不得使用三无产品；钢筋不得有污锈。③泄水孔通常采用预留的方法形成，即在喷浆、喷射混凝土之前将硬塑料管或PVC管或钢管或其他地方性材料做成的管子（如竹筒等）放置在泄水孔设计位置，泄水管应外倾、固定，用纸团或木桩堵孔，然后进行喷浆施工，施工完毕后，除掉堵塞排水管的纸团或木桩就可以形成泄水孔。也可以在坡面喷浆、喷射混凝土之后采用风钻钻凿泄水孔。④每10~15 m设置一条伸缩缝，用浸沥青木板或塑料泡沫放置在伸缩缝位置后，并加以固定，然后进行喷射施工形成伸缩缝；也可以在喷射施工完成后用切割机切割形成伸缩缝。等混凝土凝固后用熔化沥青浇筑封闭伸缩缝。⑤在伸缩缝的下三角位置，可用边长为30~50cm的木板形成木模，在这个三角形木模内，不喷浆、喷射混凝土，用作排水，填土后即可进行绿化。⑥喷射应自下而上进行，喷嘴要垂直坡面，并经常保持1 m左右的距离。当混凝土厚度大于7 cm时，宜分两层喷射。⑦混凝土C15或C20，配合比（水泥∶砂∶碎石）为1∶2∶2或1∶2∶3，水灰比1∶0.45或1∶0.55。速凝剂用量视品牌，经试验确定。⑧喷射厚度应均匀，喷射次数及厚度，应根据岩体风化、表面破碎情况而定；一般喷2~3次即可，厚度为1~3 cm(喷浆域7~15 cm(喷混凝土)。⑨喷射告一段落后，要进行全面检查，如发现空白点或薄层处，应进行补喷。⑩应采取多种方法保证喷层厚度，如用预嵌标钉、刻槽和激光断面仪等方法检查，每50 m长度的边坡，至少应抽检一个断面的上、中、下三处厚度，看其是否符合设计，误差不得大于10%。

（3）喷浆、喷射混凝土防护施工的质量控制与检查

①喷浆、喷射混凝土施工前，坡面应稳定、平整，并清理干净和处理好坡面渗水，否则不得进行施工。②使用规定的原材料和按规定的方法准备材料。③喷浆或喷射混凝土前，应按2—3 m间距和排距放置排水管形成排水孔，或喷射施工完毕后钻凿排水孔。④检查伸缩缝模板的位置准确到位后，才能进行喷射施工。⑤材料配比应符合设计要求，并随时检查配比称量和留足试件进行强度试验。⑥喷射施工中，用预嵌标钉、喷层凿取试件等方法标示检查、控制喷层的厚度，并不得有漏喷。⑦喷浆、喷射混凝土防护施工的质量检查内容及方法。

2. 勾缝与灌浆防护

适用于比较坚硬，且裂缝多而细的岩石边坡，防止水分浸入岩层内造成伤害。灌浆防护适用于坚硬，但裂缝较宽和较深的岩石边坡，借砂浆的胶结力，使坡面表层成为一个整体的防水层。

（1）勾缝与灌浆防护的施工流程

勾缝或灌浆施工可以按以下步骤进行：清理坡面→拌制砂浆或混凝土→冲洗裂缝→勾缝或灌浆→打磨、抹平→养生。

（2）勾缝与灌浆防护的施工方法

①施工前应清除坡面的活岩、虚渣、浮土、草根等杂物，将缝内冲洗干净，并依缝宽和缝深分别按下列要求施工：岩体较坚硬，不容易风化，节理多而细者，宜用勾缝，砂浆应嵌入缝中与岩体牢固结合；节理、裂缝宽度较大者，宜用砂浆灌缝，可用 1：4 或 1：5（质量比）的水泥砂浆捣插密实，必要时可用压浆机灌注，灌浆应灌满至缝口抹平；缝宽大而深时，宜用水泥混凝土灌注，可按体积比为 1：3：6 或 1：4：6 的配合比将配料灌注振捣密实，灌满至缝口抹平。②在坡面有渗水、泉水的位置应留排水口，在每台坡脚每 2~3 m 处也应留一个排水口。排水口的施工是先留一条或几条节理面，长 5 cm 左右，不进行灌浆或勾缝。③补缝后 3~5 min 进行打磨、抹平，使表面光滑，并用麻袋或青草将缝覆盖，洒水养生。

（3）勾缝与灌浆防护施工的质量控制与检查

①施工前，坡面应稳定、平整，并清理干净和处理好地下水，否则不得进行勾缝或灌浆施工。②使用规定的原材料和按规定的方法准备材料。③灌浆施工过程中，应检查控制灌浆孔的间距、深度和浆液配比、灌浆压力。④注意预留排水口。⑤施工完毕后，必须注意养护。⑥勾缝、灌浆施工的质量检查内容及方法。

3. 拱形骨架植草护坡

多用于稳定的土质挖方路基边坡的防护，土质边坡一般采用液压喷播植草进行绿化施工；对于风化严重的石质边坡，可在骨架中间透空部分填土后再进行种草、种树等植物防护工作。根据拱形骨架所采用的材料不同，又可分为浆砌片石拱形骨架植草护坡、现浇混凝土拱形骨架植草护坡、预制混凝土块拱形骨架植草护坡等类型。

（1）拱形骨架植草护坡的构造与布置

护坡坡度与路基边坡坡度一致，一般在 1：1 左右，每一台护坡垂直高度为 8~10 m，沿坡长每隔 10~15 m 设置一条伸缩缝（沉降缝），缝宽 2 cm 左右，一般设置在拱肋的拱顶处，伸缩缝（沉降缝）上下对齐。拱形护坡的拱肋通常设计成 L 形断面，通过肋条上的拦水岭拦截汇集坡面径流，以减少雨水对坡面的冲刷。在路堤坡面的防护中，为了克服拦水带设置在路面容易形成积水的问题，取消拦水带，在最高一道护坡肋之上的空格用砂浆或浆砌封面。

（2）拱形骨架植草护坡的施工工艺

①浆砌片石拱形骨架植草护坡的施工流程：浆砌片石拱形护坡可按下列工序及步骤进行施工：施工前准备→刷坡→全站仪定位放样，拱形模放样→人工开挖竖肋和拱肋沟槽验槽→铺砌竖肋沟底→铺砌竖肋沟帮→支拱形铁皮模→砌筑拱肋→竖肋和拱肋抹面→骨架中间回填客土→植草绿化。②混凝土预制块拱形骨架植草护坡的施工流程：混凝土预制块拱形护坡的施工流程及步骤与浆砌片石拱形护坡相同。

（四）沿河路基防护施工

沿河路基防护包括坡岸防护、导流构造物防护和其他防护。各种防护都必须加强基础处理和坊工质量，防止水流冲刷和淘空，保证路基稳定。沿河路基防护工程基础应埋设在局部冲刷线以下不小于 1 m 或嵌入基岩内；导流构造物施工前，根据现场具体情况采取相应措施，避免冲刷农田、村庄、公路和下游路基。

1. 抛石防护

当水流流速为 3.0~5.0m/s 时，宜采用抛石防护。抛石防护类似于陡坡路堤在坡脚处设置石垛。抛石体边坡坡度和石料粒径应根据水深、流速和波浪情况确定，石料粒径应大于 300 mm。

宜用大小不同的石块掺杂抛投。坡度应不陡于抛石石料浸水后的天然休止角。抛石厚度宜为粒径的 3~4 倍，用大粒径时，不得小于 2 倍。流速大、水很深、波浪高的路段，抛石应采用粒径较大的石块。抛石石料应选用质地坚硬、耐冻且不宜风化崩解的石块。

2. 石笼防护

当水流流速大于 5.1 m/s 或过多压缩河床，造成上游壅水时，宜用石笼防护或设置驳岸、浸水挡土墙等支挡结构物。石笼防护主要用于缺乏大石块的地区，它是用铁丝编织成长方体或圆柱体框架，内装石料，设置在坡脚处。石笼形状根据设计要求或不同情况和用途选用，笼内填石选用浸水不崩解和不易风化的石料，粒径不小于 4 cm，一般为 5~20 cm，外层石料要求有棱角，内层用较小石块填充。编制石笼时，应注意各部分尺寸正确，以利于石笼与石笼之间紧密连接。安置石笼时，用于防止冲刷淘底的石笼，应与坡脚线垂直，且堤岸一端固定。用于防止堤岸边坡冲刷时，则垒码平铺成梯形，单个石笼的大小，以不被相应速度的水流冲走为宜，铺设时须用厚 0.2~0.4 m 的碎（砾）石垫层铺平，底层各角可用铁棒固定于基底。

3. 浸水挡土墙和土工模袋防护

浸水挡土墙施工应符合下列规定：①浸水挡土墙应选用坚硬未风化且浸水不崩解的石块。②应注意浸水挡土墙与岸坡的衔接。

土工模袋防护施工应符合下列规定：①按设计要求整平坡面，放线定位，挖好边界处理沟。②模袋铺展后应拉紧固定，防止充填时下滑。③充填材料应根据设计要求和实际情况合理选用，充填应连续。④需要排水的边坡，应适时开孔设置排水管。⑤模袋顶部宜采用浆砌块石固定。有地面径流处，坡顶应采取防护措施，防止地表水侵蚀模袋底部。⑥岸坡模袋底端应设压脚或护脚棱体，有冲刷处应采取防冲措施。⑦模袋护坡的侧翼宜设压袋沟。⑧模袋与坡面间应按设计要求铺设好土工织物滤层。

4. 丁坝及顺坝

为了改变水流方向，减轻水流对路基岸边的冲刷，可采用间接防护措施。常用的间接防护措施有设置丁坝、顺坝等调治构造物以及改移河道和种植防水林带等。通过这些防护措施，以降低防护地段的水流速度，改变水流流向，甚至促使部分岸线产生有利于保护路基的淤积等。丁坝适用于宽浅变迁性河段，用以排流或降低流速，减轻水流对河岸或路基的冲刷。顺坝适用于河床断面较窄、不允许过多占用河床以及地质条件较差的沿河路基。

（1）丁坝与顺坝的构造与布置

丁坝的轴向布置，从与水流方向的关系看有垂直式、下挑式、上挑式三种类型，由于丁坝的形式不同，其冲淤情况及作用也不同。丁坝的布置应满足以下三方面的要求：①丁坝的设计长度，应根据导治线（即计划中的河轴线的边缘线）来考虑，不宜过多压缩水流断面。②丁坝轴线与水流方向的交角及与河岸交角，宜按导治线的外形、流速、水深、水流含砂量、河床地层情况、河岸地质情况及坝长综合考虑。③丁坝的间距必须使其上游的壅高水位延伸到前一个丁坝的坝头，以免在坝头下游发生水面跌落现象。同时要使下游丁坝布置在上游丁坝的影响水流范围内，使射入丁坝坝格的水流和原水流方向形成的扩散角在 7.5° ~10° 为宜，而不致冲击河岸。顺坝的布置必须制定一个合理的导治线。顺坝的终点必须与河岸连在一起，一般都设计成开口式，以利于淤积。顺坝常与格坝联合使用。丁坝、顺坝及格坝等导治构造物，在山岭区公路的沿河线路上用得比较多。

（2）丁坝与顺坝的施工方法

①在组织施工前，应仔细研究施工方案，避免工期过长，而引起对沿河农田，村庄和上、下游路基的冲刷；施工应尽量安排在枯水季节。②导流构造物施工时，应周密调查核对坝址情况，对其地质、河道、水文条件或施工中发生的新变化，应及时修改设计并报有关部门批准后，方可施工。③施工前和施工中，应做好施工导流和基坑抽水，避免基坑积水和遭到河床水流冲刷。④基础开挖到位后，要进行高程、地质验收和承载力评价。如果需要进行地基处理，要进行地基处理验收，合格后抽干积水，清理浮渣、松土、淤泥、施工废物等后方可进行坝体的砌筑。⑤施工过程中，应处理好坝根与相连地层或其他防护设施的嵌接。⑥顺坝受水流影响较大，故迎水坡应比背水坡缓，迎水坡一般采用 1：1.5—1：2.55，背水坡一般采用 1：1.1—1：1.5。当水流动轴线紧贴坝缘，流速较大，河床地质又较松软时，迎水坡常被淘刷，影响坝体稳定，此时可在迎水坡加做护脚，或适当放缓迎水坡的坡度。⑦坝脚冲刷严重时，可在冲刷严重部位加深基础，或铺砌河床。⑧施工过程中和施工结束后，应注意对混凝土和砌石砂浆的养护，在混凝土或砂浆要求没有达到设计强度时，应避免水流对坝体的冲刷。

（3）丁坝与顺坝施工的质量控制与检查

①施工前，坡面应有稳妥的施工导流方案并做好导流工程，不得有溃坝和大量漏水现象。②基础开挖过程中，要随时抽水，基础开挖到位后必须进行高程测量和地质验收，确定地基承载力是否满足要求，否则必须进行基础加深或地基处理，合格后才能进行坝体施工。③进行坝体施工前，需把基础积水抽干，清理干净，不得留有浮土、淤泥等，超挖部分必须用混凝土或浆砌石回填。④使用甲方（监理）认可的原材料，不得采用"三无"产品，规格尺寸和强度不符合要求的石料不得用作砌筑。⑤砌石时应随时检查砂浆配比并按规定取制试样进行强度试验检查。⑥施工过程中，应进行挂线施工和模板位置的测量校核，保证丁坝或顺坝的断面尺寸。⑦混凝土和砂浆强度未达到设计强度时，避免水流的冲刷。⑧丁坝及顺坝检查项目和方法。

5. 改移河道

沿河路基受水流冲刷严重，或防护工程艰巨以及路线在短距离内多次跨越弯曲河道时可改移河道。主河槽改动频繁的变迁性河流或支流较多的河段不宜改移河道。改移河道工程应在枯水时期施工，一个枯水期不能完成时，应采取防洪措施。河道开挖应先挖好中段，再开挖两端，确认新河床工程已符合要求后，方可挖通其上游河段。利用开挖新河道的土石填平旧河道时，在新河道未通流前，旧河道应保持适当的流水断面。通流时，改河上游进口河段的河床纵坡宜稍大于设计坡度。河床加固设施及导流构造物的施工应合理安排，及时配套完成。

二、路基排水设施施工

路基排水设施可以及时排出地表径流，降低土基湿度，保持路基常年处于干燥和中湿状态，使路基工作区内的土基含水量降低到一定的范围，确保路基路面具有足够的强度与稳定性。

（一）路基排水的一般要求

路基内的水源来自地面水和地下水。地面水主要由降水路基工程施工技术形成的地面径流。地下水为从地面渗入并滞留于上层的滞流水和地下含水层内的潜水。路基排水的目的是通过采取有效措施，使路基内含水量保持在允许范围内，保证路基经常处于稳定状态，满足使用要求。

流向路基的地面水和地下水，需在路基范围以外的地点，设置截水沟与排水沟或渗沟进行拦截，并引离至指定地点，路基范围内的水源，分别采用边沟、渗沟、渗井和排水沟予以排除。路基排水一般向低洼一侧排除，必须横跨路基时，尽量利用拟设的桥涵，必要时设置涵洞、倒虹吸或渡槽。水流落差较大时，应在较短路段上设置跌水或急流槽。

对于明显的天然沟槽，一般宜依沟设涵，不必勉强改沟与合并。对于沟槽不明显的漫流，应在上游设置束流设施，加以调节，尽量汇集成沟导流排除。对于较大水流，注意因势利导，不可轻易改变流向，必要时配以防护加固工程，进行分流或束流。为了提高截流效果，减少工程量，地面沟渠宜大体沿等高线布置，尽可能使沟渠垂直于流水方向，且应力求短捷，水流通畅。沟渠转弯处要求以圆曲线相接，以减小水流的阻力。排水沟的出水口应设置急流槽将水流引出路基或引入排水系统。

各种排水设备必须地基稳固，不得渗漏或滞留，并有适当纵坡，以控制与保持适当的流速。沟槽的基底与沟底沟壁，必要时予以加固，不得溢水渗水，防止损害路基和引起水土流失。

施工前，应校核全线排水设计是否完善、合理，必要时应提出补充和修改意见，使全线的沟渠、管道、桥涵组合成完整的排水系统。完成临时排水设施，临时排水设施应尽量与永久排水设施相结合，排水方案应因地制宜、经济实用。施工期间，应经常维护临时排水设施，保证水流畅通。

路堤施工中，各施工作业层面应设 2%~4% 的排水横坡，层面上不得有积水，并采取措施防止水流冲刷边坡。

路堑施工中，应及时将地表水排走。

（二）常见排水设施

路基路面排水设施可分为地上的排水设施和地下的排水设施。地面排水设施有边沟、截水沟、排水沟、跌水、急流槽、倒虹吸、渡水槽、蒸发池等，它们分别设置在路基的不同部位，共同形成完整的路基地面排水系统。各类地表排水设施的沟槽顶面应当高出设计水位 0.1~0.2 m，地表排水设施的断面形状和尺寸应满足排泄设计流量的要求，不产生冲刷和淤积。地表排水沟渠宜短不宜长，以使水位不过于汇集，做到及时疏散，就近分流，同时也应兼顾其他流水的用途。

1. 边沟

挖方路基以及填土高度低于路基设计要求的临界高度的路堤，在路肩外缘均应设置纵向人工沟渠，称之为边沟。其主要功能在于排除路基用地范围内的地面水，包括路面、路肩和边坡的流水。边沟断面形式主要有梯形、矩形、三角形或流线型等，按公路等级、所需排水设计流量，设置位置和土质或岩质选定。

2. 截水沟

是设置在挖方路基边坡坡顶以外，或山坡路堤上方的适当位置，用以拦截路基上方流向路基的地面水，减轻边沟的水流负担，保护挖方边坡和填方坡脚不受流水冲刷和损害的人工沟渠。它是多雨地区、山岭和丘陵地区路基排水的重要设施之一。截水沟设在路堑坡顶或路堤坡脚外侧，要结合地形和地质条件沿等高线布置，将拦截的水顺畅地排向自然沟谷或水道。降水量较少或坡面坚硬和边坡较低以致受冲刷影响不大的地段，可以不设截水沟；反之，若降雨量较多，且暴雨频率高，山坡覆盖层松软，坡面较高，水土流失较严重的地段，必要时可设置两道或多道截水沟。截水沟的横断面形式，一般为梯形，沟壁边坡坡度因土质条件而异，一般为 1 : 1~1 : 1.5。沟底宽度和深度不小于 0.5 m，地质或土质条件差，有可能产生渗流或变形时，应采取相应的防护措施。截水沟下游应有急流槽，把路堑或路堤坡面截水沟汇集的雨水导入天然水沟或排水沟。

3. 排水沟

主要用于排除来自边沟、截水沟或其他水源的水流，并将其引至路基范围以外的指定地点。当路线受到多段沟渠或水道影响时，为保证路基不受水害，可以设置排水沟或改移渠道，以调节水流，整治水道。排水沟的横断面形式，一般采用梯形，尺寸应经过水力水文计算而定。排水沟的布置，必须结合地形等条件，离路基尽可能远些，转向时，尽可能采用较大半径（10~20 m 以上），徐缓改变方向，距路基坡脚的距离一般不宜小于 3~4 m；排水沟长度一般不超过 500 m；纵坡大于 7% 时，应设置跌水或急流槽。

4. 跌水与急流槽

均用于陡坡地段，沟底纵坡可达 100%。由于纵坡大、水流湍急、冲刷作用严重，因此跌水与急流槽必须用浆砌石块或水泥混凝土砌筑，且应埋设牢固。在陡坡地段设置跌水结构物，可在短距离内降低水流流速、消减水流能量，避免出水口下游的桥涵结构物、自然水道或农田受到冲刷。跌水成台阶式，有单级跌水和多级跌水之分。跌水两端的土质沟渠，应注意加固，保持水流畅通，不致产生水流冲刷和淤积，以充分发挥跌水的排水效能。急流槽的纵坡，比跌水的平均纵坡更陡，对结构的坚固稳定性要求更高，是山区公路回头曲线沟通上下线路基排水及沟渠出水口的一种常见排水设施。急流槽主体部分的纵坡依地形而定，一般可达 67%，如果地质条件良好，需要时还可以更陡，但结构要求更严，造价亦相应提高，设计时应通过比较确定。按水力计算特点，由进水口、急流槽（槽身）和出水口三部分组成。

若沟槽横断面不同，为了能平顺衔接，可在急流槽的进、出水口与槽身连接处设过渡段，出水口部分设消力池。各部分的尺寸，根据水力计算确定。急流槽的基础必须稳固，端部及槽身每隔 2~5 m 在槽底设耳墙埋入地面以下，以防止滑动。当槽身较长时宜分段砌筑每段长 5~10 m 的预留伸缩缝，并用防水材料填塞。在开挖坡面的急流槽与边沟交汇处，应在边沟设置沉淤池或消能池，一方面可以沉积泥沙；另一方面可以起到消能作用，避免泥沙堵塞边沟和水流冲刷边沟，导致边沟遭到破坏。

5. 盲沟与渗沟

设在路基边沟下面的暗沟被称为盲沟，其目的是拦截或降低地下水水位。盲沟造价通常高于明沟，发生淤塞时，疏通困难，甚至需要开挖重建。设置在路基两侧边沟下的盲沟，主要作用是降低地下水位，防止毛细水上升至路基工作区范围内，形成水分积聚而造成冻胀和翻浆，或土基过湿而降低强度等。路基在挖方与填方交界处的横向盲沟，用以拦截和排除路堑下面的层间水或小股泉水，保持路堤填土不受水害。盲沟设置在地面以下起引排、集中水流的作用，无排渗水和汇水的作用。简易的盲沟结构主要由粗粒碎石、细粒碎石及不透水层组成。

6. 渗井

当路基附近的地面水或浅层地下水无法排除，影响路基稳定时，可设置渗井，将地面水或地下水经渗井通过下透水层中的钻孔流入下层透水层中排除。渗井直径50~60 cm，井内填充料含泥量应小于5%，按单一粒径分层填筑，不得将粗细材料混杂填塞。在下层透水范围内填碎石或卵石，上层不透水层范围内填砂或砾石，填充料应采用筛洗过的不同粒径的材料，井壁和填充料之间应设反滤层。渗井离路堤坡脚不应小于10 m，渗水井顶部四周用黏土填筑围护，井顶应加筑混凝土盖，严防渗井淤塞。渗井开挖应根据土质选用合理的支撑形式，并应边挖边支撑，及时回填。

7. 检查井

为检查维修渗沟，每隔30~50 m或在平面转折和坡度由陡变缓处宜设置检查井。检查井一般采用圆形，内径不小于1.0 m，在井壁处的渗沟底应高出井底0.3~0.4 m，井底铺一层厚0.1~0.2 m的混凝土，混凝土强度必须达到5 MPa，井基如遇不良土质，应采取换填、夯实等措施。兼起渗井作用的检查井的井壁，应在含水层范围设置渗水孔和反滤层。深度大于20 m的检查井，蹬出梯要牢固。井口顶部应高出附近地面0.3~0.5 m，并设井盖，井框、井盖应平稳，进口周围无积水。

（三）边沟、截水沟与排水沟的施工

通常把边沟、截水沟与排水沟笼统地称为"水沟"，其施工工艺和施工方法非常相似。水沟的施工流程为：施工准备（清理现场、核查设计布置是否合理、组织施工人员及施工机械、材料准备）→测量放样→撒石灰线（机械开挖）或挂线（人工开挖）→沟槽开挖→人工修整→验槽→水沟加固（水沟沟底纵坡大于3%时，或土质水沟采用矩形断面时，或需要防止水沟水流下渗时）。

当公路用地比较紧张时，边沟、排水沟和碎落台截水沟多采用矩形断面形式，需要结合其他防护工程进行加固处理。高等级公路为了行车安全和增加路面视觉宽度，常在边沟顶面加带槽孔的混凝土盖板。

加带槽孔的混凝土盖板的高等级公路边沟施工流程可表示为：全站仪定位放样→撒石灰线→挖机（或人工）开挖沟槽→人工修整→验槽→砌筑沟底→砌筑沟帮→检查沟底、沟帮→沟帮、沟底抹面或勾缝→运输盖板→清除边沟淤积及沉降缝封缝→安装盖板→找平外露边沟顶面。

1. 土质水沟的施工方法

根据设计图纸尺寸，利用经纬仪及钢尺或皮尺从中桩引测，或利用全站仪从测量控制点引测，放样点间距直线段一般为 10 m 一点，曲线段根据转弯半径大小为 2~5 m 一点。

放样时，应核查水沟设计位置的合理性，是否与公路设施及建筑物位置发生冲突；坡降是否过大或过小，过大是否需要采取加固措施，过小是否会产生积水或漫流现象；与其他防排水措施交接处是否会发生错位或冲刷，是否需要进行防冲加固；出水口水流是否顺畅，是否会发生冲刷危害，是否应采取消能或提高抗冲刷性能的加固措施；边沟转弯半径是否符合有关要求，是否应在外侧加高和加固。设计存在不合理的地方或存在需要完善的地方，需及时向有关单位进行汇报，并对设计进行修改和完善。放样之后，应进行现场清理，清除杂草、灌木、有机质土及覆土等杂物，平整场地及进行施工临时排水。

低等级道路，或降水量较少的地区，水沟设计尺寸亦较小，通常采用人工开挖沟槽。反之，高等级道路，或降水量较大的地区，水沟设计尺寸亦较大，为了保证施工质量和工期，大多采用人工配合挖掘机开挖。在纵向，一般应从下游向上游开挖。

当人工开挖作业时，测量放样后，挂线施工。施工时一般采用分段开挖的方法，每一段可以分层开挖，从上至下，逐渐成形，也可以全断面开挖，先开辟出一个工作面，修整成设计断面，然后往前推进，每一个断面都一次成型。

当采用机械开挖作业时，应该先放样，然后撒石灰线，挖土机开始工作。开挖过程中，最好欠挖，人工修整到位，不能超挖。如果出现超挖，超挖部分用浆砌片石或其他加固材料找补。

开挖时尽量不扰动原状土，当采用机械开挖时，可适当欠挖，边挖边测量控制，沟底高程用水准仪实测控制，最后用人工修整。修整时以一定长度（一般为 10 m，曲线段按半径大小为 2~5 m）按设计尺寸定标准断面，在两标准断面间拉线，按线修整，也可用断面样板或皮尺或钢尺逐段检查，反复修整，直到符合设计要求为止。雨季施工时基坑开挖必须采取防止坑外雨水流入基坑的措施，坑内雨水应及时排出。

2. 石质水沟的施工方法

石质水沟的开挖，无论采用人工还是机械施工，均需爆破，使石方松动后再开挖成型，这样很容易超挖，应控制炮孔位置和爆破药量，超挖部分用浆砌片石、混凝土或砂浆找补。石质水沟其他工序的施工方法与土质水沟相同。

3. 水沟加固的施工方法

为防止水流对水沟的冲刷与渗漏，对边沟、截水沟和排水沟等地面排水设施的沟底和沟壁应进行加固。

第三章　沥青路面施工

第一节　沥青类路面基本特性及分类

一、基本特性

沥青路面是通过各种方式将沥青材料与矿料均匀混合，经铺筑后形成路面面层并与其他各类基层和垫层共同组成路面结构的统称。由于使用沥青作结合料，矿料间的黏结力获得很大增强，提高了混合料的强度和稳定性，使路面的使用性能和耐久性都得到提高。与水泥混凝土路面相比，沥青路面具有表面平整、无接缝、行车舒适、耐磨、振动小、噪声低、施工期短、养护维修简便、适宜分期修建等优点，因而获得非常广泛的应用。沥青路面属于柔性结构，面层抗拉强度较低，其整体强度和稳定性在很大程度上取决于土基和基层的特性，因而要求基层和土基必须具有足够的强度和良好的稳定性。由于沥青是一种典型的感温性材料，在夏季高温时沥青路面会出现软化现象，从而在行车荷载作用出现车辙、拥包、推挤等变形和破坏；在冬季低温时，沥青路面的抗变形能力会降低，有时会出现低温开裂现象。因此，必须选用质量符合要求的原材料并进行合理的混合料组成设计，采用先进的施工设备和工艺组织施工，以此获得质量满足设计和施工技术规范要求的沥青路面。

20 世纪 50 年代以来，沥青路面已成为世界各国公路的主要面层类型。近 20 年来，我国在公路和城市道路上修筑了大量的沥青路面。目前我国高速公路大都采用沥青路面。随着国民经济和现代化道路交通发展的需要，沥青路面将会得到更大的发展。

二、沥青路面的分类

根据施工工艺的不同，沥青路面可分为层铺法施工的沥青路面、路拌法施工的沥青路面和厂拌法施工的沥青路面三种。

（一）层铺法施工的沥青路面与封层

层铺法施工是将沥青分层洒布、矿料分层撒铺，然后碾压形成沥青面层的施工方法。其主要优点是工艺和设备简便、功效较高、施工进度快、造价较低；缺点是结构强度低、使用寿命短、路面成型期较长，需要在炎热季节经行车碾压之后路面才能最终成型。根据铺装时所采用的具体工艺、结构层厚度、适用条件的不同，又分为沥青表面处治、沥青贯入式和碎石封层等类型。

沥青表面处治路面是指用沥青和矿料按层铺法铺筑而成的、厚度一般为 1.5~3.0cm 的沥青路面。表面处治可做成单层或多层，优点是摩擦系数大，表面构造深度深，有利于车辆行驶安全。此外，它还具有良好的抗温度开裂性能。沥青表面处治适用于三级、四级公路的面层，旧沥青面层上加铺罩面或抗滑层、磨耗层等。

沥青贯入式路面是靠矿料颗粒间的锁结作用以及沥青的黏结作用获得所需的强度和稳定性，采用层铺法施工，厚度通常为 4~8cm（用作基层时，厚度可达 10cm），也被称为沥青贯入碎石。当沥青贯入式路面的上部加铺拌和的沥青混合料时；为上拌下贯，此时，拌和层的厚度宜为 3~4cm，其他厚度为 7~10cm。沥青贯入式路面适用于作二级及二级以下公路的沥青面层。若沥青贯入碎石设在沥青混凝土面层与半刚性基层或粒料基层之间时成为联结层，也可作路面基层使用。

碎石封层同样采用层铺法施工，施工工艺和工序与沥青表面处治相同，但要求结合料有较大的黏结强度和稳定性，一般情况下要求使用改性沥青，使用粒径严格单一的石料，对石料的洁净度和针片状含量要求高，施工时用机械洒布沥青和撒铺石料，对施工机械的要求比较高。这使路面成型后具有较大的构造深度，有利于行车安全。

（二）路拌法施工的沥青路面

路拌法是指在路上用人工或机械将矿料和沥青材料就地拌和、摊铺、碾压密实后形成沥青结构层的施工方法。路拌法施工时，通过就地拌和，沥青材料在矿料中的分布比层铺法均匀，可以缩短路面的成型期。但因所用矿料为冷料，需使用黏稠度较低的沥青材料，故混合料的强度较低。比较典型的路拌法施工沥青路面为乳化沥青碎石混合料路面，这种沥青路面适用于做三、四级公路的沥青面层，二级公路养护罩面以及各级公路的调平层。

（三）厂拌法施工的沥青路面

厂拌法施工的沥青路面是用不同粒径的碎石、天然砂（或机制砂）、矿粉和沥青按一定比例在拌和机中热拌所得的拌和物（被称为热拌沥青混合料，HMA），然后在规定温度范围内运到工地并用摊铺机摊铺，再碾压成型的沥青路面。这种混合料的矿料具有严格的级配，当这种混和料被压实达到规定的强度和孔隙率后，就称作沥青混凝土。沥青混凝土具有很高的强度和密实度，常温下还具有一定的塑性。它的强度和密实度是各种沥青矿料混合料中最高的。沥青混凝土透水性小，水稳性好，有较强的抵抗自然因素影响和行车荷载作用的能力，使用寿命长，耐久性好。

根据热拌沥青混合料强度构成原理、矿料级配组成、路用性能等因素的不同，厂拌法施工的沥青路面可做如下分类：

1. 按混合料强度构成原理不同可分为级配密实型和嵌挤锁结型

（1）级配密实型

沥青混合料的矿料级配按最大密实原则设计，其强度和稳定性主要取决于混合料中沥青与矿料的黏聚力，矿质颗粒之间的摩阻力处于次要地位。设计空隙率较小的密实式沥青混凝土混合料（以 AC 表示）和密实式沥青稳定碎石混合料（以 ATB 表示）就属于这一类型。此类混合料沥青用量通常较大，强度受温度影响明显，但抗渗水性、耐久性较好。

（2）嵌挤锁结型

沥青混合料采用颗粒尺寸较大且级配较为均一的矿料，细集料和填料较少，形成开级配沥青混合料。如半开级配沥青碎击混合料（以 AM 表示）、大孔隙开级配排水式沥青碎石混合料（以 OGFC 表示，设计空隙率可达到 18%）就属于这一类。这种沥青混合料路面的强度和稳定性主要依靠骨料颗粒之间相互嵌挤、锁结作用所产生的内摩阻力，沥青与矿料的黏聚力相对较小，起次要的作用。嵌挤锁结到沥青混合料路面比级配密实则沥青混合料路面的高温稳定性要好，但因空隙率大，易渗水，因而耐久性相对较差。

2. 按材料组成及结构分为连续级配沥青混合料、间断级配沥青混合料

连续级配沥青混合料的矿料具有连续、光滑的级配曲线。若矿料级配组成中缺少一个或几个粒径档次（或用量很少），则成为间断级配沥青混合料。

3. 按矿料级配组成和空隙率分为密级配、半开级配、开级配混合料

若矿料具有连续级配、设计空隙率为 3%~6% 时被称为密级配沥青混合料。若矿料由适当比例的粗集料、细集料及少量填料（或不加填料）组成，标准马歇尔击实成型试件的空隙率为 6%~12%，即为半开级配沥青碎石混合料。若沥青混合料采用颗粒尺寸较大且较为均一的矿料、细集料和填料较少，设计空隙率达到 18% 其致更大，即为开级配沥青混合料，如大空隙开级配排水式沥青碎石混合料。

4. 沥青玛蹄脂碎石混合料

由沥青结合料与少量的纤维稳定剂、细集料及较多的填料组成的沥青玛蹄脂填充于具有间断级配的粗集料骨架的空隙中组成的沥青混合料整体，即为沥青玛蹄脂碎石混合料（SMA）。它具有抗滑、耐磨、密实耐久、抗疲劳、抗高温车辙、抗低温开裂等优点，同时能有效减轻行车噪声污染，是一种优质的沥青路面材料类型，适用于高速公路、一级公路表层，其厚度在 3.5~4cm。

三、沥青路面的选择与应用

各种沥青类路面的选择使用，一方面要根据任务要求（道路的等级、交通量、使用年限、修建费用等）和工程特点（施工季节、施工期限、结构组合状况等），另一方面还应考虑材料的供应情况、施工机具、劳力和施工技术条件等因素。沥青混凝土是适合现代交通的一种优质高级面层材料。铺筑在坚硬基层上的优质沥青混凝土面层可使用 20~25 年，国外的重交通道路和高速公路主要采用这种面层形式。

密级配沥青混凝土混合料（AC）适用于各级公路沥青面层的任何层次；沥青玛蹄脂碎石混合料（SMA）适用于铺筑新建公路的表面层、中面层或旧路面加铺磨耗层，设计空隙率 6%~12% 的半开级配的沥青碎石混合料（AM）仅适用于三级及三级以下公路、乡村公路，且沥青混合料拌和设备缺乏添加矿粉装置和人工炒拌的情况；设计空隙率 3%~6% 的粗粒式及特粗式密级配沥青稳定碎石混合料（ATB）适用于基层；设计空隙率大于 18% 的粗粒式及待粗排水式沥青稳定碎石混合料（ATPB）适用于基层；设计空隙率大于 18% 的细粒排水式沥青稳定碎石混合料（0GFC）适用于高速行车、多雨潮湿、不易被尘土污染、非冰冻地区铺筑排水式沥青路面磨耗层。开级配排水式沥青混合料基层（ATPB）的下卧层应具有排水和抗冲刷能力，工程上必须通过试验，取得成功的经验，并经过论证后使用。特粗式沥青混合料适用于基层，粗粒式沥青混合料适用于下面层或基层，中粒式沥青混合料适用于中面层和表面层，细粒式沥青混合料适用于表面层和薄层罩面。砂粒式沥青混合料适用于非机动车道或行人道路。对于高速公路及一级公路，除沥青稳定碎石基层外，通常宜选用公称最大粒径为 13.2~26.5mm 的沥青混合料。

对沥青层较厚的高速公路、一级公路，在选择级配类型、确定矿料级配和最佳沥青用量时，应首先保证各层的组合不致发生早期破坏。并在此基础上优先或侧重考虑各层的服务功能后作出抉择，主要包括：表面层应只有良好的表面功能、密水、耐久、抗车辙、抗裂，潮湿区和湿润区的路面上面层应符合潮湿条件下的抗滑要求，抗滑性能不符合要求时，宜铺筑抗滑磨耗层。在寒冷地区，表面层应考虑低温抗裂性能的要求。

三层式面层的中面层或双层式面层的下面层应重点满足混合料的高温抗车辙性能。下面层应在满足高温抗车辙性能的基础上，重点考虑抗疲劳性能及抗裂性能的要求。

除排水式沥青混合料外，每一层都应该考虑密水性，当上层属渗水性结构层时，层间及下层应采取防渗水或排水措施。高速公路的紧急停车带（硬路肩）沥青面层宜采用与车行道相同的结构，但表面层宜采用密级配沥青混凝土混合料铺筑。

沥青面层集料的最大粒径宜从上至下逐渐增大，并应与设计厚度相匹配。除人行道路外，沥青层的压实厚度不宜小于集料最大粒径的 2 倍。对于高速公路和一级公路，密级配沥青混合料的层厚不宜小于公称最大粒径的 3 倍，SMA 等嵌挤型混合料的层厚不宜小于公称最大粒径的 2.5 倍，以减少离析，便于施工和压实。沥青类路面一般不宜铺筑在纵坡大于 6% 的路段上。在纵坡大于 3% 的路段，考虑抗滑的要求，宜采用粗粒式的沥青碎石或粗粒式沥青混凝土作面层。

第二节　沥青类路面对原材料的技术要求

一、沥青

沥青路面所用的沥青材料有石油沥青、煤沥青、液体石油沥青和沥青乳液等。石油沥青在道路建筑中使用最广，可以用在不同地区和不同等级道路上铺筑各种沥青面层和基层。石油沥青的性质与石油的性质和获得沥青的方法有关。高树脂、少石蜡的石油是制造道路沥青的最好原料。煤沥青主要是由炼焦或制造煤气得到的高温焦油加工而得，它的主要成分是芳香族碳氢化合物及其氧、氮和硫的衍生物的混合料。煤沥青与石油沥青相比较，温度稳定性低，易老化，但其与矿料颗粒表面的贴附性较好，因煤沥青会造成轻微的空气污染，一般不宜作沥青面层，仅作为透层沥青使用。沥青乳液也称乳化沥青，它是沥青经机械作用分裂为细微颗粒，分散于含有表面活性物质（乳化剂—稳定剂）的水中，形成均匀而稳定的分散系。根据其中表面活性物质的特性及形成乳胶体的性质，乳化沥青可分为乳液和乳膏两大类。选用乳化沥青时，对于酸性石料、潮湿的石料，以及低温季节施工时宜选用阳离子乳化沥青，对于碱性石料或与掺入水泥、石灰、粉煤灰共同使用时，宜选用阴离子乳化沥青。

沥青路面采用的沥青标号，宜按照公路等级、气候条件、交通条件、路面类型、在路面结构中的层位及受力特点、施工方法等，结合当地使用经验，经技术论证后确定。

高速公路，一级公路，夏季气温高、高温持续时间长的路段，重载交通，山区及丘陵区上坡路段，服务区、停车场等行车速度较慢的路段，特别是汽车荷载剪应力大的层次，宜采用稠度大、60℃，黏度大的沥青，也可提高高温气候分区的温度水平选用沥青等级；对于冬季寒冷地区、交通量较小的公路、旅游区公路宜选用稠度小、低温延度大的沥青；对温度日温差、年温差大的地区宜选用针入度指数大的沥青。当高温要求与低温要求发生矛盾时应优先考虑满足高温性能要求。当缺乏所需标号的沥青时，可使用不同标号沥青进行掺配。

对热拌热铺的沥青路面，由于沥青材料和矿料须加热拌和，并在热态下铺压，故可采用稠度较高的沥青材料。反之则应采用稠度较低的沥青。对于其他类型沥青路面，若沥青材料过稠，则难以贯入碎石中，过稀则又易流入路面底部，因此这类路面宜采用中等稠度的沥青材料。当气候寒冷、施工气温较低、矿料粒径偏细时，宜采用稠度较低的沥青材料。但在炎热季节施工时，由于沥青材料的温度散失较慢，则可用稠度较高的沥青材料。路拌法施工的沥青路面，一般仅采用稠度较低的沥青材料。

随着公路交通量增大和对路面性能要求的提高，在原有工业生产所获基质沥青性能不能满足要求的情况下，可采用改性沥青。改性沥青可单独或复合采用高分子聚合物、天然沥青及其他改性材料制作。

二、粗集料

沥青路面可用轧制碎（砾）石、筛选砾石、矿渣等作为粗集料。粗集料在沥青混合料中起形成矿质骨架的作用，对混合料的强度等一系列路用性能影响很大。碎石应均匀、清洁、坚硬、无风化，小于 0.05mm 的颗粒含量应小于 2%，吸水率小于 2%~3%。颗粒形状接近立方体并有多棱角，细长或扁平颗粒含量应小于 15%，杂质含量不能超标，压碎值应不大于 20%~30%。轧制砾石系由天然砾石轧制并经筛选而得，要求大于5mm 颗粒中 40%（按重量计）以上至少有一个破碎面。用于沥青贯入式面层时，主层矿料中要有 30%~40%（按重量计）以上颗粒至少有两个破碎面。

筛选砾石由天然砾石筛选而得。由于天然砾石是各种岩石经自然风化而成的不同尺寸的粒料，强度极不均匀，而且多是圆滑形状。因此，筛选砾石仅适用于交通量较小的路面面层下层、基层的沥青混合料中使用，不宜用于防滑向层。在交通量大的沥青路面面层，若使用砾石拌制沥青混合料，则在砾石中至少应掺有 50%（按重量计）粒径大于 5mm 的碎石或经轧制的砾石。沥青贯入式路面用砾石时，主层矿料中亦应掺有 30% 以上的碎石或轧制砾石。

粗集料与沥青材料粘附件大小，对沥青混合料的强度和耐久件有极大影响，应优先选用与石油沥青材料有良好粘附性的碱性碎（砾）石。集料与沥青材料的粘附性用水煮法测定时，一般公路不小于 3 级，高等级公路应不小于 4 级。

用于高速公路、一级公路沥青路面表面层及各类抗滑表层的粗集料要符合规定的石料磨光值要求，应选用坚硬、耐磨、抗冲击性好的碎石，不得使用筛选砾石、矿渣及软质集料。为了保证石料与沥青之间有较好的黏结性能，经检验属于酸性岩石的石料，用于高速公路、一级公路和城市快速路，主干道宜使用针入度较小的沥青，必要时可在沥青中掺加抗剥离剂，或用干燥的磨细消石灰或生石灰粉、水泥作为矿粉的一部分，其用量宜为矿料总量的 1%~2%；将粗集料用石灰浆处理后也可以有效地提高石料与沥青之间的黏结力。

三、细集料

细集料与粗集料共同形成混合料矿质骨架。沥青面层的细集料可采用天然砂、机制砂及石屑等。热拌密级配沥青混合料中，天然砂的用量通常不超过集料总量的20%，SMA及OGFC混合料不宜使用天然砂。机制砂系从轧制岩石中筛选而得，其最大粒径一般小于5mm。无论天然砂还是机制砂，均要求坚硬、清洁、干燥、无风化、不含杂质，并且应有适当的级配。热拌沥青混合料宜采用优质的天然砂或机制砂，在缺乏砂资源地区也可以用石屑。但由于一般情况下石屑的含泥量高、强度不高，因此，高速公路、一级公路沥青混凝土面层及抗滑表层的石屑用量不宜超过天然砂及机制砂的用量。河砂、海砂的颗粒缺乏棱角，表面光滑，使用时虽能增加和易性，满足提高密实度的要求，但内摩阻角较小，为了提高混合料的内摩阻角，可掺加部分人工砂。

细集料应与粗集料一样，要求与沥青形成良好的黏结力。与沥青的黏结性能很差的天然砂以及用花岗岩、石英岩等酸性石料破碎的机制砂或石屑不宜用于高速公路、一级公路的沥青面层，必须使用时，应有抗剥落措施。

四、矿粉与纤维稳定剂

混合料中矿粉与沥青形成沥青胶浆填充于矿质骨架空隙中，在密级配沥青混合料中，矿粉表面积占全部矿料表面积的90%以上，矿粉的使用使矿料比表面积大大增加，从而沥青以结构沥青形式存在，减少自由沥青数量，有利于提高沥青黏结力，获得较高的强度。宜采用石灰出或岩浆岩中的强基性、憎水性岩石经磨细得到的矿粉，原石料中的泥土杂质应除尽。也可采用水泥、石灰、粉煤灰做矿粉，但其用量不宜超过矿料总量的2%。其中粉煤灰用量不得超过填料总量的50%，且烧失量不超过12%，与矿粉混合后的塑性指数不小于4%，高速公路、一级公路的沥青面层不宜采用粉煤灰做填料。

矿粉中所含小于0.075mm的颗粒应不少于30%，但过细颗粒的含量也不宜过多，否则会降低混合料施工和易性和水稳性。对矿粉的要求是干燥、洁净。在SMA混合料中，纤维稳定剂与矿粉、沥青共同形成沥青玛蹄脂，填充于粒径较为单一的集料空隙中，是沥青玛蹄脂碎石混合料的重要组成部分。纤维稳定剂在SMA混合料中的主要作用包括：

（一）加筋作用

纤维在混合料中以三维状分散相存在，犹如钢纤维混凝土、土工格栅等加筋材料所起的作用。

（二）分散作用

混合料中加入纤维后，可使沥青与矿粉形成的胶团适当分散，形成均匀的材料体系。如果没有纤维，由于沥青和矿粉用量较大，所形成的胶团不能均匀地分散到集料之间，混合料铺筑在路面上会形成明显的"油斑"，成为沥青路面施工的另一种离析现象。

（三）吸附与吸收沥青的作用

在 SMA 混合料中加入纤维稳定剂在于充分吸附（表面）及吸收（内部）沥青，从而使沥青用量增加，沥青膜变厚，有利于提高混合料耐久性。

（四）稳定作用

纤维可使沥青膜处于比较稳定的状态，尤其在夏季高温季节，沥青受热膨胀时，纤维内部的空隙具有缓冲作用，不致使其成为自由沥青，有利于改善混合料的高温稳定性。

（五）增粘作用

纤维将增加沥青与矿料的粘附性。

第三节　沥青混合料组成设计

一、密级配沥青混合料组成设计

沥青混合料组成设计内容包括确定沥青混合料材料品种及混合料类型、矿料最优级配、最佳沥青用量。在工程实践中，高速公路和一级公路的热拌沥青混合料配合比设计分试验室目标配合比设计、施工阶段的生产配合比设计及生产配合比验证三个阶段进行。

（一）试验室目标配合比设计

1. 设计任务

根据公路性质、交通量、路用性能要求、筑路材料、当地气候条件、施工技术水平等选择原材料，确定混合料类型、矿料级配类型和最佳沥青用量。具体设计时用工程实际使用的材料计算各种材料的用量比例后配合成符合规范所要求的矿料级配，进行马歇尔试验，确定最佳沥青用量。以此矿料级配及沥青用量作为目标配合比，供拌和机确定各冷料仓的供料比例、进料速度及试拌使用。

2. 设计流程

（1）确定混合料类型

混合料类型由矿料公称最大粒径确定。矿料最大粒径对沥青混合料路用性能影响很大。当结构层厚度（h）与矿料最大粒径（D）的比值较小时，沥青混合料的高温稳定性提高，车辙等损害减小，但抗疲劳能力降低；当h/D增大时，矿料细集料含量多，沥青用量大，沥青混合料的抗疲劳特性提高，但高温稳定性下降。通常取h/D≥2，此时沥青混合料施工和易性、可压实性较好，容易达到规定的密实度和平整度。确定矿料最大粒径后，根据混合料所在层位、气候环境、材料来源、施工条件等确定沥青混合料类型。

（2）原材料选择

根据原材料技术性能等各种因素对沥青混合料路用性能的影响情况，结合当地材料供应等条件，按技术、经济合理的原则，通过相关试验选择质量符合要求的原材料品种。

（3）确定工程设计级配范围

根据公路等级、工程性质、气候条件、交通条件、材料供应条件等确定混合料工程设计级配范围，根据材料实际情况进行工程设计级配范围调整，并遵循以下原则：第一，对于夏季气温较高、高温持续时间长、重载交通多的路段，宜采用粗型密级配沥青混合料（AC-C型），并取较高的设计空隙率。对于冬季气温较低或重载交通较少的路段，宜选用细型密级配沥青混合料（AC-F型），并取较小的设计空隙率。第二，确保高温抗车辙能力，同时兼顾低温抗裂性能的要求。配合比设计时宜适当减少公称最大粒径附近的粗集料用量，减少0.6mm以下部分细粉的用量，使中档粒径集料较多，形成S形级配曲线，并取中等或偏高的设计空隙率。第三，确定工程设计级配范围应考虑混合料所在路面层位的功能要求，经组合设计的沥青路面应能满足耐久、稳定、密水、抗滑等要求。第四，沥青混合料的配合比设计应充分考虑施工性能，使沥青混合料容易摊铺和压实，避免造成严重的离析现象。

（4）矿料配合比设计

在实际工程中，常常需要用两种或两种以上具有不同级配的原材料掺配后才能得到符合既定级配要求的矿质集料，即对矿料进行配合比设计。高速公路和一级公路沥青路面矿料配合比可借助电子表格用试配法进行，其他等级公路沥青路面也可参照进行。

（5）马歇尔试验。以预估的沥青用量（根据以往工程经验结合工程实际情况确定）为中值，按一定间隔（密级配沥青混合料可为0.5%，沥青碎石混合料可为0.3%）取5个或5个以上不同的沥青用量分别制成马歇尔试件。每组试件的数量按试验规程要求确定，对粒径较大的沥青混合料应增加试件数量。测定马歇尔击实试件的毛体积相对密度、吸水率。计算沥青混合料试件的空隙率、矿料间隙率、有效沥青的饱和度等体积指标，进行体积组成分析。进行马歇尔试验，测定马歇尔稳定度和流值。

（二）生产配合比设计阶段

对间歇式拌和机，必须对二次筛分后进入各热料仓的材料取样进行筛分，以确定各热料仓的材料比例，供拌和机控制室使用。同时反复调整冷料仓进料比例以达到供料均衡，并取目标配合比设计的最佳沥青用量、最佳沥青用量 ±0.3% 的 3 种沥青用量进行马歇尔试验，最终确定生产配合比的最佳沥青用量。

（三）生产配合比验证阶段

拌和机采用生产配合比进行试拌，铺筑试验路段，并用所拌和沥青混合料及路上钻取的芯样进行马歇尔试验检验，由此确定生产用的标准配合比，并作为生产上控制的依据和质量检验的标准。标准配合比的矿料级配至少应包括 0.075mm、2.36mm、4.75mm 三档，三档的筛孔通过率接近要求级配范围的中值。经验证确定的标准配合比在施工过程中不能随意变更。生产过程中，当进场材料发生变化，沥青混合料的矿料级配、马歇尔试验技术指标不符合要求时，应及时调整配合比，使沥青混合料质量符合要求并保持相对稳定，必要时重新进行配合比设计。

SMA 是一种由沥青、纤维稳定剂、矿粉及少量的细集料组成的沥青玛蹄脂填充于间断级配的粗集料骨架空隙中所形成的沥青混合料。其最基本组成是形成骨架的粗碎石和沥青玛蹄脂结合料。SMA 混合料是一种全新的沥青混合料类型，其组成不同于密级配沥青混合料的悬浮密实结构，也不同于半开级配沥青碎石的骨架空隙结构，而是一种骨架嵌挤密实结构。SMA 具有"三多一少"的特点，即粗集料多、矿粉多、沥青结合料多、细集料少。由于与普通沥青混合料在组成设计上存在较大差异，SMA 的配合比设计不完全依靠马歇尔试验方法，而是以体积指标确定。SMA 混合料组成设计仍然按目标配合比设计、施工配合比设计、施工配合比验证三个阶段完成。

1. 原材料选择、取样

（1）沥青结合料

SMA 混合料中沥青结合料的质量必须满足沥青玛蹄脂的需要，要求有较高的黏度，符合一定的技术要求，保证混合料具有足够的高温稳定性和低温韧性。

（2）矿料

SMA 之所以有较好的高温稳定性，主要得益于含量甚高的粗集料之间的嵌挤作用，而集料嵌挤作用的好坏则取决于集料石质的坚韧性、集料颗粒形状和棱角多少，粗集料是否具有这些方面良好的性质，是 SMA 成败的关键。因此，粗集料必须具有良好的抗滑性能、低压碎值、坚韧性好，同时颗粒接近立方体、表面粗糙、棱角丰富，扁平颗粒含量少。由于 SMA 混合料通常选用改性沥青，质地坚硬的花岗岩、石英岩、砂岩均可使用。

SMA 混合料中细集料用量通常少于 10%，可选用坚硬岩石反复破碎后得到的机制砂，由于机制砂具有丰富的棱角和嵌挤性能，有利于提高混合料的高温稳定性。SMA 混合料中矿粉与沥青用量之比可达到 1.8~2.0，大于密级配沥青混合料。矿粉通常选用磨细的石灰石粉。

（3）纤维稳定剂

生产 SMA 混合料必须采用纤维稳定剂。可以使用的纤维包括矿物纤维、木质素纤维、聚合物有机纤维等。SMA 混合料所用结合料、矿料及纤维稳定剂应通过相关试验进行质量检测，各项性能参数应符合前述相关技术标准要求。

2. 矿料级配确定

（1）设计初试级配

公称最大粒径等于或小于 9.5mm 的 SMA 混合料以 2.36mm 作为粗集料骨架的分界筛孔，公称最大粒径等于或小于 13.2mm 的 SMA 混合料以 4.45mm 作为粗集料骨架的分界筛孔。在工程设计级配范围内，调整各种矿料比例，设计 3 组粗细不同的初试级配，3 组级配的粗集料骨架分界筛孔的通过率处于级配范围的中值、中值 ±3% 附近，矿粉数量均为 10% 左右。

（2）选择沥青用量，测定 VMA、VCA$_{DRC}$

计算初试级配矿料的合成毛体积相对密度、合成表现密度和有效密度。筛出合成级配中颗粒小于粗集料骨架分界筛孔的集料，用捣实法测定粗集料骨架的松方毛体积相对密度，计算粗集料骨架混合料的平均毛体积相对密度，并计算各组初试级配在捣实状态下的粗集料松装间隙率 VCA$_{DRC}$。

预估 SMA 混合料适宜的沥青用量作为马歇尔试验的初试沥青用量，并以此沥青用量和选定的矿料级配制作马歇尔试件，测定试件的毛体积相对密度，马歇尔标准击实次数为双面 50 次，一组马歇尔试验试件数目不少于 4 个。

（3）变化沥青用量，测定空隙率，确定最佳沥青用量

计算在不同沥青用量下 SMA 混合料的最大理论相对密度。按下式计算马歇尔试件中的粗集料骨架间隙率。试件其他体积指标空隙率 VV、集料间隙率 VMA、沥青饱和度 VFA 的计算与密级配沥青混合料有关计算相同。

$$VCA_{mix} = \left(1 - \frac{\gamma_f}{\gamma_{ca}} \times P_{cA}\right) \times 100$$

公式中：VCA_{mix} ——粗集料骨架间隙率，%。

P_{CA}——沥青混合料中粗集料的比例，即大于 4.75mm 的颗粒含量，%。

γ_f——沥青混合料试件的毛体积相对密度，表干法测定。

γ_{ca}——粗集料骨架部分的平均毛体积相对密度。

按照 $VCA_{\text{mix}} < VCA_{\text{DRC}}$ 及 $VMA > 16.5\%$ 的要求，从 3 组初试级配的试验结果中选择设计配合比，当有 1 组以上的级配符合上述要求时，以粗集料骨架分界集料通过率大且 VMA 较大的级配为设计级配。

3. 确定设计沥青用量

根据所选择的矿料设计级配和初试沥青用量试验的空隙率结果，以 0.2%~0.4% 为间隔，调整 3 个不同的沥青用量，制作马歇尔试件，计算空隙率等指标。根据期望的设计空隙率确定沥青用量为最佳沥青用量 OAC。

4. 目标配合比设计检验

在上述设计基础上，根据确定的设计矿料级配、最佳沥青用量，按规定方法进行车辙试验、低温弯曲试验、浸水马歇尔试验、渗水试验，检验 SMA 混合料的高温稳定性、低温抗裂性能、密水性能、水稳定性。此外，为检验 SMA 混合料中有无多余的自由沥青或沥青玛蹄脂，需进行谢伦堡沥青析漏试验。SMA 混合料路面的构造深度大、粗集料外露，空隙中经常有水，在交通荷载反复作用下，由于集料与沥青的黏结力不足而容易引起集料脱落、掉粒、飞散，进而形成坑槽，为了防止出现这种破坏，在 SMA 混合料配合比设计时，需进行肯塔堡飞散试验或浸水飞散试验。以上两个试验可控制 SMA 混合料沥青用量不能过多，也不能过少。试验结果可作为确定最佳沥青用量的依据之一。SMA 混合料配合比设计报告内容与密级配沥青混合料配合比设计报告相同。

第四节 层铺法、路拌法施工沥青路面

一、沥青表面处治

沥青表面处治是用沥青裹覆矿料，铺筑厚度小于 3cm 的一种薄层路面面层。其主要作用是防水、抗磨耗、防滑和改善碎（砾）石路面的使用品质，改善行车条件。在计算路面厚度时，不作为单独受力结构层。沥青表面处治层在施工完毕后，须经过一段时间的行车碾压，特别是一定高温下的行车碾压，使其矿料取得最稳定的嵌紧位置，并同沥青黏结牢固，这一过程就称为"成型"阶段。因此，沥青表面处治宜选择在干燥和较热的季节施工，并在雨季前及日最高温度低于 15℃到来之前半个月结束，使表面处治层通过开放交通后靠行车压实，成型稳定。

沥青表面处治层是按嵌挤原则构成强度的，为了保证矿料间有良好的嵌挤作用，同一层的矿料颗粒尺寸应力求均匀，其最大粒径应与表面处治单层厚度相当。当采用乳化沥青时，为了减少乳液流失，可在主层集料中掺加 20% 以上的较小粒径的集料。沥青表面处治层施工后，应在路侧另备 5~10 mm 碎石或 3~5 mm 石屑、粗砂或小砾石 2~3 m³/1000m² 作为初期养护用料，在施工时与最后一遍料一起撒布。

沥青表面处治可采用道路石油沥青或乳化沥青。在远离城市的边远地区可采用煤沥青。沥青表面处治各层沥青用量应根据施工气温、沥青标号以及基层情况，在规定范围内选用。

此外，对矿料的其他质量要求，如足够的强度和耐磨性能、与沥青有良好的黏结力、干燥清洁无杂质等，也适用于其他类型的沥青路面。沥青表面处治可采用拌和法或层铺法施工。拌和法施工可采用热拌热铺或冷拌冷铺法，层铺法宜采用沥青洒布车及集料撒布机联合作业，并确保各工序紧密衔接。每个作用段长度应根据压路机数量，沥青洒布设备及集料撒布机能力等确定，当天施工的路段必须在当天完成。单层及三层沥青表面处治的施工程序与双层式相同，仅需相应地减少或增加一次洒布沥青、撒铺矿料和碾压工序。层铺法沥青表面处治的施工工艺如下：

（一）清理下承层

在表面处治层施工前应将路面下承层清扫干净，使下承层的矿料大部分外露，并保持干燥。对有坑槽、不平整的路段应先修补和整平，若下承层整体强度不足，则应先予补强。级配砂砾、级配碎石下承层及水泥、石灰、粉煤灰等无机结合料稳定土或粒料的半刚性基层上须浇洒透层沥青，并且应尽早铺筑沥青面层。但当乳化沥青做透层时，洒布后应待其充分渗透、水分蒸发后方可铺筑沥青面层，此段时间应在 24h 以上。

（二）洒布沥青

下承层清扫或透层沥青充分渗透后，即可按要求的速度浇洒沥青。若采用汽车洒布机洒布沥青，应根据单位面积的沥青用量选定洒布机排挡和油泵挡位；若采用手摇洒布机洒布沥青，应根据施工气温和风向调节喷头离地面的高度和移动的速度，以保证沥青洒布均匀，并应按洒布面积来控制单位沥青用量。沥青的浇洒温度根据施工气温及沥青标号选择，石油沥青的洒布温度为 130℃ ~170℃，煤沥青为 80℃ ~120℃。乳化沥青在常温下洒布，当气温偏低、破乳及成型过慢时，可将乳液加温后洒布，但乳液温度不得超过 60℃。

沥青洒布要均匀。当发现有空白、缺边时，应立即用人工补洒，有沥青积聚时应予刮除。沥青浇洒的长度应与集料撒布机能力相配合，应避免沥青浇洒后等待较长时间才撒铺集料。为保证前后两车喷洒的接茬搭接良好，可用铁板或建筑纸等横铺在本段起洒点前及终点后，长度为 1~1.5m。如需分数幅浇洒时，纵向搭接宽度为 10~15cm。若浇洒第二、三层沥青时，搭接缝应错开。

（三）铺撒矿料

洒布沥青后应趁热迅速铺撒矿料，按规定用量一次撒足。撒料后应及时扫匀，达到全面覆盖一层、厚度一致、集料不重叠，也不露出沥青的要求。当局部有缺料时，应采用人工方法适当找补，局部集料过多时，应将多余集料扫出。若使用乳化沥青，集料撒布必须在乳液破乳之前完成，若沥青为分幅浇洒，在两幅的搭接处，第一幅浇洒沥青应暂留 10~15cm 宽度不撒石料，待第二幅浇洒沥青后一起撒布集料。

（四）碾压

铺撒矿料后即用 60~80kN 双轮压路机或轮胎压路机及时碾压。碾压应从一侧路缘压向路中心。碾压时，每次轮迹重叠约 30cm，碾压 3~4 遍。压路机行驶速度开始为 2km/h，以后可适当提高。

（五）初期养护

当发现表面处治层有泛油时，应在泛油处补撒与最后一层石料规格相同的嵌缝料并扫匀，过多的浮动集料应扫出路面外，并不得搓动已经粘着就位的集料。如有其他破坏现象，也应及时进行修补。

除乳化沥青表面处治应待破乳后水分蒸发并基本成型后方可通车外，沥青表面处治层在碾压结束后即可开放交通。在通车初期应设专人指挥交通或设置障碍物控制行车，使路面全部宽度均匀压实。在路面完全成型前应限制行车速度不超过 20km/h，严禁畜力车及铁轮车行驶。

二、沥青贯入式

沥青贯入式路面具有较高的强度和稳定性，其强度构成主要依靠矿料的嵌挤作用和沥青材料的黏结力，适用于二级及二级以下的公路、城市道路的次干道及支路，也可作为沥青混凝土路面的联结层。由于沥青贯入式路画是一种多孔隙结构，为了防止水的下渗，增强路面的水稳定性，路面的最上层应撒布封层料或加铺拌和层。乳化沥青贯入式路面铺筑在半刚性基层上时，应铺筑下封层。沥青贯入层作为联结层时，可不撒表面封层料。

沥青贯入式路面应选择在干燥和较热的季节施工，并在雨季前及日最高温度低于 15℃到来之前半个月结束，使贯入式结构层通过开放交通碾压成型。沥青贯入层厚度一般为 4~8cm，但乳化沥青贯入式路面的厚度不应超过 5cm。当贯入层上面加铺拌和的沥青混合料面层时，总厚度宜为 6~10cm，其中拌和层的厚度宜为 2~4cm。

沥青贯入式路面所用的集料应选择有棱角、嵌挤性好的坚硬石料，结合料可采用石油沥青、煤沥青或乳化沥青。材料的其他要求与沥青表面处治层基本相同。沥青贯入式面层的施工工序如下：第一，整修和清扫基层。第二，浇洒透层或粘层沥青。第三，铺撒主层矿料。矿料颗粒大小要均匀，并检查松铺厚度。严禁车辆在铺好的集料层上通行。第四，碾压。主层集料撒铺后应采用 6~8t 的钢筒式压路机进行初压。碾压速度宜为 2km/h，碾压应自路边缘逐渐移向路中心，每次轮证重叠约 30cm，接着应从另一侧以同样的方法压至路中心，称为碾压一遍。检验路拱和纵向坡度，若不符合要求，应调整找平再压，至集料无显著推移为止。然后用 10~12t 压路机进行碾压，每次轮迹重叠 1/2 左右，压 4~6 遍，直至主层集料嵌挤稳定，无显著轮迹为止。第五，浇洒第一层沥青。沥青的浇洒温度应根据沥青标号及气温情况选择。若采用乳化沥青，为防止乳液下漏过多，可在主层集料碾压稳定后，先撒铺一部分上一层嵌缝料，再浇洒主层沥青。第六，铺撒第一次嵌缝料。主层沥青浇洒后，应立即均匀撒布第一层嵌缝料，并立即扫匀，不足处应找补。第七，碾压。嵌缝料扫匀后应立即用 8~12t 钢筒式压路机进行碾压，轮剂重叠 1/2 左右，压 4~6 遍直至稳定。碾压时随压随扫，使嵌缝料均匀嵌入。第八，浇洒第二层沥青，撒布嵌缝料，然后碾压。第九，铺撒封层料。施工要求与撒布嵌缝料相同。重复该过程，采用 6~8t 压路机碾压 2~4 遍，然后开放交通。第十，初期养护。沥青贯入式路面开放交通后的交通控制、初期养护等与沥青表面处治相同。沥青贯入式表面不撒布封层料而加铺沥青混合料拌和层时，应紧跟贯入层施工，使上下成为一个整体。贯入部分采用乳化沥青时，应待其破乳、水分蒸发且成型稳定后方可铺筑拌和层。若拌和层与贯入部分不能连续施工，又要在短期内通行施工车辆时，贯入层部分的第二遍嵌缝料应增加用量 2~3m³/1000m²，在摊铺拌和层沥青混合料前，应清除贯入层表面的杂物、尘土以及浮动石料，再补充碾压一遍，并浇洒粘层沥青。

乳化沥青碎石混合料适用于三级及三级以下公路的沥青面层、二级公路的养护罩面，以及各级公路沥青路面的联结层或整平层。一般情况下，乳化沥青碎石混合料路面的沥青面层采用双层式：下层采用粗粒式沥青碎石混合料，上层采用中粒式或细粒式沥青碎石混合料。单层式只适合在少雨干燥地区或半刚性基层上使用。在多雨潮湿地区必须做上封层或下封层。

乳化沥青碎石混合料的矿料级配应满足规范要求，并根据已有道路的成功经验试拌确定配合比。其乳液用量应根据当地实践经验以及交通量、气候、石料情况、沥青标号、施工机械等条件确定，也可按热拌沥青碎石混合料的沥青用量折算。实际的沥青用量宜较同规格热拌沥青混合料的沥青用量减少 15%~20%。乳化沥青碎石混合料应采用拌和机拌和，在条件限制时也可在现场用人工拌制。适宜拌和时间根据施工现场使用的集料级配情况、乳液裂解速度、拌和机械性能、施工时的气候等具体条件通过试拌确定，机械拌和不宜超过 30s（自矿料中加进乳液的时间算起），人工拌和不超过 60s。

已拌好的混合料应立即运至现场进行摊铺。拌和与摊铺过程中已破乳的混合料，应予废弃。拌制的混合料应用沥青摊铺机摊铺。若采用人工摊铺，应防止混合料离析。松铺系数可通过试验确定。

三、透层、粘层与封层

（一）透层

透层是为了使路面沥青层与非沥青材料层结合良好而在非沥青材料层上浇洒乳化沥青、煤沥青或液体石油沥青后形成的透入基层表面的薄沥青层。在级配碎（砾）石及半刚性基层上铺筑沥青混合料面层时必须浇洒透层沥青。透层沥青宜采用慢裂洒布型乳化沥青，也可使用中、慢裂液体石油沥青或煤沥青。表面致密、平整的半刚性基层上宜采用较稀的透层沥青，粒料类基层宜采用较稠的透层沥青。

透层沥青应紧接在幕层施工结束、表面稍干后浇洒。当基层完工后的时间较长时，应对表面进行清扫，若表面过于干燥，应在基层表面适当洒水并待稍干后浇洒透层沥青。高速公路和一级公路的透层沥青宜采用沥青洒布车喷洒，其他等级公路可采用手工沥青洒布机喷洒。

浇洒透层沥青应符合以下要求：浇洒的透层沥青应渗入基层一定深度，但又不致流淌而在表面形成油膜；气温低于 10℃及大风、降雨时不得浇洒透层沥青；浇洒后，禁止车辆、行人通过；未渗入基层的多余透层沥青应刮除，有遗漏的部位应补洒。

在半刚件性基层上浇洒透层沥青后，立即以 2~3m²/1000m² 的用量将石油或粗砂撒布在基层上，然后用 6~8t 钢筒压路机稳压一遍。当需要通行车辆时，应控制车速。透层沥青洒布后应尽早铺筑沥青面层；用乳化沥青做透层时，应待其充分渗透、水分蒸发后方可铺筑沥青面层，此段时间不宜少于 24h。

（二）粘层

粘层是为加强沥青层之间、沥青层与水泥混凝土面板之间的黏结而洒布的薄沥青层。将热拌沥青混合料铺筑在被污染的沥青层表面、旧沥青路面及水泥混凝土路面上时应浇洒粘层，与新铺沥青路面接触的路缘石、雨水井、检查井等设施的侧面应浇洒粘层沥青。粘层宜采用快裂洒布型乳化沥青，也可采用快、中凝液体石油沥青或煤沥青。粘层沥青宜采用洒布车喷洒并符合以下要求：洒布应均匀，浇洒过量时应予刮除；气温低于 10℃或路面潮湿时不得浇洒，浇洒后严禁除沥青混合料运输车以外的其他车辆通行；粘层沥青浇洒后应紧接着铺筑沥青层，但乳化沥青应待其破乳、水分蒸发后再铺沥青层。路面附属结构侧面可用人工涂刷。

（三）封层

所谓封层即为封闭表面空隙、防止水分浸入面层或基层而铺筑的沥青混合料薄层。铺筑在面层表面的称为上封层，铺筑在面层下面的称为下封层。在下列情况下，应在沥青面层上铺筑上封层：沥青面层空隙较大、渗水严重，有裂缝或已修补的旧沥青路面，需要铺抗滑磨耗层或保护层的旧沥青路面。在下列情况下应在沥青面层下铺筑下封层：位于多雨地区且沥青面层空隙较大、渗水严重的路面，基层铺筑后不能及时铺沥青面层又需开放交通的路面。可采用拌和法或层铺法施工的单层式沥青表面处治层做封层，二级及二级以下公路的沥青路面可采用乳化沥青稀浆做封层。

乳化沥青稀浆封层是用适当级配的石屑或砂与填料（水泥、石灰、粉煤灰、石粉等）、乳化沥青、外加剂和水按一定比例拌和成流态的乳化沥青稀浆，然后用稀浆封层摊铺机均匀地摊铺在需设置封层的结构层上，厚度为3~6mm。乳化沥青稀浆混合料用拌和机拌和，拌和时严格控制集料、填料、水、乳液配合比，加水量根据施工和易性要求由稠度试验确定，要求的稠度为2~3cm。混合料的湿轮磨耗试验磨耗损失不大于$800g/m^2$，轮荷压砂试验的砂吸收量不大于$600g/m^2$。

第五节　厂拌法施工沥青路面

热拌沥青混合料路面通常采用厂拌法施工，施工过程可分为沥青混合料的拌制、运输铺筑及碾压成型等几个阶段。

一、搅拌站建设与搅拌设备

热拌沥青混合料在生产过程中会产生粉尘、废气、废油等污染，搅拌站设置必须符合国家有关环境保护、消防、安全等规定。搅拌站与工地现场的距离应充分考虑道路条件，确保不会因运输而导致混合料冷却至规定温度以下，避免混合料因颠簸而产生离析。搅拌站应有功能完善的防排水设施，各种原材料应分仓堆放，细集料、矿粉等应有防雨顶棚，站内道路应做硬化处理，防止泥土污染集料。

热拌沥青混合料可采用间歇式拌和机或连续式拌和机拌制。前者是在每盘拌和时计量混合料各种材料的重量，而后者则在计量各种材料之后连续不断地送进拌和器中拌和。为保证沥青混合料的质量稳定、沥青用量准确，高速公路和一级公路的沥青混凝土宜采用间歇式拌和机拌和。当工程材料从多处供料、来源或质量不稳定时，不得采用连续式拌和机。各类拌和机均应有防止矿粉飞扬散失的密封性能及除尘设备，并有检测拌和温度的装置。搅拌系统的各种传感器必须做定期检查，确保各种材料计量准确。

高速公路和一级公路用的间歇式搅拌系统必须配备计算机设备，拌和过程中能逐盘采集并打印各传感器测定的材料用量和沥青混合料拌和量、拌和温度等各种参数。每个台班结束时打印出一个台班的统计量并用于施工质量检查。

二、混合料的拌制

在拌制沥青混合料之前，应根据确定的配合比进行试拌。试拌时对所用的各种矿料及沥青应严格计量。通过试拌和抽样检验确定每盘热拌的配合比及其总重量（对间歇式拌和机），或各种矿料进料口开启的大小及沥青和矿料进料的速度（对连续式拌和机）、适宜的沥青用量、拌和时间、矿料和沥青加热温度以及沥青混合料出厂的温度。对试拌沥青混合料进行试验之后，即可选定施工的配合比。

为保证沥青混合料的质量，需要控制拌制温度、运输温度、摊铺温度及碾压温度。尤其应严格控制沥青加热温度。沥青温度过低，混合料拌和不均匀；沥青加热温度过高，可能会导致沥青老化。集料烘干后的残余含水率不超过 1%。沥青混合料拌和的时间根据具体情况经试拌确定，以沥青均匀裹覆集料为度，间歇式搅拌系统的每盘生产周期不宜少于 45s（其中干拌时间不少于 5~10s）。改性沥青和 SMA 混合料的拌和时间应适当延长。经拌和后的沥青混合料应均匀一致，无花白料，无结团成块或严重的粗细料分离现象，不符合要求时不得使用，并应及统相关参数。

生产添加纤维的沥青混合料时，必须将纤维充分分散到混合料中，搅拌均匀。拌和机应具有同步添加投料设备，松散的絮状纤维可在喷入沥青的同时或稍后采用风送设备喷入拌和机，搅拌时间延长 5s 以上。颗粒纤维在粗集料投入的同时自动加入，经 5~10s 的干拌后，再投入矿粉。

三、混合料运输

热拌沥青混合料应采用较大吨位的自卸汽车运输，车厢应清扫干净。为防止沥青与车厢板黏结，车厢侧板和底板可涂一薄层油水混合液（柴油与水的比例可达 1 ： 3），但不得有余液积聚在车厢底部。混合料运输所需的车辆数可按下式计算：

$$需要的车辆数 = 1 + \frac{t_1 + t_2 + t_3}{T} + \alpha$$

公式中：T——辆车容量的沥青混合料拌和与装车所需的时间，min ；

t_1——运到铺筑现场所需的时间，min ；

t_2——由铺筑现场返回拌和厂所需的时间，min ；

t_3——在现场卸料和其他等待时间，min ；

α——备用的车辆数（运输车辆发生故障及其他用途时使用）。

沥青混合料运输车的运量应较拌和能力或摊铺能力有所富余，施工过程中摊铺机前方应有运料车在等候卸料。对高速公路和一级公路，开始摊铺时在施工现场等候卸料的运料车不宜少于 5 辆。

从储料斗向运输车辆卸料时，多次挪动车辆位置，平衡装料，以减少混合料离析。运输车应有保温、防雨、防污染措施。车辆在施工现场不得超载运输，或急制动、急转弯使透层、封层受到损伤。车轮不能带入泥土等外物污染摊铺现场。

向摊铺机卸料时，运料车在摊铺机前方 100~300mm 处停住，空挡等候，由摊铺机推动缓缓前进并开始卸料，避免撞击摊铺机。有条件时可将混合料卸入转运车经二次拌和后再向摊铺机连续均匀地供料。每次卸料务必倒净，尤其是改性沥青混合料和 SMA 混合料，防止余料结块。应检查每车来料的温度是否达到要求，是否遭雨淋或结团成块。

四、混合料摊铺

（一）下承层准备和放样

沥青混合料面层铺筑前，应对其下的基层或旧路面的厚度、密实度、平整度、路拱等进行检查。基层或旧路面若有坎坷不平、松散、坑槽等，必须在混合料铺筑之前整修完毕，并清扫干净。为使铺筑层与下承层黏结良好，在铺筑前 4~8h，在粒料类的下承层上洒布透层沥青；若下承层为旧沥青路面或水泥混凝土路面，则要在旧路面上洒布一层粘层沥青；若下承层为灰土类基层，为防止水渗入基层，加强基层与面层的黏结，要在面层铺筑前铺下封层。在做好下承层准备的同时，进行必要的施工测量，作为混合料摊铺控制高程、厚度、平整度的依据。

（二）摊铺

热拌沥青混合料应采用沥青混合料摊铺机摊铺。对高速公路和一级公路路面，一台摊铺机的铺筑宽度不宜超过 6~7.5m，避免造成混合料离析，应采用两台或更多台数摊铺机布置成梯队形式同步摊铺，相邻摊铺机之间司距控制在 10~20m、摊铺范围搭接 30~60mm，并避开车道轮迹带，上下层的搭接位置错开 200mm 以上。

摊铺机开工前应提前 0.5~1h 预热熨平板，至不低于 100℃。摊铺过程中合理选择熨平板的振捣或夯锤压实装置，使其具有适宜的振动频率和振幅，以提高路面的初始压实度。摊铺机必须缓慢、均匀、连续不间断地作业，不得随意变换速度或中途停顿；摊铺机的螺旋布料器应根据摊铺速度保持均匀、稳定旋转，两侧混合料不低于布料器高度的 2/3，以减少混合料离析，提高路面平整度。摊铺速度控制在 2~6m/min 范围内，对改性沥青混合料或 SMA 混合料则应放慢至 1~3m/min。当发现混合料出现明显的离析、波浪、裂缝、拖痕时，应查明原因并消除。

用机械摊铺的混合料，不宜用人工反复修正。局部机械无法摊铺的部位不可避免用人工找补时，应仔细进行，严防混合料降温过多和离析。应采用自动找平方式控制摊铺高程，下面层或基层采用钢丝引导的高程控制方式，上面采用平衡梁或雪橇式厚度控制方式，中面层根据情况选用其中一种。沥青混合料的松铺系数应根据试铺试压确定。

五、混合料压实与成型

混合料压实是获得高质量、高路用性能沥青路面的关键工序之一，必须重视混合料压实工作。压实成型的沥青混合料应满足规定压实度和平整度要求。沥青混凝土的压实厚度不宜超过100mm；沥青稳定碎石混合料的最大压实厚度不宜超过120mm。应配备数量足够的碾压设备，选择合理的压路机组合方式及初压、复压、终压的碾压步骤，以达到最佳压实效果。高速公路铺筑双车道路面的压路机数量不宜少于5台。施工温度低、风大、碾压层薄时，压路机数量应适当增加。

压路机应以慢而均匀的速度碾压，不应突然改变压路机行走路线和碾压方向，碾压区的长度应保持大体一致，两端的折返位置随摊铺机的前进而不断向前推进，且横向不得在相同的断面上。

（一）初压

混合料摊铺后紧接着进行初压，并保持较短的初压长度，在热量损失较小的情况下尽快使混合料被压实。若摊铺机摊铺后混合料初始压实度较大，经实践证明采用振动压路机或轮胎压路机直接碾压不会出现严重推移现象时，可免去初压，直接进行复压。初压的目的主要是使混合料初步稳定，采用钢轮压路机静压1~2遍，在此过程中，压路机驱动轮面向摊铺机，从外侧向中心碾压，在超高路段则由低向高碾压，在坡道上应将驱动轮从低处向高处碾压。初压后应检查平整度、路拱，有严重缺陷时进行修整乃至返工。

（二）复压

复压紧跟在初压后进行，且不得随意停顿。碾压长度尽量缩短，保持60~80m。采用不同型号压路机组合时，应安排每台压路机均全幅碾压，防止不同部位的压实度不均匀。密级配沥青混合料优先采用总吨位不低于25t的重型轮胎压路机进行搓揉碾压，以增加路面密水效果，每个轮胎的压力不小于15kN，冷态的轮胎元气压力不小于0.55MPa，轮胎发热后不小于0.6MPa，且各个轮胎的元气压力相同，相邻碾压带重叠1/3~1/2的碾压轮宽度。混合料粗集料较多、最大粒径较大时，优先选用振动压路机，振动压路机的振动频率宜为35~50Hz，振幅宜为0.3~0.8mm。碾压层厚较大时采用高频率大振幅，以获得较大的激振力；厚度较小时采用高频率低振幅，避免集料破碎；厚度小于 30mm 的薄沥青层不宜用振动压路机碾压。压路机折返时应先停止振动，相邻碾压带重叠 100~200mm。三轮钢筒压路机总吨位不应小于 12t，相邻碾压带重叠 1/2 后轮宽，且不小于 200mm。大型压路机无法碾压的部位采用小型振动压路机或振动夯板压实。

（三）终压

终压采用双轮钢筒压路机或关闭振动的振动压路机进行，主要是为了消除碾压轮迹。终压紧跟在复压后进行。

（四）SMA、OGFC 混合料的碾压

SMA 混合料不宜采用轮胎压路机碾压，以防止沥青结合料搓揉挤压上浮。SMA 混合料通常采用振功压路机按"紧跟、慢压、高频、低幅"的原则进行碾压。OGFC 混合料采用 12t 的钢筒压路机碾压，碾压过程中保持碾压轮清洁，有混合料粘轮时应立即清除。当采用向碾压轮喷水避免粘轮时，必须控制喷水量且成雾状，不得漫流，防止混合料降温过快造成温度离析。

六、接缝处理与开放交通

沥青路面的各种施工缝，由于压实不足易产生病害，施工时必须十分注意，保证其紧密、平顺。纵缝应采用热接缝。施工时应将已铺混合料部分留下 10~20 cm 宽暂不碾压，作为后摊铺部分的高程基准面，最后做跨缝碾压以消除缝迹。半幅施工不能采用热接缝时，应加设挡板或采用切刀切齐。摊铺另半幅前必须将缝边缘清扫干净，并浇洒少量粘层沥青。

相邻两幅及上下层的横向接缝应错位 1m 以上。对于高速公路和一级公路，中下层的横向接缝可采用斜接缝，在上面层采用垂直的平接缝。其他等级公路的各层均可采用斜接缝。铺筑接缝时，可在已经压实部分上面铺设一些热混合料使之预热软化，以加强新旧混合料的粘接。但在开始碾压前应将预热用的混合料铲除。热拌沥青混合料路面应待摊铺层完全自然冷却，混合料表面温度低于 50℃后，方可开放交通。需提早开放交通时，可洒水冷却降低混合料温度。

第六节　热拌沥青混合料路面施工质量管理和检查

沥青路面施工应根据全面质量管理的要求，建立健全有效的质量保证体系，实行严格的目标管理、工序管理与岗位责任制度。对施工各阶段的质量进行检查、控制、评定，达到所规定的质量标准，确保施工质量的稳定性。施工质量管理包括施工前、施工过程中质量管理与质量控制，以及各施工工序间的检查及工程交工石的质量检查验收。高速公路、一级公路沥青路面应加强施工过程质量控制，实行动态质量管理。

一、施工前的材料与设备检查

原材料质量符合要求是保证沥青路面质量的重要前提，施工前必须检查各种材料的来源和质量。施工过程中材料来源或规格有变化时，必须对材料来源、质量、数量、供应计划、料场堆放及储存条件等进行检查。检查时应以同一料源、同一次购入并运至生产现场的相同规格品种的集料、沥青为一批进行检查。质量达不到要求的材料严禁使用。正式开工前，各种原材料的实验结果及据此进行的配合比设计和生产配合比设计应向建设单价和质量监理单位报告。

拌和厂及沥青路面施工机械和设备的配套情况、技术性能、计量精度等也应在施工前进行检查和调试。各种称量传感器应进行标定并得到监理的认可。

二、铺筑试验路

高速公路和一级公路在施工前应铺筑试验路段。试验段的长度应根据试验目的确定，宜为100~200m。试验段最好在直线段上铺筑，如在其他道路上铺筑时，路面结构等条件应相同，路面各结构层的试验可安排在不同的试验段上。热拌沥青混合料路面试验路段分试拌及试铺两个阶段进行，应包括下列试验内容：第一，根据沥青路面各种施工机械相匹配的原则，确定合理的施工机械、机械数量及组合方式。第二，通过试拌来确定拌和机的上料速度、拌和数量与时间、拌和温度等操作工艺参数。第三，通过试铺确定透层沥青的标号与用量、喷洒方式、温度；摊铺机的摊铺温度、摊铺速度、摊铺宽度、自动找平方式等操作工艺；压路机的压实顺序、碾压温度、碾压速度及遍数等压实工艺；以及确定松铺系数和接缝方法等。第四，验证沥青混合料配合比设计结果，提出生产用的标准矿料配合比和最佳沥青用量。第五，建立用钻孔法及核子密度仪法测定密度的对比关系。确定粗粒式沥青混凝土和沥青碎石面层的压实标准密度。第六，检测试验段的渗水系数。第七，确定施工产量及作业段长度，制订施工进度计划。第八，全面检查材料及施工质量。第九，确定施工组织及管理体系、人员、通信、联络及指挥方式。

试验段铺筑应有相关单位参加，及时协商有关事项，明确试验结论。铺筑结束后，由施工单位就试验内容提出完整的试验路施工、检测报告，取得业主和监理的批复，作为正式施工的依据。

三、施工阶段的质量管理与检查

施工单位在施工过程中应随时对施工质量进行自检。监理单位应按规定要求自主进行试验，并对施工单位的实验结果进行质量评定、计算合格率等。当检查结果达不到规定的要求时，应追加检测数量，查找原因并做相应处理。

第四章　水泥混凝土路面施工

水泥混凝土路面是由混凝土面板与基层组成的路面结构，具有刚度大、强度高、稳定性好、使用寿命长等特点，适用于各级公路特别是高速公路及一级公路。水泥混凝土面板必须具有足够的抗折强度，良好的抗磨耗、抗滑、抗冻性能以及尽可能低的线膨胀系数和弹性模量，使混凝土路面能承受荷载应力和温度应力的综合疲劳作用，为行驶的汽车提供快速、舒适、安全的服务。施工时混凝土拌和物应具有良好的和易性。能否达到这些性能要求与混凝土的原材料品质及混合料组成有密切关系，因此，混凝土路面施工时应选用质量符合要求的原材料，混合料组成应满足强度及施工和易性要求，同时尽可能采用先进的施工工艺和方法。

第一节　材料要求及拌和物配合比设计

一、材料质量要求

组成水泥混凝土路面的原材料包括水泥、粉煤灰、粗集料（碎石）、细集料（砂）、水、外加剂、接缝材料及局部使用的钢筋等。

（一）水泥和粉煤灰

水泥是混凝土的胶结材料，混凝土的性能在很大程度上取决于水泥的质量。通常应选用强度高、干缩性小、抗磨耗性能及耐久性能好的水泥，施工时根据公路等级、工期要求、浇筑方法、路用性能要求、经济性等因素选用合适的水泥。特重、重交通路面宜选用旋窑道路硅酸盐水泥，也可采用旋窑硅酸盐水泥或普通硅酸盐水泥；中、轻交通路面可采用矿渣硅酸盐水泥；低温条件下施工或有提早开放交通要求的路面，可采用 R 型水泥，除此之外，宜选用普通型水泥。

此外，采用机械化铺筑时，宜选用散装水泥。散装水泥的夏季出厂温度：南方不宜高于 65℃，北方不宜高于 55℃；混凝土搅拌时的水泥温度：南方不宜高于 60℃，北方不宜高于 50℃，且不宜低于 10℃。

当采用贫混凝土和碾压混凝土做基层时，可使用各种硅酸盐水泥，不掺入粉煤灰时，宜使用强度等级 32.5 以下的水泥。掺用粉煤灰时只能使用道路水泥、硅酸盐水泥、普通水泥。水泥的抗压强度、抗折强度、安定性和凝结时间必须检验合格。粉煤灰宜采用散装灰，进货应有等级检验报告并应确切了解所用水泥中已经掺入的掺合料种类和数量。路面和桥面混凝土中可使用硅灰或磨细矿渣，使用前应进行试配试验，确保路面和桥面混凝土弯拉强度、工作性、抗磨性、抗冻性的技术指标合格。

进入施工现场以备待用的水泥应有产品合格证及化验单。若对水泥质量有怀疑、水泥出厂期超过 3 个月或水泥受潮时，必须做复查试验，并根据试验结果确定是否使用该批水泥。不同标号、厂牌、品种、出厂日期的水泥，严禁混合使用。

（二）粗集料

为了保证水泥混凝土具有足够的强度、良好的抗磨耗、抗滑及耐久性能，应选用质地坚硬、洁净、具有良好级配的粗集料，包括碎石、碎卵石及卵石。

粗集料的颗粒组成可采用连续级配，也可采用间断级配，但不得使用不分级的统料，应按最大公称粒径不同采用 2~4 个粒级的集料进行掺配。卵石最大公称粒径不超过 19mm；碎卵石最大公称粒径不超过 26.5mm；碎石最大公称粒径不超过 31.5m；钢纤维混凝土与碾压混凝土集料最大公称粒径不宜大于 19.0mm。集料为连续级配的混凝土具有密度大、工作件好、不易产生离析等优点。集料为间断级配的混凝土在相同的强度下水泥用量将减少，但施工时易产生离析现象，必须采用强力振捣。

（三）细集料

水泥混凝土中粒径在 0.15~5mm 范围的集料为细集料。细集料应尽可能采用天然砂、机制砂或混合砂。细集料应质地坚硬、耐久、洁净，高速公路及一级公路、二级公路以及有抗盐（冻）要求的三、四级公路混凝土路面适用的砂应不低于 II 级，无抗盐（冻）要求的三、四级公路混凝土路面、碾压混凝土基层可使用 III 级砂。特重、重交通混凝土路面宜使用河砂，砂的硅质含量不低于 25%。优质的混凝土应使用密度高、比表面积小的细集料，这样既能保证混凝土拌和物有适宜的工作性，硬化后有足够的强度和耐久性，同时又能达到节约水泥的目的。为了提高水泥混凝土的耐磨性能，粒径小于 0.08mm 的颗粒不应超过 3%，细度模数宜在 2.5 以上。

（四）水

用于清洗集料、拌和混凝土及养护用的水，不应含有影响混凝土质量的油、酸、碱、盐类及有机物等。饮用水一般均可使用，非饮用水经化验后满足下列要求的也可以使用：硫酸盐含量小于 2.7 mg/cm^3；含盐量不超过 5 mg/cm^3；pH 值大于 4。

（五）外加剂

为了改善水泥混凝土的技术性能，可在混凝土拌和过程中加入适宜的外加剂。常用的外加剂有流变剂、调凝剂及引气剂三大类。加入流变剂可改善混凝土拌和物的流变性能，常用的流变剂有塑化剂、减水剂及硫化剂等。其中最常用的是减水剂，如木质素系减水剂（简称 M 剂）、萘系减水剂（NF、MF 等）、水溶性树脂类减水剂（SM）等。在混凝土拌和物中加入适量的减水剂后，在保持其工作性不变的情况下可显著降低水灰比，在水灰比不变的条件下，可大大提高混凝土拌和物的工作性，从而提高混凝土的强度及抗冻、抗磨等性能。

加入调凝剂可调节水泥的凝结时间。若需要缩短水泥的凝结时间，可在拌和混凝土时加入适量的促凝剂，如水玻璃、碳酸钠、氯化钙、氟化钠等；若需要延缓水泥的凝结时间，可加入适量的缓凝剂，如羟基梭酸盐类（洒石酸等）、无机化合物类（NO_3、PO_4）等。为了提高混凝土的早期强度，可加入适量的早强剂，常用的早强剂有氯化钙等；在低温季节施工时为了使混凝土迅速凝结、硬化，可加入适量的速凝剂；为了提高混凝土抗冻、抗渗、抗蚀的性能，可在混凝土拌和物中加入引气剂。

（六）接缝材料

接缝材料用于填塞混凝土路面板的各类接缝，按使用部位的不同，分为接缝板和填缝料两类。接缝板可采用杉木板、纤维板、泡沫橡胶板、泡沫树脂板等做成。接缝板应能适应混凝土路面板的膨胀与收缩，施工时不变形，耐久性良好。

填缝料分为加热施工型和常温施工型两种。加热施工型包括沥青橡胶类、聚氯乙烯胶泥类、沥青玛蹄脂类等。常温施工型包括聚反氯脂焦油类、氯丁橡胶类、乳化沥青橡胶类等。填缝料应与混凝土路面板缝壁粘附力强，回弹性好，能适应混凝土路面的胀缩，不溶于水，高温不溢出，低温不脆裂，耐久性好。

（七）钢筋

素混凝土路面的各类接缝需要设置用钢筋制成的拉杆、传力杆，在板边、板端及角隅需要设置边缘钢筋和角隅钢筋，钢筋混凝土路面和连续配筋混凝土路面则要使用大量的钢筋。用于混凝土路面的钢筋应符合设计规定的品种和规格要求，钢筋应顺直，无裂缝、断伤、刻痕及表面锈蚀和油污等。

二、配合比设计

水泥混凝土路面板的厚度和平面尺寸是以抗折强度为标准进行设计的，因此，所设计的水泥混凝土必须具有足够的抗折强度，同时还应具有良好的耐久性、耐磨性和经济性，混凝土拌和物有良好的和易性。混凝土配合比设计的主要任务包括原材料选择和配合比设计两部分。前者是根据路面设计和施工要求，选择技术性能符合要求的原材料。配合比设计则是根据路面对混凝土提出的一系列路用性能上的要求，确定混凝土各组成材料的最佳用量。

混凝土配合比设计的主要工作是确定混凝土的水灰比、砂率及用水量等组成参数。根据混凝土的组成情况可采用四组分法或五组分法进行。确定混凝土配合比的计算可采用经验公式法或正文试验法。对于规模较大的混凝土路面工程，应采用正交试验法进行配合比设计，这样可用较少的试验次数优选出满足要求的配合比。

（一）水泥混凝土配合比的设计过程

根据以往的设计参数或设计经验，初拟设计配合比，然后进行试拌，通过试验考察混凝土拌和物的工作性。如果测得的工作性低于设计要求，可保持水灰比不变，增加水泥浆用量；如果测得的工作性超过设计要求，可减少水泥浆用量，或者保持砂率不变，增加砂石用量。每次调整时只加入少量材料，重复试验（时间不超过 20min），直到符合要求为止。

进行强度和耐久性试验，并做必要的调整，得到设计配合比。在混凝土拌和物符合工作性要求的配合比基础上，适当增减水泥用量，配制三组混凝土梁式试件，测定实际密度，养护到规定龄期后测定抗折强度。当实测强度未达到设计要求时，可提高水泥标号、减小水灰比或改善集料级配。根据水泥混凝土拌和物的现场实际浇筑条件、集料情况（级配、含水率等）、摊铺机具和气候条件等，对配合比进行适当调整，得到施工配合比。

（二）经验公式法设计混凝土配合比

1. 确定混凝土配制强度 f_c

$$f_c = \frac{f_r}{1-1.04C_v} + t$$

公式中：f_c——配制 28 天弯拉强度的均值，MPa；

f_r——设计弯拉强度标准，MPa；

t——保证率系数；

C_v——弯拉强度变异系数。

2. 计算水灰（胶）比 $\frac{W}{C}$

对于碎石或碎卵石混凝土：

$$\frac{W}{C} = \frac{1.5684}{f_c + 1.0097 - 0.3595f_s}$$

对于卵石混凝土：

$$\frac{W}{C} = \frac{1.2618}{f_c + 1.5492 - 0.4709 f_s}$$

公式中：f_s——水泥实测 28d 抗折强度，MPa。

高速公路及一级公路路面的混凝土拌和物水灰比（$\frac{W}{C}$）不应大于 0.46，其他公路不应大于 0.5。

3. 计算用水量 W

在水灰比已确定的条件下，确定用水量即确定了混凝土拌和物中水泥浆的用量。水泥浆用量取决于混凝土拌和物的工作要求（一般以坍落度表征）和组成材料的性质（集料最大粒径和表面特征、细集料粗度和含水率等）。混凝土拌和物的用水量 W（kg/m³）可按下式确定：

对于碎石混凝土：

$$W_0 = 104.97 + 0.309 SL + 11.27 \frac{C}{W} + 0.61 S_P$$

对于卵石混凝土：

$$W_0 = 86.89 + 0.370 SL + 11.24 \frac{C}{W} + 1.00 S_p$$

公式中：W_0——不含外加剂与掺合料混凝土的单位体积用水量，kg/m³；

SL——坍落度，cm；

$\frac{W}{C}$——灰水比，水灰比之倒数；

S_P——砂率，%。

滑模式摊铺机对混凝土拌和物的品质要求十分严格，骨料的最大集料粒径应小于 30~40mm，拌和物摊铺时的坍落度应控制在 4~6cm。为了增加混凝土拌和物的施工和易性，以达到所需要的坍落度，常需要使用外加剂。所掺外加剂品种、数量应先通过试验确定。

（三）正交试验法设计混凝土配合比

正交试验法又称正交设计法，是解决多因素试验问题的数学方法之一，是材料设计的有效方法之一。此方法应用数学中的搭配均衡、整齐可比的正交性原理，以最少的试验次数指明多个影响因素对某一指标的影响规律和各因素的主次关系。对于规模较大的混凝土路面工程，用正交试验法进行混凝土配合比设计，达到用较少的试验次数优选出满足要求的水泥用量、用水量和砂的用量，这样可提高设计效率和效益。例如，用经验公式法考察三因素、三水平的全面试验需要进行 27 次，而用正交试验法只需要 9 次即可，大大减少了试验数量。正交试验法确定水泥混凝土配合比的过程大致如下：

1. 试验设计

用正交试验法设计水泥混凝土的配合比时，应先进行试验设计，即确定考核指标、影响因素及水平。配合比设计目的是获得强度和施工和易性等指标符合要求的水泥混凝土，因此，正文试验的考核指标应选用坍落度、7d 抗压强度和 28d 抗折强度。影响这些指标的因素主要为水泥用量 C、用水量 W 和砂用量 S 等，这些因素的影响水平根据设计和施工技术规范及设计经验来确定。

2. 试验及数据处理

按正交表列出的因素组合方式进行相应考核指标的试验，每一种因素组合方式都有对应的试验结果。根据考核指标的试验结果和各影响因素的水平数据，通过相关分析建立考核指标与影响因素之间的数学关系，从而找到各因素对考核指标的影响规律。通过正交试验获得考核指标与各影响因素之间的对应关系后，即可用于混凝土配合比设计。设计时将混凝土坍落度、7d 抗压强度（R_7）及 28d 抗折强度（F_{28}）这些有明确数值要求的指标代入所建立的关系式，即可得到设计所需的配合比。

第二节　滑模式摊铺机施工

混凝土路面施工方法包括滑模式摊铺机施工、轨模式摊铺机施工、碾压混凝土施工、三辐轴机组施工和小型机具人工施工。对于高速公路及一级公路混凝土路面，宜采用施工进度快、工程质量高的机械化施工方法。

一、滑模式摊铺机施工特点

随着公路运输交通量的迅猛发展，对高等级公路路面的内在质量、表面的行驶功能和耐久性等技术要求越来越高。现代高等级公路建设必须依靠大型成套铺装设备和高新技术措施才能使路面基本功能得以实现。滑模摊铺机施工是当今混凝土路面施工的最新技术之一，具有连续铺筑、一次成型、高质高效地完成混凝土路向铺筑的优点。摊铺机铺筑时不需要轨模、摊铺机支承在四个液压缸上，两侧设置有随机移动的固定滑模，摊铺厚度通过摊铺机上下移动来调整。滑模式摊铺机一次通过即可完成摊铺、振捣、整平等多道工序，施工中的各种动作均由电子液压系统控制，精度较高，与传统的水泥混凝土路面施工方法相比较具有非常明显的优势，主要为：

（一）内在质量高

滑模式摊铺机施工的混凝土路面具有较高的密实度，混凝土具有高而稳定的弯拉强度。滑模摊铺机铺筑时采用高频率密集排列的振捣棒振捣及强大的挤压力成型，使相同配合比的混凝土弯拉强度比传统工艺施工高10%~15%，混凝土具有较高的断裂韧性，抵抗超载、断板的能力得到增强。另外，滑模摊铺工艺需要配制计算机自动控制的大型搅拌楼，可提高混凝土的配制准确性和稳定性，混凝土拌和物均质性好、色泽均一，也提高了混凝土路面的内在质量。

（二）表面功能好

混凝土弯拉强度的提高意味着其抗渗、抗冻、抗磨等耐久性也相应得到提高，有利于路面表面抗滑构造深度长期保持，使行车更安全、可靠。

（三）路面动态平整度好

滑模摊铺机铺筑时沿基准线平稳运行，路面直顺度便于调整，可保证路面具有良好的动态平整度，提高水泥混凝土路面的行车舒适性。

（四）混凝土拌和物质量稳定

混凝土路面采用滑模摊铺机施工时要求拌和物质量高度稳定，原材料计量精度高，水灰比和水泥用量变化小，总用水量基本无变化，确保路面不出现麻面或倒边等问题，再加上摊铺机完全一致的振捣和挤压，可确保路面质量的均质稳定，不会出现水泥浆或水分在表面积聚的现象，可有效延长路面使用年限。

（五）适应范围广

滑模式摊铺机施工可适应多种类型混凝土路面的施工，包括用预制钢筋支架和DBI两种方式铺筑的全缩缝代传力杆的混凝土路面、钢纤维混凝土路面、聚丙烯纤维混凝土路面、耐碱玻璃纤维混凝土路面、钢筋混凝土路面、连续配筋混凝土路面、双钢混凝土特大桥桥面等，对小半径、大坡度等具有特殊几何尺寸的公路也具有良好的适应性。

（六）生产效率高、施工进度快

常用的混凝土摊铺机每天平均可完成8.5m宽、260mm厚的高速公路路面600~1000m。其间劳动力需要量小，大大加快了混凝土路面的施工进度，有利于缩短混凝土路面建设周期。

（七）便于提高科技和管理水平

由于滑模式摊铺机施工的机械化程度高，需要上下游设备密切协调配合，施工中的人为干扰因素少，其中材料、机械、组织管理的科技含量高，有利于提高施工队伍管理水平和培养高素质的道路建设人员。

（八）路面使用寿命大幅度延长

根据工程实践验证，在相间的交通量条件和工作条件下，采用滑模式摊铺机施工的混凝土路面比传统工艺施工的路面使用寿命延长 6 年左右。

二、施工准备

采用滑模式摊铺机施工混凝土路面前的准备工作包括技术准备和物质准备等方面。施工前应做好相应的准备工作，避免施工过程中出现不必要的停顿。

（一）技术准备

施工前，建设单位应组织设计、监理、设计及施工单位进行技术交底。了解设计单位设计意图，明确施工技术要求。

施工单位应根据设计文件、合同文件、现场施工条件及本单位的设备、人员等情况确定混凝土路面施工工艺流程，上报合理的施工组织设计文件，精心编制施工组织计划。开工前施工单位还应对工程参与人员进行岗位培训，明确各自的职责要求及相互关系。

施工放样是采用滑模式摊铺机铺筑混凝土路面的重要准备工作。首先根据设计图纸恢复道路中心线和混凝土路向边线，在中心线上每隔20m设一中心桩，同时布设曲线主点桩及纵坡变坡点、路面板胀缝位置等施工控制点，并在路边设置相应的边桩，重要的中心桩要进行栓桩。每隔100m左右应设量一个临时水准点，以便复核路面高程。由于混凝土路面一旦浇筑成功就很难拆除，因此测量放样必须经常复核，在浇捣过程中也应进行复核，做到勤测、勤核、勤纠偏，确保混凝土路面的平面位置和高程符合设计要求。

混凝土路面施工前，应对混凝土路面板下的基层进行强度、密实度及几何尺寸等方面的质量检测和相应的整修。基层质量检查项目及其标准应符合基层施工技术规范要求和混凝土路面设计规范要求。对于采用滑模式摊铺机施工的路面，基层宽度应留有供摊铺机行走的宽度，通常为50~80cm。

（二）搅拌站建设与材料准备

混凝土路面施工前的物质准备工作包括材料准备及质量检验、混合料配合比试验与调整、机械设备准备等。混凝土路面施工前必须做好各种机械的检修工作，以便施工时能顺利运行。

为缩短运输距离，搅拌站宜设置在铺筑路段的中间位置。搅拌站应能满足原材料储运、混凝土拌和物运输、钢筋加工、供水、动力等工作要求，力求紧凑，减少占地面积。搅拌站应保障水源充足、可靠，满足搅拌、清洗、养生用水的供应。场内水泥、粉煤灰、砂石材料储运应满足以下要求：

1. 水泥、粉煤灰储存与供应

每台搅拌机应至少配备两个水泥储仓，粉煤灰应至少配备一个储仓。备用的袋装水泥和粉煤灰应放在地势较高的位置，严禁受潮或雨淋。

2. 砂石材料储运

施工前，宜储备 10~15d 的砂石料。砂石料场应建在排水通畅的位置，地坪应做硬化处理，不同砂石材料应分仓堆放，严禁混杂。在低温、雨天、大风天气及日照强烈条件下应设置遮盖棚。

3. 搅拌站内原材料运输与混凝土拌和物运输应减少互相干扰

搅拌楼应设厚度个小于 200mm 的硬铺装层，并设置排污管道、积水坑或搅拌楼产生的废水回收处理设备。

根据混凝土路面施工进度计划，施工前应分批备好所需的各种材料，并在使用前进行核对、调整，各种材料应符合规定的质量要求。新生产的水泥应至少存放一周后方可使用。路面在浇筑前必须对混凝土拌和物的工作性进行检验并做必要的调整。

（三）运输设备配置

采用滑模式摊铺机施工时，主要工序是混凝土的拌和与摊铺成型，因此，应把混凝土摊铺机作为第一主导机械，拌和机作为第二主导机械。选择的主导机械应能满足施工质量和工程进度要求。拌和机与摊铺机应互相匹配，拌和质量、拌和能力、技术可靠性及工作效率等应能满足要求。在保证主导机械发挥最大效率的前提下，选用的配套机械要尽可能少。

通常情况下，运输设备的运输能力应略大于搅拌能力，由于滑模施工工程量较大，运输距离相对较长，应尽可能采用搅拌运输车，无此条件时使用自卸汽车，基本能满足施工要求。由于自卸车的倒料一倾而下，增加了摊铺机的负荷，会引起摊铺机履带打滑，导致路面高程和平整度合格率降低，因此，实际施工过程中，为了加快施工进度和路面质量，可在滑模摊铺机之前增加一台螺旋布料机，既克服了上述缺点，又可实现二次搅拌，解决运输途中的混凝土水分流失和离析现象。

（四）防滑处理与养生设备的配置

滑模施工作为一种高效的机械化施工工艺，施工进度快，作业面宽，一般日工作量 1000m 左右，作业面宽 8m 以上，防滑处理与养生相应要求用高效的设备完成，采用拉毛养生机可连续完成拉毛或拉槽和养生剂的喷洒工作。

（五）通信设备的配置

滑模摊铺系统是快速的现代生产系统，现场要求配置有快速反应能力的无线电联络通信和生产指挥调度系统。

三、施工过程

为提高混凝土路面质量，加速施工进度，必须制定合理的滑模摊铺的工艺流程。

（一）测量放样，悬挂基准绳

滑模式摊铺机的摊铺高度和厚度可实现自动控制。摊铺机一侧有导向传感器，另一侧有高程传感器。导向传感器接触导向绳，导向绳的位置沿路面的前进方向安装。高程传感器接触高程导向绳，导向绳的空间位置根据路线高程的相对位置来安装。基准绳设置有单向坡双线式、单向坡单线式和双线坡双线式。测量时沿线应每200m增设一水准点，并在控制测量精度、平差后使用。摊铺机摊铺的方向和高程准确与否，取决于导向线的准确程度，因此导向绳经准确定位后固定在打入基层的钢钎上。一般架设传感器的导向绳的长度在1000m左右即可满足日间的工作量，导向绳距待摊铺的混凝土路面1~1.5m为宜，高度为路面延伸至导向线实测高程加20cm，导向钢钎间距为5~10m，在路线曲线段还应进行加密。摊铺前应复测，以满足施工精度。

（二）摊铺机调整和就位

摊铺机进入摊铺现场安装后，停在起始位置，使左右侧模板前后基本上和导向线平行且前后等距，起动发动机与自动方向调整系统，慢慢向工作方向行驶、按预设模板与导向线的距离，调整前后转向传感器，使前后模板与导向线完全平行。完成方向调整之后，在路面纵横方向各找两个点并打桩成矩形，用细线将纵向桩连接，线的位置与路面设计高程相等，然后将机器移至四根桩内，而前端有一定进料仰角，调整后退至起始位置。滑模摊铺机首次摊铺时应对其摊铺位置、几何参数和机架水平度进行调整和校核，确认无误后方可开始摊铺。其他机构的调整包括：

1. 振捣棒布置

振捣棒下线位置应在最低点以下，棒间横向间距不宜大于450mm，均匀排列。两侧最边缘振捣棒与摊铺边缘不宜大于250mm。

2. 挤压板调整

挤压底板前倾角设置为3℃左右，提浆夯板位置宜在挤压底板前缘以下5~10mm之间。

（三）混凝土搅拌

搅拌前应先检查搅拌设备的各机构是否运转正常，并根据实验室提供的配料单将各材料数据输入搅拌设备微机里，在接到前方通知后，进行搅和。拌和时应根据拌和物的粘聚性、均质性及强度稳定性试拌确定最佳拌和时间。通常全部原材料放齐的最短纯拌时间不少于 40s，最长总搅拌时间不应超过 240s，具体视搅拌机性能确定。外加剂应以稀释溶液加入，并扣除相应用水量。所生产的拌和物应色泽一致，有生料、干料、离析或外加剂成团的非均质混合物严禁用于路面铺筑。一台搅拌楼每盘出料之间的坍落度最大允许偏差为 ±10mm 并适合现场摊铺。

（四）混凝土拌和物运输与机前布料

把搅拌好的混凝土拌和物运到摊铺现场。在运输过程中要保证不漏浆、不变干、不离析，卸料时尽量不要堆积太高。卸料高度不应超过 1.5m。远距离运输或运输桥面、钢筋混凝土路面混凝土拌和物时宜采用混凝土运输车。机前布料尽量使混凝土在全宽方向厚度较均匀，中间可高一点，布料高度一般比成型后的路面高出 6~10cm 为宜。

（五）摊铺机摊铺

启动自动找平和自动转向传感器，向前行驶，当布料器接触到混凝土时，根据料的情况进行二次布料，调整计量门位置使料充分进入振动料仓，振动棒完全接触混凝土后启动振动棒，抹平板和左右侧模板把振实的混凝土通过相互挤压后，经过传力杆和连接筋的安装、搓平梁的搓平、超级抹平器抹平，形成混凝土路面。在开始摊铺的 5m 内，应在摊铺进行中对摊铺出的路面高程、边缘厚度、中线、横坡度等参数进行复核测量。

滑模摊铺机应缓慢、匀速、连续不间断地作业。严禁料多追赶，然后随意停机等待、间歇摊铺。摊铺速度应根据拌和物稠度、供料多少和设备性能控制在 0.5~3.0m/min 之间，一般控制为 1.0m/min。拌和物稠度发生变化时应相应改变摊铺速度。正常摊铺时的振捣频率在 6000~11000 r/min 之间调整，应防止过振、欠振或漏振。摊铺过程中应经常检查振捣棒的工作情况和位置，路面出现拉裂或麻面时应立即停机检查或更换振捣棒，机后出现砂浆带时必须调整振捣棒的位置。每天摊铺工作结束时，将两侧尾模板逐渐内收 1~2cm，以利于第二天摊铺。

（六）对路面进行修整加工

为保证质量，对摊铺机摊铺过的路面，应人工检查并及时对有缺陷的部分进行修整抹平，同时还应及时检测路面的平整度和高程。一定时间后，由拉毛养生机对路面进行防滑和养生处理。

（七）摊铺机的第二天摊铺

启动自动找平及自动转向传感器，外放尾模板，并将找平机构上调 0.5cm 左右，按导向线后退，直至计量门与前一天施工的路面齐平，之后执行上述工序，在刚刚开始摊铺段逐渐下调找平机构至原来位置。内收尾模板后进入正常摊铺作业，工作缝应由专人负责处理。

（八）滑模式摊铺机施工常见问题处理

1. 溜肩、塌边

解决溜肩和塌边现象，一种方法是采取加长侧向滑模板长度，提高边角混凝土的自稳性；另一种是在滑模后、路面成型即用地板支护。此外，还可改善、调整混凝土施工配合比，提高混凝土拌和物在振捣后骨料间的嵌合稳定性，提高混凝土的拌和精度，最大限度地减小混凝土坍落度的波动，滑模施工常用阴槽模板提高边角的自稳性；加强边角部分的振捣，但不能过振；在要求较高的场合，使用跨模施工工艺。

2. 欠振、气泡未排尽

摊铺机的工作速度一般控制在 1m/min 左右，因此要求混凝土拌和物在较短时间内振动密实，施工过程中可能会出现欠振和气泡未排尽的现象，影响混凝土路面的耐久性。解决欠振和气泡排不尽的问题，一方面可调整混凝土配合比的配制指标，引入振动黏度系数；二是调整振动棒的排列方式。

3. 混凝土板面沟槽现象

在挤平梁的后端，有时会出现混凝土表面大量欠料或产生沟槽现象。这主要是由于：一是混凝土拌和物太干，坍落度过小，造成振动出浆困难，表面振动不密实；二是振动仓内料位太低，造成振动仓内补料不足；三是振动棒位置偏移。

4. 抹平后表面呈波浪状

经过超级抹平器的作用，有时表面形成波浪状，严重影响了表面平整度，应调整抹平板的挤压力，同时要根据板块的宽度调整抹平板的工作速度。

第三节　轨模式摊铺机施工

轨模式摊铺机施工是由支撑在平底型轨道上的摊铺机将混凝土拌和物摊铺在基层上。摊铺机的轨道与模板是连在一起的，安装时同步进行。轨模式摊铺机施工混凝土路面包括施工准备、拌和与运输混凝土、摊铺与振捣、表面整修及养护等工作。其中施工准备的内容和要求与滑模式摊铺机施工工艺基本相同。

一、混合料拌和与运输

确保混凝土拌和质量的关键是选用质量符合规定的原材料、拌和机技术性能满足要求、拌和时配合比计量准确。采用轨模式摊捕机施工时，拌和设备应附有可自动准确计量的供料系统；无此条件时，可采用集料箱配合地磅的方法进行计量。各种组成材料的计量精度应不超过下列范围：水和水泥土 ±1%，粗细集料 ±3%，外加剂 ±2%。拌和过程中加入外加剂时，外加剂应单独计量。用强制式搅拌机拌和坍落度为 1~5cm 的混凝土拌和物，最佳拌和时间应控制为：立轴式强制拌和机为 90~180s；双卧轴强制式拌和机为 60~90s。最短拌和时间不低于低限，最长拌和时间不超过高限的 3 倍。通常采用自卸汽车运输混凝土拌和物，拌和物坍落度大于 5cm 时应采用搅拌车运输。从开始拌和到浇筑的时间应满足下列要求：用自卸汽车运输时，不得超过 1h；用搅拌车运输时，不得超过 1.5h。若运输时间超过上述时间限制或在夏季浇筑时，拌和过程中应加入适量的缓凝剂。运输时间过长，混凝土拌和物的水分蒸发和离析现象会增加，因此应尽量缩短混凝土拌和物的运输时间，并采取措施防止水分损失和混合料离析。拌和物运到摊铺现场后倾卸于摊铺机的卸料机内，摊铺机卸料机械有侧向和纵向两种。侧向卸料机在路面摊铺范围外操作，自卸汽车不进入路面铺摊范围卸料，没有供卸料机和汽车行驶的通道；纵向卸料机在摊铺范围内操作，自卸汽车后退供料，施工时不能像侧向卸料机那样在基层上预先安设传力杆。

二、混合料摊铺与振捣

（一）轨模安装

轨模式摊铺机的整套机械在轨模上前后移动，并以轨模为基准控制路面的高程。摊铺机的轨道与模板同时进行安装，轨道固定在模板上，然后统一调整定位，形成的轨模既是路面边模又是摊铺机的行走轨道。模板应能承受机组的重量，横向要有足够的刚度。轨模数量应根据施工进度配备并能满足周转要求，连续施工时至少需配备三个全工作量的轨模。轨模安装时必须精确控制高程，做到轨模平直、接头平顺，否则将影响路面的外观质量和摊铺机的行驶性能。

（二）摊铺

轨模式摊铺机有刮板式、箱式及螺旋式三种，摊铺时将卸在基层上或摊铺箱内的混凝土拌和物按摊铺厚度均匀地充满轨模范围内。刮板式摊铺机本身能在轨道上前后自由移动，刮板旋转时将卸在基层上的混凝土拌和物向任意方向摊铺。这种摊铺机质量轻、容易操作、易于掌握，使用较普遍，但摊铺能力较小。箱式摊铺机摊铺时，先将混凝土拌和物通过卸料机一次卸在钢制料箱内，摊铺机向前行驶时料箱内的混合料摊铺于基层上，通过料箱横向移动按松铺厚度准确、均匀地刮平拌和物。螺旋式摊铺机由可以正向和反向旋转的螺旋布料器将拌和物摊平，螺旋布料器的刮板能准确调整高度。螺旋式摊铺机的摊铺质量优于前述两种摊铺机，摊铺能力较大。摊铺过程中应严格控制混凝土拌和物的松铺厚度，确保混凝土路面的厚度和高程符合设计要求。一般应通过试铺来确定拌和物的松铺厚度。

（三）振捣与整平

摊铺机摊铺时，振捣机跟在摊铺机后面对拌和物做进一步的整平和捣实。在振捣梁前方设置一道长度与铺筑宽度相同的复平梁，用于纠正摊铺机初平的缺陷并使松铺的拌和物在全宽范围内达到正确的高度，复平梁的工作质量对振捣密实度和路面平整度影响很大。复平梁后面是一道弧面振动梁，以表面平板式振动将振动力传到全宽范围。拌和物的坍落度通常不大于 2.5cm、骨料最大粒径控制在 40mm 以下。当混凝土拌和物的坍落度小于 2cm 时，应采用插入式振捣器对路面板的边部进行振捣，以达到应有的密实度和均匀性。振捣机械的工作行定速度一般控制在 0.8m/min，但随拌和物坍落度的增减可适当变化，混凝土拌和物坍落度较小时可适当放慢速度。

三、表面整修

振捣密实的混凝土表面应进行整平、精光、纹理制作等工序的作业，以使竣工后的混凝土路面具有良好的路用性能。

（一）表面整平

振捣密实的混凝土表面用能纵向移动或斜向移动的表面整修机整平。纵向表面整修机工作时，整平梁在混凝土表向纵向往返移动，通过机身的移动将混凝土表面整平。斜向表面整修机通过一对与机械行走轴线成 10° 左右的整平梁做相对运动来完成整平作业，其中一根整平梁为振动梁。机械整平的速度决定于混凝土的易整修性和机械特性。机械行走的轨模顶面应保持平顺，以便整修机械能顺畅通行。整平时应使整平机械前保持高度为 10~15cm 的壅料，并使壅料向较高的一侧移动，以保证路面板的平整，防止出现麻面及空洞等缺陷。

（二）精光及纹理制作

精光是对混凝土路面进行最后的精平，以使混凝土表面更加致密、平整、美观，此工序是提高混凝土路面外观质量的关键工序之一。混凝土路面整修机配置有完善的精光机械，只要在施工过程中加强质量检查和校核，便可保证精光质量。

在混凝土表面制作纹理，是提高路面抗滑性能的有效措施之一。制作纹理时用纹理制作机在路面上拉毛、压槽或刻纹，纹理深度控制在 12mm 范围内；在不影响平整度的前提下提高混凝土路面的构造深度，可提高表面的抗滑性能。纹理应与路面前进方向垂直，相邻板的纹理应相互沟通以利排水。纹理制作从混凝土表面无波纹水迹开始，过早或过晚均会影响纹理质量。

四、养护

混凝土表面整修完毕，应立即进行湿治养护，以使混凝土在开放交通时具有规定的强度，尤其在气温较高时，必须保持已浇筑的混凝土表面湿润，以免混凝土表面干裂。在养护初期，可用活动三角形罩棚遮盖混凝土，以减少水分蒸发，避免阳光照晒，防止风吹、雨淋等。混凝土泌水消失后，可在表面均匀喷洒薄膜养护剂。喷洒时在纵横方向各喷一次，养护剂用量应足够，一般为 0.33kg/m³ 左右。在高温、干燥、大风时，喷洒后应及时用草帘、麻袋、塑料薄膜、湿砂等遮盖混凝土表面并适时均匀洒水。养护时间由试验确定，以混凝土达到 28d 强度的 80% 以上为准。使用普通硅酸盐水泥时约为 14d，使用早强型水泥约为 7d，使用中热硅酸盐水泥约为 21d。在养护期间禁止车辆通行以保护混凝土路面。

五、接缝施工

混凝土路面在温度变化时会产生较大的温度变形，使混凝土板产生胀缩和翘曲等，为消除和减小温度变形受到约束后产生的温度应力，避免混凝土路面出现不规则开裂，必须在混凝土路面的纵横方向上设置胀缝和缩缝。同时，在混凝土路面施工过程中由于各种原因造成路面施工中断会形成施工缝。接缝施工质量的好坏将直接影响混凝土路面的使用性能及养护维修工作量的大小，因此各类接缝的施工应做到位置准确、构造及质量符合设计及规范要求。

（一）胀缝施工

胀缝应与混凝土路面中心线垂直，缝壁垂直于板面，宽度均匀一致，缝中不得有粘浆或坚硬杂物，相邻板的胀缝应设在同一横断面上。胀缝传力杆的准确定位是胀缝施工成败的关键，传力杆固定端可设在缝的一侧或交错布置。施工过程中固定传力杆位置的支架应准确、可靠地固定在基层上，使固定后的传力杆平行于板面和路中线，误差不大于 5mm。铺筑混凝土拌和物时严禁造成传力杆移转，否则，将导致混凝土路面接缝区的破坏。在传力杆滑动端安装长度为 10cm 的套筒、套筒内底与传力杆的间隙为 1~1.5cm，空隙内用沥青麻絮填塞，滑动端涂沥青。

机械化施工混凝土路面时，胀缝可在连续铺筑混凝土拌和物的过程中完成，也可在施工终了时完成。施工时用方木、钢挡板及钢钎固定胀缝板，钢钎间距 1m。在摊铺机前方，先在路面传力杆范围内铺筑混凝土拌和物，用两个插入式振捣器在胀缝两侧 0.5~1.0m 的范围内对称均匀地捣实。摊铺机摊铺至胀缝两侧各 0.5m 范围内时，将振动梁提起，拔去钢钎，拆除方木和挡板。留下的空隙用混凝土拌和物填充并用插入式振捣器捣实，人工进行粗面，并通过摊铺机的振动修平梁进行最终修平。待接缝板以上的混凝土硬化后用锯缝机按接缝板的位置和宽度锯两条缝，凿除接缝板之上的混凝土和临时插入物，然后用填缝料填满，这种施工方法可确保接缝施工的质量，胀缝的外观也较好。

先浇筑传力杆以下的混凝土拌和物，用插入式振捣器振捣密实，并注意校正传力杆的位置，然后再摊铺传力杆以上的混凝土拌和物。摊铺机摊铺胀缝另一侧的混凝土时，先拆除端头钢挡板及钢钎，然后按要求铺筑混凝土拌和物。填缝时必须将接缝板以上的临时插入物清除。胀缝两侧相邻板的高差应符合如下要求：高速公路及一级公路应不大于 3mm，其他等级公路不大于 5mm。

（二）横向缩缝施工

混凝土面板的横向缩缝一般采用锯缝的办法形成。混凝土结硬后应适时锯缝，合适的锯缝时间应控制在混凝土已经达到足够的强度，而收缩变形受到约束时产生的拉应力仍未将混凝土面板拉断的时间范围内。经验表明，锯缝时间以施工温度与施工后时间的乘积为 200~300 个温度小时或混凝土抗压强度为 5~10MPa 较为合适。缝的深度一般为板厚的 1/4~1/3。

（三）纵缝施工

纵缝施工应符合设计规定的构造，保持顺直、美观。纵缝为平缝带拉杆时，应根据设计要求，预先在模板上制作拉杆置放孔，模板内侧涂刷隔离开、拉杆采用螺纹钢筋制作。缝槽顶面采用锯缝机切割，深度为 3~4cm，并用填缝料灌缝。不切割顶面缝槽时，应及时清除面板上的粘浆。假缝型纵缝的施工应预先用门型支架将拉杆固定在基层上或用拉杆置放机在施工时置入。假缝顶面的缝槽采用锯缝机切割，深 6cm，使混凝土在收缩时能从切缝处规则开裂。

（四）施工缝设置

施工中断形成的横向施工缝应尽可能地设置在胀缝或缩缝处，多车道路面的施工缝应避免设在同一横断面上。施工缝设在缩缝处应增设一半锚固、另一半涂刷沥青的传力杆，传力杆必须垂直于缝壁、平行于板面。

（五）接缝填封

混凝土养护期满即可填封接缝，填封时接缝必须清洁、干燥。填缝料应与缝壁粘附紧密、不渗水，灌注高度一般比板面低 2mm 左右。当使用加热施工型填缝料时，加热到规定的湿度并搅匀，采用灌缝机或灌缝枪灌缝；气温较低时应用喷灯加热缝壁，以使填缝料与缝壁结合良好。

第四节　三根轴机组与小型配套机具施工

水泥混凝土路面采用机械化施工具有生产效率高、施工质量容易得到保证等优点，其是我国水泥混凝土路面施工的发展方向。现阶段由于受机械设备、投资等因素的影响，只是在少数比较重要的公路上得到应用，小型配套机具施工仍然是一般公路普遍采用的施工方法。小型配套机具施工需要使用拌和机、运输车辆、振捣器、振动梁、抹面机具及锯缝机等按工序联合作业，这些机具应性能稳定可靠、操作简便、易于维修并能满足施工要求，三辐轴机组施工则是在小型机具施工方法的基础上，通过对部分工艺机械进行适当整合，以提高小型机具施工的质量和速度。

机具的配套情况应根据混凝土路面的工程质量、施工进度要求从施工条件等确定，各种机具应能发挥最大效能。应选用拌和质量较好的强制式或锥形反转出料的混凝土拌和机，不重要的小型工程可使用跌落式拌和机。运输拌和物的车辆一般选用中小型机动翻斗车、运距较长时宜选用混凝土搅拌运输车。振捣拌和物的振动板功率应不小于 2.2kW，插入式振捣器功率应不小于 1.1kW。振动梁必须有足够的刚度，长度与一次摊铺振捣的宽度相适应；振动梁上应安装功率不小于 1kW 的振动器两台，当一次铺筑宽度小于 3.5m 时，可只设一台。提浆滚应有足够的刚度，表面光滑平整，长度与振动梁相近。通常用叶片式或磨盘式抹面机抹面，也可用 3m 刮尺与手工工具配合抹面。采用拉毛器、压（切）槽器和滚筒压纹器等进行纹理制作。采用三辐轴机组施工时，摊铺机后应配置一台安插振捣棒组的排式振捣机，防滑沟槽应采用硬刻机制作。小型配套机具施工混凝土路面的一般工序为：施工准备→模板安装→传力杆安设→混凝土拌和物拌和与运输→拌和物摊铺与振捣→接缝施工→表面整修→养护与填缝。其中施工准备、传力杆安设、混凝土拌和物拌和与运输、接缝施工、表面整修、养护及填缝与轨模式摊铺机施工的方法基本相同。三辐轴机组施工的工艺流程与小型机具施工基本相同，只是其中的某些工序用简易机组来完成。

一、模板安装与拆除

（一）模板制作

采用三辐轴机组或小型配套机具施工时，通常应采用具有足够刚度的钢模板，以使其满足路面施工的要求。用于设置纵缝和施工缝的模板，应根据设计要求预留传力杆或拉杆的置放孔。模板高度应与面板的设计厚度一致，误差为 2mm。模板之间的接头处应设有牢固的拼接装置，装拆方便。模板的数量应能满足施工周转要求。

（二）模板安装

安装模板时应对基层进行检测，基层的各项技术指标应符合基层施工规范的质量要求。模板的平面位置与高程应符合设计要求、平面位置偏差不大于 5mm，纵向高程偏差不大于 3mm。模板应安装稳固，能承受摊铺、振捣、整平时的冲击和振动作用。模板间的连接应紧密平顺，不得有错缝、错位和不平顺现象。模板接头处及基层与模板之间应填塞紧密以防止漏浆，模板内侧应涂隔离剂。模板安装就位后，要横向拉线，检查混凝土板中部的厚度。测量值小于设计厚度时，应将高出的基层削平以保证混凝土路面板的厚度。

（三）模板拆除

拆除模板的时间要根据气温和混凝土强度增长情况确定。拆除模板时不得损坏混凝土板边、板角及传力杆和拉杆周围的混凝土。模板拆除后应立即清除粘附的砂浆，冲洗干净，有变形或局部损坏时应及时校正和修理，以备下次使用。

二、混合料拌和与运输

（一）要求

混凝土拌和设备的型号和数量应根据工程量大小、工程进度、运输工具、拌和质量要求等因素确定，必要时应有备用的拌和机和发电设备，以保证混凝土路面施工能连续进行。拌和场内的粗、细集料必须分别堆放，不得混杂，进入拌和机的集料必须准确过磅，使用散装水泥时必须过磅，袋装水泥应抽查质量是否合格，必须严格控制加水量，根据集料的实际含水率和天气情况确定合适的施工配合比。投入拌和机的原材料数量应根据混凝土施工配合比和拌和机容量确定，原材料每盘称量的允许误差应不超过下列规定：水泥 ±2%、水 ±1%、集料 ±3%、外加剂 ±2%。

（二）拌和

拌和前，应先在拌和机内用适量的拌和物或砂浆试拌并排除，然后按规定的施工配合比进行拌和。向拌和机投料的顺序宜有利于拌和均匀，通常为碎（砾）石→水泥→砂。材料进入拌和机后应边拌和边加水，投入外加剂的顺序应根据使用规定确定。应在尽可能短的时间内将混凝土拌和均匀，每盘拌和时间根据拌和机的性能、对混凝土拌和物的稠度要求的规定通过试拌确定，拌和时间不得超过最短拌和时间的 3 倍。

应每天对混凝土拌和物的稠度进行检查。每班不少于两次，如与规定值不符，应查明原因并及时纠正。每台班或拌和 200 m³ 混凝土拌和物，应制作两组抗折强度试验的试件，必要时可增制抗压强度试件。

（三）运输

装运拌和物的储料斗或车厢内壁应平整、光洁、不漏浆，使用前后应冲洗干净。在运输途中混合料明显离析时，摊铺时应重新拌匀。

三、拌和物摊铺、振捣与表面整修

（一）摊铺

混凝土拌和物摊铺前，应对模板和基层等进行全面检查，以保证混凝土面板的几何尺寸等符合设计要求。当混凝土面板的厚度大于25cm时，宜分两层摊铺，下层摊铺总厚度的3/5。摊铺时，料铲应反扣，严禁抛掷和搂耙，以防止拌和物离析。

三辊轴机组施工应按作业单元分段摊铺和整平作业，单元长度一般为20~30m，振捣与整平作业之间的时间间隔不宜超过15min。三辊轴机组前的混合料宜高于模板顶面5~20mm，并根据情况及时补料或铲除。

（二）振捣

插入式振捣器与平板式振捣器配合使用时，应先用插入式振捣器振捣。插入式振捣器的移动距离不宜大于作用半径的1.5倍，至模板边缘的距离应不大于其作用半径的0.5倍。振捣时应避免碰撞模板、钢筋、传力杆和拉杆。平板振捣器纵横振捣时应重叠10~20cm。振捣器在每一位置的停留时间应足够长，平板振捣器不宜少于15s，插入式振捣器不宜少于20s，以便将混凝土拌和物振捣密实。拌和物停止下沉、不再冒气泡并泛出水泥浆时，混凝土即被振捣密实，但不应过振。振捣时应辅以人工找平，并随时检查模板。如模板发生位移、变形或松动，应及时纠正。振捣作业应在混凝土拌和物初凝前完成。混土分两次摊铺的，振捣上层混凝土拌和物时，插入式振捣器应插入下层拌和物5cm以上，以便上下两层形成整体，上层混凝土拌和物的振捣必须在下层拌和物初凝前完成。

（三）整平与提浆

振捣后应立即用振动梁在模板上平移拖振，往返2~3遍，以使混凝土泛浆整平，赶出水泡。在拖振过程中，凹陷处应用相同配合比的混凝土拌和物找补，严禁用纯砂浆填补。经振动梁整平后，用提浆滚往返滚浆，并保持规定的路拱。按设计要求的平整度，用3m直尺或刮尺刮平。

（四）表面整修

混凝土整平提浆后，应对板边和接缝进行处理，清除留在表面的粘浆，出现掉边、缺角时应及时进行修补。表面整修宜分两次进行，首先抹面找平，到混凝土表面无泌水时再做第二次抹面。表面整修时严禁在混凝土表面上洒水或撒水泥。可用叶片式或圆盘式抹面机抹面，抹面后混凝土应平整、密实。整修若遇烈日曝晒或干旱大风时，宜设遮阴棚。抹面后沿横坡方向进行纹理制作，纹理构造深度根据面层抗滑要求确定，一般槽深为 23mm，槽宽为 45mm，间距为 20mm。混凝土路面板的构造深度（TD）应符合设计要求。纹理制作时，不得影响表面平整度。

四、真空脱水工艺

真空脱水是在经粗平后的混凝土拌和物上覆盖吸垫，通过真空吸水泵将混凝土中的水分抽吸出，这样可缩短整面、锯缝的工艺间隔时间，加快工程进度。真空脱水工艺适用于厚度不大于 25cm 的混凝土路面施工。采用真空脱水工艺施工时，混凝土拌和物的坍落度可比不采用该工艺时大，高温季节宜为 3~5cm，低温季节宜为 2~3cm；混凝土拌和物的最大用水量可增加 8~12kg/m³。其他工序如模板装拆、钢筋布置、混凝土拌和、运输与铺筑、接缝施工及养护等工序保持不变。

采用真空脱水工艺施工混凝土路面时，除应具备前述小型机具外，还需配置真空泵、真空吸垫及抹面机具等。真空泵应真空度稳定，有自动脱水计量装置，配备有效抽速不低于 15L/S 的主机。吸垫应选用真空度均匀、密封性能好、脱水效率高、操作简便、铺放容易、清洗方便的品种，每台真空泵需要配备的吸垫不少于两块。抹面机具可用叶片式或浮动圆盘式提浆抹光机。

混凝土表面振捣粗平后，即可进行真空脱水。脱水前，应先检查真空泵的空载真空度，其值应不小于 0.08MPa，吸管与吸垫连接后再开机检查。铺放吸垫时应以卷放为宜，避免皱褶，周边与已脱水的混凝土重叠 5~10cm。吸垫就位后，连接吸管并开机。在开机抽吸过程中，吸垫四周密封边应用小刷沿边轻轻扫刷，以利密封。吸垫封严后开始脱水，真空度逐渐升高，最大真空度不宜超过 0.085MPa。如果在规定的时间内真空度达不到要求，应及时检查，采取措施解决。达到脱水时间或脱水量要求后，先将吸垫四周掀起 12cm，继续抽吸 15s，以便吸尽表面和吸管中的余水。真空脱水时不准在吸垫上走动，检漏补修时，应穿软底鞋。吸垫在存放和搬迁时，应避免拖拉或与有尖角的物体接触，以免吸垫出现漏洞。每班工作完毕，应将吸垫、吸管、真空泵箱内的积聚物清除并冲洗干净。真空吸水后，用功率较小的平板振捣器复振一次，再用振动梁或提浆滚复拉一次，以使混凝土表面密实平整。

第五节　施工质量检查与竣工验收

混凝土路面施工质量应符合设计和施工规范要求。为此应加强施工前的原材料质量检验，施工过程中应对每一道工序进行严格的质量检查和控制。对已经完成的混凝土路面进行外观检查，测量其几何尺寸，并根据设计文件进行校核。此外，还要查阅施工记录，包括原材料试验和试件强度资料、配合比及隐蔽构造等，以检查结果作为评定工程质量的依据。

一、施工质量控制

（一）原材料质量检验

施工前应对各种原材料进行质量检验，以检验结果作为判定材料质量是否符合要求的依据。在施工过程中，当材料规格和来源发生变化时应及时对材料进行质量检验。材料质量检验的内容包括材料质量是否满足设计和规范要求、数量供应能否满足工程进度、材料来源是否稳定可靠、材料堆放和储存是否满足要求等。质量检查时以"批"为单位进行，通常将同一料源、同一次购进的同品种材料作为一批，取样方法按试验规程进行。混凝土所用的水泥、粗细集料、水、外加剂、钢材、接缝材料等原材料的质量检查项目和标准应符合第一节所述的有关要求。

（二）施工过程中的质量控制

在混凝土路面施工过程中，应检查混凝土拌和物的配合比是否符合设计要求，对拌和、摊铺、振捣的质量等进行检查，并做好记录。混凝土的抗折强度以养护 28d 龄期的小梁试件测定。以试验结果计算的抗折强度作为评定混凝土质量的依据。强度试验应按下列规定进行：

用正在摊铺的混凝土拌和物制作试件，若施工时采用真空脱水工艺，则试件亦采用真空脱水工艺成型。每台班每铺筑 200 m³ 混凝土，应同时制作两组试件，龄期分别采用标准养生 7d 和 28d。每铺筑 1000~2000 m³ 混凝土拌和物需增制一组试件，用于检查后期强度，龄期不少于 90d。

当普通矽酸盐水泥混凝土在标准养护条件下养生 7d 的强度达不到 28d 强度的 60%，应分析原因，并对混凝土的配合比做适当调整。铺筑完毕的混凝土路面，应抽检实际强度、厚度。可采用现场钻取圆柱试件测定，并进行圆柱劈裂强度试验，以此推算小梁抗折强度。

二、竣工验收

混凝土路面施工完毕，施工单位应将全线以 1km 作为一个检查段，按随机取样的方法选择对每一检查段的测点，按混凝土面层质量验收和允许偏差的规定进行自检，并向监理部门和建设单位提供全线检测结果及施工总结报告。施工监理单位应会同施工单位一起按随机抽样的办法选择一定数量的检查段进行抽样检查，抽样总长度不宜少于全程的 30%，检查的内容和频度应符合规范规定。检查指标的评定标准为：对于高速公路及一级公路，可考虑 α_1=95% 的保证率；对于其他等级公路可考虑 α_1=90% 的保证率。检查段应不少于 3 个，每段长度为 1km。

混凝土路面完工后，应根据设计文件、交工资料和施工单位提出的交工验收报告，按国家建设工程竣工验收的办法组织验收。验收时应提交设计文件和交工资料、交工验收报告、混凝土强度试验报告、材料检合及材料试验记录、基层检查记录、工程重大问题处理文件、施工总结报告、工程监理总结报告等。路面外观应无露石、蜂窝、麻面、裂缝、啃边、掉角、翘起和轮迹等现象。

第五章 排水系统施工

路基排水设施可以及时排出地表径流，降低土基湿度，保持路基常年处于干燥和中湿状态，使路基工作区内的土基含水量降低到一定的范围内，确保路基路面具有足够的强度与稳定性。

第一节 路基排水要求

路基内的水源自地面水和地下水。地面水主要由降水形成的地面径流。地下水为从地面渗入并滞留于上层的滞流水和地下含水层内的潜水。路基排水的目的是通过采取有效制措施，使路基内含水量保持在允许范围内，保证路基经常处于稳定状态，满足使用要求。

（1）流向路基的地面水和地下水，需在路基范围以外的地点，设置截水沟与排水沟或渗沟进行拦截，并引离至指定地点，路基范围内的水源，分别采用边沟、渗沟、渗井和排水沟予以排除。路基排水一般向低洼一侧排除，必须横跨路基时，尽量利用拟设的桥涵，必要时设置涵洞、倒虹吸或渡槽。水流落差较大时，应在较短段落上设置跌水或急流槽。（2）对于明显的天然沟槽，一般宜依沟设涵，不必勉强改沟与合并。对于沟槽不明显的漫流，应在上游设置束流设施，加以调节，尽量汇集成沟导流排除。对于较大水流，注意因势利导，不可轻易改变流向，必要时配以防护加固工程，进行分流或束流。为了提高截流效果，减少工程量，地面沟渠宜大体沿等高线布置，尽可能使沟渠垂直于流水方向，且应力求短捷，以使水流通畅。沟渠转弯处要求以圆曲线相接，以减小水流的阻力。排水沟的出水口应设置急流槽将水流引出路基或引入排水系统。（3）各种排水设备必须地基稳固，不得渗漏或滞留，并具有适当纵坡，以控制与保持适当的流速。沟槽的基底与沟底沟壁，必要时予以加固，不得溢水渗水，防止损害路基和引起水土流失。（4）施工前，应校核全线排水设计是否完善、合理，必要时应提出补充和修改意见，使全线的沟渠、管道、桥涵组合成完整的排水系统。完成临时排水设施，临时排水设施应尽量与永久排水设施相结合，排水方案应因地制宜、经济实用。施工期间，应经常维护临时排水设施，保证水流畅通。（5）路堤施工中，各施工作业层面应设 2%~4% 的排水横坡，层面上不得有积水，并采取措施防止水流冲刷边坡。（6）路堑施工中，应及时将地表水排走。

第二节　排水设施

路基路面排水设施可分为地上的排水设施和地下的排水设施。地面排水设施有边沟、截水沟、排水沟、跌水、急流槽、倒虹吸、渡水槽、蒸发池等，它们分别设置在路基的不同部位，共同形成了完整的路基地面排水系统，各类地表排水设施的沟槽顶面应当高出设计水位 0.1~0.2 m。地表排水设施的断面形状和尺寸应满足排泄设计流量的要求，以使其不产生冲刷和淤积。地表排水沟渠宜短不宜长，以使水位不过于汇集，做到及时疏散，就近分流，同时也不应兼作其他流水的用途。

1. 边沟

挖方路基以及填土高度低于路基设计要求临界高度的路堤，在路肩外缘均应设置纵向人工沟渠，称之为边沟。其主要功能在于排除路基用地范围内的地面水，包括路面、路肩和边坡的流水。

边沟断面形式主要有梯形、矩形、三角形或流线型等，按公路等级、所需排水设计流量、设置位置和土质或岩质选定。

2. 截水沟

截水沟是设置在挖方路基边坡坡顶以外，或山坡路堤上方的适当位置，用以拦截路基上方流向路基的地面水，减轻边沟的水流负担，保护挖方边坡和填方坡脚不受流水冲刷和损害的人工沟渠。它是多雨地区、山岭和丘陵地区路基排水的重要设施之一。

截水沟设在路堑坡顶或路堤坡脚外侧，要结合地形和地质条件沿等高线布置，以使能将拦截的水顺畅地排向自然沟谷或水道。降水量较少或坡面坚硬和边坡较低以致冲刷影响不大的地段，可以不设截水沟；反之，若降雨量较多，且暴雨频率高，山坡覆盖层松软，坡面较高，水土流失较严重的地段，必要时可设置两道或多道截水沟。

3. 排水沟

排水沟主要用于排除来自边沟、截水沟或其他水源的水流，并将其引至路基范围以外的指定地点。当路线受到多段沟渠或水道影响时，为保证路基不受水害，可以设置排水沟或改移渠道，以调节水流，整治水道。

排水沟的横断面形式，一般采用梯形，尺寸大小应经过水力水文计算而定。

排水沟的布置，必须结合地形等条件，离路基尽可能远些，转向时，尽可能采用较大半径（10~20 m 以上），徐缓改变方向，距路基坡脚的距离一般不宜小于 3~4 m；排水沟长度一般不超过 500 m；纵坡大于 7% 时，应设置跌水或急流槽。

4. 跌水与急流槽

跌水与急流槽均用于陡坡地段，沟底纵坡可达100%。由于纵坡大、水流湍急、冲刷作用严重，所以跌水与急流槽必须用浆砌石块或水泥混凝土砌筑，且应埋设牢固。

在陡坡地段设置跌水结构物，可在短距离内降低水流流速、消减水流能量，避免出水口下游的桥涵结构物、自然水道或农田受到冲刷。

跌水成台阶式，有单级跌水和多级跌水之分。跌水两端的土质沟渠，应注意加固，保持水流畅通，不致产生水流冲刷和淤积，以充分发挥跌水的排水效能。

急流槽的纵坡，比跌水的平均纵坡更陡，结构的坚固稳定性要求更高，是山区公路回头曲线沟通上下线路基排水及沟渠出水口的一种常见排水设施。急流槽主体部分的纵坡依地形而定，一般可达67%（1∶1.5），如果地质条件良好，需要时还可以更陡，但结构要求更严，造价亦相应提高，设计时应通过比较确定。按水力计算特点，由进水口、急流槽（槽身）和出水口三部分组成。

若沟槽横断面不同，为了能平顺衔接，可在急流槽的进、出水口与槽身连接处设过渡段，出水口部分设消力池。各部分的尺寸，根据水力计算确定。急流槽的基础必须稳固，端部及槽身每隔2~5 m在槽底设耳墙埋入地面以下，以防止滑动。当槽身较长时，宜分段砌筑，每段长5~10 m，预留伸缩缝，并用防水材料填塞。

在开挖坡面的急流槽与边沟交汇处，应在边沟设置沉淤池或消能池，一方面可以沉积泥沙，另一方面可以起到消能作用，避免泥沙堵塞边沟和水流冲刷边沟，导致边沟遭到破坏。

5. 盲沟与渗沟

设在路基边沟下面的暗沟称为盲沟，其目的是拦截或降低地下水。盲沟造价通常高于渗沟，发生淤塞时，疏通困难，甚至需要开挖重建。

设置在路基两侧边沟下的盲沟，主要作用是降低地下水位，防止毛细水上升至路基工作区范围内，形成水分积聚而造成冻胀和翻浆，或土基过湿而降低强度等。

路基在挖方与填方交界处的横向盲沟，用以拦截和排除路堑下面层间水或小股泉水，保持路堤填土不受水害。

盲沟设置在地面以下起引排、集中水流的作用。简易的盲沟结构主要由粗粒碎石、细粒碎石及不透水层组成。

采用渗透方式将地下水汇集于沟内，并将水排到指定地点，这种设施统称为渗沟。渗沟具有疏干表层土体、增加坡面稳定性、截断及引排地下水、降低地下水位、防止地下细颗粒土壤被冲移的作用。在路基中，浅埋的盲渗沟在2~3 m以内，深埋时可达6 m以上。

渗沟按结构形式的不同可分为填石渗沟、管式渗沟和洞式渗沟。这三种形式的盲渗沟均由排水层（石缝、管或洞）、反滤层和封闭层所组成。

反滤层材料目前有三种：集料、土工布及无砂混凝土。集料反滤层是传统方法，随着反滤新材料的出现，由于土工布性能稳定，反滤效果较好，且施工工艺成熟，目前大多采用土工布做反滤材料。无砂混凝土由于其原材料广泛，透水性良好，并能起到支护作用，施工便利，其应用前景被一致看好。

填石渗沟一般用于流量不大、渗沟不长的地段，是目前公路上最常采用的一种渗沟形式。由于排水层阻力较大，因此纵坡不应小于 1%，一般可采用 5%。

管式渗沟设于排出地下水较长的地段，但盲渗沟过长时，应加设横向泄水管，将纵向渗沟的水流迅速分段排出。沟底纵坡取决于设计流速，一般以不大于 1.0 m/s 为宜，为避免淤积，沟底纵坡不得小于 0.5%。渗沟底部埋设的管道，一般为 PVC 管或混凝土预制管，管壁上半部留有渗水孔，渗水孔交错排列。管的内径由水力计算确定，管底设基座。在冰冻地区，为防止冻结阻塞，除管道埋在冰冻线以下外，必要时需采取保温措施，适当增大管径。

管式渗沟一般用于地下水流量较大，或石料比较丰富的地区，其下部结构相当于顶部可以渗水的涵洞，其洞宽约为 20 cm，高 20~30 cm；盖板用条石或混凝土预制板；板长约为 26cm，板厚不小于 15 cm，并预留渗水孔，以便渗入沟内的水汇集于洞内排出。洞身要求埋入不透水层内，如果地基软弱还应铺设砂石基础。洞身埋置在透水层中时，必要时在两侧和底部加设隔水层，以达到排水的目的。洞口大小依设计流量而定，沟底纵坡最小为 0.5%，有条件时适当采用较大纵坡，以利排水。

6. 渗井

当路基附近的地面水或浅层地下水无法排除，影响路基稳定时，可设置渗井，将地面水或地下水经渗井通过下透水层中的钻孔流入下层透水层中排除。

渗井直径 50~60 cm，井内填充料含泥量应小于 5%，按单一粒径分层填筑，不得将粗细材料混杂填塞。在下层透水范围内填碎石或卵石，上层不透水层范围内填砂或砾石，填充料应采用筛洗过的不同粒径的材料，井壁和填充料之间应设反滤层。

渗井离路堤坡脚不应小于 10 m，渗水井顶部四周用黏土填筑围护，井顶应加筑混凝土盖，严防渗井淤塞。渗井开挖应根据土质选用合理的支撑形式，并应随挖随支撑，及时回填。

7. 检查井

为检查维修渗沟，每隔 30~50 m 或在平面转折和坡度由陡变缓处宜设置检查井。

检查井一般采用圆形，内径不小于 1.0 m，在井壁处的渗沟底应高出井底 0.3~0.4 m，井底铺一层厚 0.1~0.2 m 的混凝土，混凝土强度必须达到 5 MPa，井基如遇不良土质，应采取换填、夯实等措施。兼起渗井作用的检查井的井壁，应在含水层范围设置渗水孔和反滤层。深度大于 20 m 的检查井，蹬出梯要牢固。井口顶部应高出附近地面约 0.3~0.5 m，并设井盖，井框、井盖应平稳，进口周围无积水。

第三节　边沟、截水沟与排水沟施工

通常把边沟、截水沟与排水沟笼统地称为"水沟"，其施工工艺和施工方法非常相似。

水沟的施工流程为：施工准备（清理现场、核查设计布置是否合理、组织施工人员及施工机械、材料准备测量放样→撒石灰线（机械开挖）或挂线（人工开挖）→沟槽开挖→人工修整→验槽→水沟加固（水沟沟底纵坡大于3%时，或土质水沟采用矩形断面时，或需要防止水沟水流下渗时）。

当公路用地比较紧张时，边沟、排水沟和碎落台截水沟多采用矩形断面形式，需要结合其他防护工程进行加固处理。高等级公路为了行车安全和增加路面视觉宽度，常在边沟顶面加带槽孔的混凝土盖板。

加带混凝土盖板的高等级公路边沟施工流程可表示为：全站仪定位放样→撒石灰线→挖机（或人工）开挖沟槽→人工修整→验槽砌筑沟底→砌筑沟帮→检查沟底、沟帮→沟帮、沟底抹面或勾缝→运输盖板清除边沟淤积及沉降缝封缝→安装盖板→找平外露边沟顶面。

（一）土质水沟的施工方法

进行沟槽测量放样。根据设计图纸尺寸，利用经纬仪及钢尺或皮尺从中桩引测，或利用全站仪从测量控制点引测，放样点间距直线段一般为10 m一点，曲线段根据转弯半径大小为确定，一般2~5 m一点。

放样时，应核查水沟设计位置的合理性，是否与公路设施及建筑物位置发生冲突；坡降是否过大或过小，过大是否需要采取加固措施，过小是否会产生积水或漫流现象；与其他防排水措施交接处是否会发生错位或冲刷，是否需要进行防冲加固；出水口水流是否顺畅，是否会发生冲刷危害，是否应采取消能或提高抗冲刷的加固措施；边沟转弯半径是否符合有关要求，是否应在外侧加高和加固。设计存在不合理的地方或存在需要完善的地方，需即时向有关单位进行汇报，并对设计进行修改和完善。

放样之后，应进行现场清理，清除杂草、灌木、有机质土及覆土等杂物，平整场地及进行施工临时排水。

低等级道路，或降水量较少的地区，水沟设计尺寸亦较小，通常采用人工开挖沟槽。反之，高等级道路，或降水量较大的地区，水沟设计尺寸亦较大，为了保证施工质量和工期，大多采用人工配合挖掘机开挖。在纵向，一般应从下游向上游开挖。

当人工开挖作业时，测量放样后，挂线施工。施工时一般采用分段开挖的方法，每一段可以分层开挖，从上至下，逐渐成形，也可以全断面开挖，先开辟出一个工作面，修整成设计断面，然后往前推进，每一个断面都一次成型。

当采用机械开挖作业时，应该先放样，然后撒石灰线，挖土机开始工作。开挖过程中，最好欠挖，人工修整到位，不能超挖。如果出现超挖，超挖部分用浆砌片石或其他加固材料找补。

开挖时尽量不扰动原状土，当采用机械开挖时，可适当欠挖，边挖边测量控制，沟底高程用水准仪实测控制，最后用人工修整。修整时以一定长度（一般为 10 m，曲线段按半径大小为 2~5 m）按设计尺寸定一标准断面，在两标准断面间拉线，按线修整，也可用断面样板或皮尺或钢尺逐段检查，反复修整，直到符合设计要求为止。雨季施工时基坑开挖必须采取防止坑外雨水流入基坑的措施，坑内雨水应及时排出。

（二）石质水沟的施工方法

石质水沟的开挖，无论采用人工还是机械施工，均需爆破，使石方松动后再开挖成型，这样很容易超挖，应控制炮孔位置和爆破药量，超挖部分用浆砌片石、混凝土或砂浆找补。

石质水沟其他工序的施工方法与土质水沟相同。

（三）水沟加固的施工方法

为防止水流对水沟的冲刷与渗漏，对边沟、截水沟和排水沟等地面排水设施的沟底和沟壁应进行加固。

1. 土沟表面的夯实加固

夯实加固方法一般适用于土质边沟和排水沟，不适用于截水沟（包括堑顶截水沟和碎落台截水沟）；沟内平均流速不大于 0.8 m/s，沟底纵坡不大于 1.5%。

开挖水沟时沟底及沟壁部分均少挖 0.05 m；然后采用锤（板）将沟底沟壁夯拍坚实，使土的干密度不小于 1.66 t/m³，土层厚度不小于 0.05 m；水沟开挖时，应该随开挖随夯拍，以免土中水分消失，不易夯拍坚实，如果基槽土较干燥，可适当洒水湿润后进行夯拍；施工中如发现沟底沟壁有鼠洞或蛇穴，应用原土补填夯实。

2. 土料加固的施工方法

石灰、炉渣、黏土（三合土或四合土）加固一般用于无冻害及无地下水地段的水沟；沟内平均流速在 1.0~2.5 m/s；在长流水的水沟加固表面，可加抹 7.5 级水泥砂浆，抹面厚度 1 cm；混合土厚 0.1~0.25 m，可视沟内平均流速或沟底纵坡大小而异。

（1）土料的选用

①三合土使用的材料为：水泥、砂、炉渣或黄土、卵（碎）石。②混合土的配合比通常采用：水泥：砂：炉渣 =1：5：1.5（质量比），或水泥：黄土：卵（碎）石 =1：3.3：2.3（无炉渣的地区可试用，该配合比为体积比）。③四合土使用的材

料为水泥、石灰、砂和炉渣，混合土的配合比通常采用：水泥：石灰：砂：炉渣
=1：3：6：24（质量比）。④水泥宜采用低等级；炉渣经过高温烧化且含灰量不超过
5%，其粒径不超过 5 mm。⑤土料的配合比、夯实最大干容重和最佳含水率，一般应
通过试验确定。无条件试验时，也可参照相关资料确定。不得选用有崩解的素土和黏
砂混合土。

（2）加工后的土料原材料粒径

素土应不大于 2.0 cm，石灰应不大于 0.5 cm。

（3）施工中

材料的配合比称量允许偏差值要求为：水为 ±2%，石灰、砂为 ±3%，水泥为
±2%；拌和后，含水率与最佳含水率的偏差不应大于 ±1%；夯实后，干容重不应小
于设计干容重，其偏差系数应小于 0.15。

（4）混合土料的拌和宜按以下要求进行

①沟槽开挖后趁土质潮湿时立即加固；如土质干燥，则宜洒水湿润后再行加固。
水沟铺混合土前，应将沟底及沟壁夯拍平整，然后每 2 m 长左右安一模板，用以保证
加固厚度的一致。②黏砂混合土宜将砂石洒水湿润后，与粉碎过筛的土拌和，再加水
拌和均匀。③灰土应先将石灰消解过筛，加水稀释成灰浆，撒在粉碎过筛的土上，拌
和至色泽均匀，并闷料 1~3 d。如其中有见水分解的土料，可先将土在水中崩解，然
后加入消解的石灰拌和均匀。④三合土、四合土宜先拌石灰和土，然后加入砂石干拌，
最后洒水拌和均匀，并闷料 1~3 d。⑤石灰混合土宜干拌后过孔径为 10~12 mm 的筛，
然后洒水拌和均匀，闷料 24 h。

（5）土料加固防渗层应按以下要求铺筑

①灰土、三合土、四合土宜按先沟坡后沟底的顺序施工；素土、黏砂混合土宜按
先沟底后沟坡的顺序施工。各种土料加固防渗层都应从上游向下游铺筑。②土料加固
防渗层厚度大于 15 cm 时，应分层铺筑。压实时，虚土厚度为：人工夯实时，不宜大
于 20 cm；机械夯压时，不宜大于 30 cm。层面应刨毛洒水。③土料加固防渗层夯实后，
厚度应略大于设计厚度，以便修整成设计的水沟过水断面。④应边铺料边夯压，直至
达到设计干容重，不得漏夯。⑤水沟铺混合土后，应拍打提浆，然后再抹水泥砂浆护层，
待稍干后，用大卵石将表面压紧磨光，最后用麻袋（或草帘）覆盖，并洒水养生 3~5 d。

（6）为增强加固防渗层的表面强度，可进行下列处理

①根据水沟流量的大小，分别采用 1：4~1：5 的水泥砂浆或 1：3：8 的水泥
石灰砂浆抹面。抹面厚度为 0.5~1.0 cm。②在灰土、三合土和四合土表面，涂刷一层
1：10~1：15 的硫酸亚铁溶液。

3. 单层干砌片石加固

（1）片石加固的材料要求

①片石尺寸可用 0.15~0.25 m，要求其单轴抗压强度不小于 30 MPa。石料应强韧、密实、坚固、耐久。质地适当细致，色泽均匀，无风化剥落和裂纹及结构缺陷。石料的运输、储存和处理，应不使有过量的损坏和废料。片石的厚度不应小于 150 mm（卵形和薄片者不得使用）。②垫层石料以粒径为 5~50 mm 占 90%（质量比）以上为宜。

（2）单层片石加固的适用形式

单层干砌片石加固一般适用于无防渗要求的水沟加固；一般土质沟底纵坡大于 5%，流速在 2 m/s 以上必须考虑加固；对砂土地段，纵坡在 3%~4%，即需考虑加固，沟内平均流速在 2.0~3.5 m/s 时，干砌片石尺寸可用 0.15~0，25 m；流速在 4m/s 以上时，应采用急流槽或加设跌水。垫层石料以粒径 5~50 mm 占 90%（质量比）以上为宜。

（3）沟槽开挖后

如果发现沟壁沟底为细颗粒土时，应加设片（碎）石垫层，其厚度按平均流速大小及土质情况，在 0.10~0.15 m 范围内选用。

（4）砌筑顺序

一般是先砌沟底，后砌沟坡，从下而上逐排砌筑；先砌下游，后砌上游。沟底为平底时，宜从一边向另一边砌筑。同一断面砌筑可自下而上，逐步选用较小的片石，最上一层选用较大的片石平放封顶压牢。

（5）砌筑方法

①所有卵石应栽砌，大面朝下，相互靠紧，严禁前俯后仰，左右倾斜，每行片石须大小均匀，两排之间的竖缝应保持错缝。②片石下部及片石之间的空隙，均应用小石填塞紧密，严禁叠砌、贴砌和浮塞。③片石砌筑后，应先用小石填缝至缝深的一半，再用片石卡缝。④用较大的片石水平砌缝封顶。⑤为了增加防渗效果，可在砌体下面铺设土工布或塑料薄膜。

4. 单层栽砌卵石加固

单层栽砌卵石加固一般用于无防渗要求，且容许流速在 2.0~2.5 m/s 以内的防冲刷水沟加固地段。

沟槽开挖后，如果发现沟壁、沟底为细颗粒土时，需要加设砾石垫层，其厚度视容许流速及土质情况而定。

（1）卵石加固的材料要求

①垫层砾石要求采用平均粒径为 2~4 mm 的干净沙粒，其含泥量应在 5% 以下。②卵石的粒径应在 0.15~0.20 m 之间，要求其单轴抗压强度不小于 30 MPa。

（2）石料及垫层的选择

砌底选用较大较好的卵石，坡脚两行尤其重要；从下而上，逐步选用较小的卵石，最上一层选用较长卵石平放封顶压牢。当沟底沟壁为细粒土时，需加设砾石垫层。垫层可采用平均粒径 2~4 mm 的干净沙粒，其含土量应在 5% 以内。

（3）砌筑顺序

一般是先砌沟底，后砌沟坡，从下而上逐层砌筑；先砌下游，后砌上游。沟底为平底曲，宜从一边向另一边砌筑；同一断面砌筑可自下而上，逐步选用较小的卵石，最上一层选用较长卵石平放封顶压牢。

（4）砌筑方法

①所有卵石应栽砌，大头朝下，相互靠紧，严禁前俯后仰、左右倾斜，每行卵石需大小均匀，两层之间的竖缝应保持错缝。②卵石下部及卵石之间的空隙，均应用小石填塞紧密，严禁叠砌、贴砌和浮塞。③卵石砌筑后，应先用小石填缝至缝深的一半，再用卵石卡缝。④用较大的卵石水平砌缝封顶。（5）为了增加防渗效果，可在砌体下面铺设土工布或塑料薄膜。

5. 浆砌片石加固

砌片石加固一般适用于沟内水流速度较大及防渗要求较高的地段。在有地下水（或常年流水）及冻害地段，沟壁沟底外侧应加设反滤层（或垫层），并在沟壁上预留泄水孔。沟内水流平均速度大于 4 m/s，沟底纵坡不限，可考虑用急流槽形式。施工时，应按如下要求进行施工：

（1）石料要求

①浆砌料石宜采用边长为 15~25 cm 的；浆砌块石宜采用边长为 20~30 cm 的；浆砌石板的厚度不宜小于 3 cm。②所用片石，要求其单轴抗压强度不小于 30 MPa。石料应强韧、密实、坚固与耐久。质地适当细致，色泽均匀，无风化剥落和裂纹及结构缺陷。片石的厚度不应小于 150 mm（卵形和薄片者不得使用）。③砂浆用砂宜采用中砂或粗砂，砂的质量在料场检查，需要做级配检测，级配不合格者不能使用；砂的最大粒径不宜大于 5 mm；砂的含泥量不得大于 5%。④砂浆所用水泥一般采用 32.5 级普通硅酸盐水泥。

（2）沟槽开挖后

沟槽开挖后应立即平整夯拍密实，遇有鼠洞蛇穴，应堵塞夯实。

（3）砌石砂浆应按设计配比拌制均匀

砌石砂浆应随拌随用，自出料到用完，其允许间歇时间不应超过 1.5 h。砌石加固防渗层施工时，如土质干燥应先洒水湿润沟基，然后在沟基或垫层上铺筑一层厚度为 2~5 cm 的低强度混合砂浆，再铺砌石料。

（4）浆砌石加固防渗层的施工，应按下列要求进行

①梯形明沟，宜先砌沟底后砌沟坡，砌沟坡时，应从坡脚开始，由下而上分层砌筑；U 形和弧形明沟、拱形暗沟，应从沟底中线开始，向两边对称砌筑。②矩形明沟，可

先砌两边侧墙，后砌沟底；拱形和箱形暗沟，可先砌侧墙和沟底，后砌顶拱或加盖板。③各种明沟，沟底和沟坡砌完后，应及时砌好封顶石。

（5）石料安放要求

①浆砌块石应花砌、大面朝外、错缝交接，并选择较大、较规整的块石砌在沟底和沟坡下部。②浆砌料石和石板，在沟坡应纵砌（料石或石板长边平行于水流方向），在沟底应横砌（料石或石板长边垂直于水流方向），必须错缝砌筑，料石错缝距离宜为料石长的1/2。③浆砌卵石，相邻两排应错开茬口，并选择较大的卵石砌于沟底和沟道坡脚。大头朝下、挤紧靠实。④浆砌块石挡墙式加固防渗层，应先砌面石，后砌腹石，面石与腹石应交错连接；浆砌料石挡墙式防渗层，应有足够的丁石。⑤各砌缝要用小石块嵌紧，要求咬扣紧密、错缝，无叠砌、贴砌和浮塞。

（6）石料砌筑要求

①砌筑前宜洒水湿润，石料应冲洗干净。②浆砌料石和块石，应干摆试放分层砌筑，坐浆饱满。每层铺砂浆的厚度，料石宜为2~3 cm，块石宜为3~5 cm。块石缝宽超过5 cm时，应填塞小片石。③卵石可采用挤浆砌筑，也可干砌后用砂浆或细砾混凝土灌缝。④浆砌石板应保持砌缝密实平整，石板接缝间的不平整度不应超过1.0 cm。

（7）勾缝要求：

浆砌料石、块石、卵石和石板，宜在砌筑砂浆初凝前勾缝。勾缝应自上而下用砂浆充填、压实和抹光。浆砌料石、块石和石板宜勾平缝；浆砌卵石宜勾凹缝，缝面宜低于砌石面1~3 cm。

（8）护面式浆砌石加固防渗层

一般不设伸缩缝；软基上挡土墙式浆砌石加固防渗层宜设伸缩缝，缝距10~15 m，砌石加固防渗层与建筑物连接处，应按伸缩缝处理。

若边沟一侧为上挡墙或护面墙，先砌筑上挡墙或护面墙，但应注意沟底和上挡墙或护面墙同时施工，或留企缝，待上挡墙或护面墙施工完后，再砌筑边沟另一侧沟帮。因边沟为砌石体，砌筑缝很多，因而可以承受或消除由于温度变化引起的账缩变形，故一般不设置伸缩缝，但在地形地质变化处宜增设沉降缝。上挡墙或护面墙每隔10~15 m设置一道沉降缝，边沟在对应位置设置沉降缝，沉降缝用低强度砂浆或其他不渗水材料（沥青麻絮、焦油塑料胶泥、聚氯乙烯胶泥等）封缝。边沟的纵坡（出水口附近除外）一般与路线纵坡一致，且一般不宜小于0.3%，地面平坦地带，仅在困难情况下，方可减小到0.1%，且长度不得超过1 000 m，同时应采取防止边沟淤塞的措施。

勾缝是砌石水沟防渗效果好坏的关键工序之一，务必做到勾缝严密、光滑、无毛边、无裂纹等。勾缝应在砌筑砂浆初凝前及时进行，勾缝前应剔缝（剔缝深度不小于3 cm）并刷洗干净，在没有污物浮土、保持湿润的情况下进行。最好是随砌随勾缝，这样可避免剔缝，同时使砌筑砂浆与勾缝砂浆结合紧密。为减少粗糙率，对沟帮内侧采用同标号砂浆勾平缝，也可采用凹缝（施工较慢），但不应该用凸缝。勾缝应平顺密实。

对沟帮和沟底用同标号砂浆抹面，先抹沟帮顶，再抹沟底，抹面应平整、压光、直顺，以防止沟底滞积水。若边沟带盖板，则边沟顶不抹面，但应用低强度砂浆找平后，再安放盖板。

盖板一般采用 C20 或 C25 钢筋混凝土在预制场预制，然后用汽车或拖拉机运输至施工现场，利用挖掘机吊运，或人工搬运安装。为了搬运方便，盖板预制时应该预留一对钢筋吊环，并用钢丝绳拴吊。

盖板施工前，应进行沟内的污物清理和沉降缝（伸缩缝）的封缝处理，沟内清理干净和沉降缝（伸缩缝）的封缝处理完毕后才能进行盖板施工。

6. 水沟混凝土加固防渗层的施工

（1）应根据设计图纸和选定的施工方法制作稳定坚固、经济合理的模板。现浇混凝土模板安装净距，沿水沟纵向的允许偏差值为 ±10 mm，沿宽度方向的允许偏差值为 ±30 mm。预制混凝土板框架模板两对角长度差的允许偏差值为 7 mm。（2）必须按试验确定的混凝土配合比进行配料，不得擅自更改。水泥、砂、石、掺合料均应以质量计，水及外加剂可折算成体积加入。小型水沟可将砂、石用量折算成体积配料。（3）现场浇筑混凝土，宜采用分块跳仓法施工，同一浇筑块应连续浇筑。（4）混凝土宜采用机械拌和，拌和时间不得少于 2 min。掺用掺合料、减水剂、引气剂时，应适当延长拌和时间。细砂、特细砂混凝土用混凝土机械拌和的时间，应较中、细砂混凝土延长 1~2 min。混凝土应随拌、随运、随用。因故发生离析、漏浆、严重泌水和坍落度降低等问题时，应在浇筑地点重新拌和。若混凝土初凝，应按废料处理。（5）浇筑混凝土前，土沟基应先洒水浸润；在岩石沟基上浇筑混凝土，或需要与早期混凝土结合时，应将岩石或早期混凝土刷洗干净，铺一层厚度为 1~2 cm 的砂浆。砂浆的水灰比，应较混凝土小 0.03~0.05。（6）混凝土宜机械振捣，并符合下列要求：使用表面式振捣器时，振板行距宜重叠 5~10 cm，振捣边坡时，应上行振动，下行不振动；使用小型插入式振捣器，或人工捣固边坡时，入仓厚度每层不应大于 25 cm，并插入下层混凝土 5 cm 左右；使用振捣器捣固时，边角部位及钢筋预埋件周围应铺以人工捣固；机械和人工捣固的时间，应以混凝土开始泛浆时为准；衬砌机的振捣时间和行进速度，宜经过试验确定。振捣时间一般不小于 30 s。（7）采用喷射法施工时，应按下列要求和步骤进行：先送风、水，后送干料。掺有速凝剂的干拌和料的存放时间，不得超过 20 min；喷头处的压力应控制在 0.1 MPa 左右，水压不应小于 0.2 MPa；一次喷射的厚度，掺有速凝剂时，宜为 7~10 cm，不掺速凝剂时，宜为 5~7 cm。分层喷射时，表面一层的水灰比宜稍大；喷射每层混凝土的间隔时间，掺有速凝剂时，一般为 15~20 min，不掺速凝剂时，应根据混凝土的初凝时间确定。喷射作业完毕，应先将二喷射机和管道中的干料清除干净，再停水、风。因故不能继续作业时，必须及时将喷射机和管道中的积料清除干净。（8）现场浇筑混凝土完毕，应及时收面。细砂和特细砂混凝土还应进行二次收面。收面后，混凝土表面应密实、平整、光滑，且无石子外露。（9）混凝土预制板初凝后即可拆模，强度达到设计强度的 70% 以上时方可运输。应用水泥砂浆或水泥混合砂浆砌筑，水泥砂浆勾缝和按设计的规定砌筑。安砌应平整、稳固，砌筑缝的砂浆应填满、捣实、压平和抹光。（10）混凝土伸缩缝（或沉降缝）应按设计要求施工。采用衬砌机浇筑混凝土时，可用切缝机切制半缝形的伸缩缝缝深和缝宽应符合设计要求。

7. 膜料防渗的施工方法

膜料防渗应采用埋铺式，无过渡层防渗体适用于土沟基和用素土、水泥工作保护层的防渗工程，有过渡层防渗体适用于岩石、沙粒石、土沟基和用石料、沙粒石、现浇碎石混凝土或预制混凝土保护层的防渗工程。

（1）膜料宜按下列原则选用

①一般地区宜选用厚度为 0.18~0.22 mm 的深色塑膜，在寒冷和严寒地区，可优先选用聚乙烯膜；在芦苇等穿透性植物丛生地区，可优先选用聚氯乙烯。②油毡选择：宜选用厚度为 0.60~0.65 mm，且用无碱玻璃纤维布制造的油毡。

膜料防渗体的铺膜范围，有全铺式、半铺式和底铺式三种。半铺式和底铺式主要适用于宽浅式水沟或有树木的改建水沟。

过渡层材料，在温和地区宜选用灰土或水泥土；在寒冷和严寒地区宜选用砂浆。采用素土及砂料做过渡层时，应采取防止冲刷的措施。

（2）膜料接缝的处理方法。

根据水沟大小将膜料加工成大幅备用，也可在现场边铺边连接。膜料接缝的处理方法如下：

①搭接法

搭接法主要用于大块膜料施工中的现场连接，或小型的膜料防渗水沟。搭接宽度一般为 20 cm。膜层应平整，层间应洁净，且应上游一幅压下游一幅，缝口应吻合紧密。

②热接法

用调温电熨斗和木模架进行连接，木模架的长度视需要而定。

先在模架顶部铺一层稍宽于顶部的、平整的纸（报纸或水泥袋纸），再将下层膜料齐膜架沿接缝口拉顺拉齐、铺平，擦拭干净，然后铺上层接缝膜料，最后再铺一层纸，用预热至规定温度（一般为 160℃~180℃，可在现场试验决定）的电熨斗，以每分钟约 30 cm 的速度沿膜架顶均匀加压进行。

③黏接法

黏接法主要用于聚氯乙烯和油毡两种膜料。黏接法如下：

聚氯乙烯的黏接法：黏合剂配方——丙酮 60%，环己酮 15%，二甲苯 8%，过氯乙烯树脂 15%，邻苯二甲酸二辛酯等（质量比）；黏合剂配制方法——因丙酮易挥发，应在黏膜前一小时配制，随配随用。配制时，先将环己酮、二甲苯、过氯乙烯树脂、丙酮 45% 及邻苯二甲酸二辛酯等按质量比配好，搅拌均匀。若过氯乙烯树脂（固体）溶解不彻底，再加丙酮（总量不得超过 60%），搅拌至固体完全溶解，即可使用；黏接塑膜——将下层膜料铺平在一个长约 2 m、宽约 1.2 m 的平台上，将配制好的黏合剂，沿接缝宽度涂匀，随即将上层膜料对准接缝宽度，由一端向另一端均匀压下，使黏接紧密；黏接宽度一般为 15~20 cm。如在现场黏接，也应在 5m 长得比较平整的木板上黏接较好。

油毡黏接法，油毡多采用热沥青，或沥青玛琦脂黏接。其黏接工艺与塑膜相同。沥青玛琦脂的配合比一般为沥青：矿粉 =1：1~1：4（质量比）。

（3）膜料防渗施工

①在验收合格的土沟上，自水沟下游向上游，由水沟一边向另一边铺设膜层。膜料应留有折皱，并平贴沟基。②埋好膜层顶端，并处理好大、小膜幅间的连接缝。③检查并黏补已铺膜层的破孔。黏补膜应超过破孔每边 10~20 cm。④填筑过渡层和保护层的施工速度，应与铺膜速度配合，避免膜层裸露时间过长。⑤保护层施工除执行上述各有关规定外，还应满足以下要求：采用压实法填筑土保护层时禁止使用羊角碾；水沟采用浸水泡实法填筑沙壤土、轻壤土和中壤土保护层时，填筑断面尺寸宜留 10%~15% 的沉陷量，待反复浸水沉陷稳定后，缓慢泄水，填筑裂缝，并拍实，整修成设计断面；填筑保护层的土料，应不含石块、树根、草根等杂物；施工人员应穿胶底鞋或软底鞋，谨慎施工。

第四节　跌水与急流槽的施工

由于跌水和急流槽的纵坡陡，水流速度快，冲刷力强，要求跌水与急流槽的结构必须稳固耐久，一般宜采用浆砌块石、混凝土预制块砌筑或混凝土现浇，并具有相应的防护与加固措施。

若急流槽和跌水通过岩石山坡，亦可利用岩石坡面开槽形成急流槽槽身，进行必要的勾缝、灌浆或喷射混凝土等处理措施。

（一）跌水的施工

跌水沟槽的开挖，在土质或风化比较深的边坡可以采用人工开挖或机械直接开挖；在岩石边坡可以采用爆破方法开挖。跌水基础应开挖到设计要求的高程或设计要求的承载力基础上为止。

1. 材料要求

采用浆砌石砌筑时，应采用微风化或新鲜、坚硬、裂隙不发育、单轴抗压强度大于 30MPa 的片石；如果采用预制混凝土块施工，预制块强度应满足设计要求和有关规定。砌筑砂浆强度不应低于 M7.5，混凝土原材料要求应符合有关规定。

2. 跌水施工要求

（1）跌水沟槽一般采用人工开挖，如果坡度允许和断面尺寸合适，也可采用机械开挖。（2）跌水槽开挖后，立即平整夯拍密实，如土质干燥需洒水湿润，遇有鼠洞、陷穴，应堵塞夯实。（3）砌石砂浆应按设计配比拌制均匀，随拌随用，自出料到用完，其允许间歇时间不应超过 1.5 h。

3. 浆砌石（浆砌预制块）的施工要求

（1）砌筑顺序

纵向方向，从下游向上游砌筑；横向方向，宜先砌跌水沟底后砌墙，砌墙时，应从墙脚开始，由下而上分层砌筑。

（2）石料（预制块）安放要求

①浆砌块石应花砌、大面朝外、错缝砌筑，并选择较大、较规整的块石砌在跌水沟底和沟坡墙的下部。②浆砌料石和石板，跌水沟坡墙应纵砌（料石或石板长边平行于水流方向）；在跌水底应横砌（料石或石板长边垂直于水流方向），错缝砌筑，料石错缝距离宜为料石长的 1/2 左右。③浆砌卵石，相邻两排应错开茬口，并选择较大的卵石砌于跌水沟底和沟坡墙脚，大头朝下、挤紧靠实。④浆砌块石，应先砌面石，后砌腹石。面石与腹石应交错连接，浆砌料石挡墙式跌水沟帮，应有足够的丁石。⑤浆砌预制块，跌水边墙应纵砌（预制块长边平行于水流方向）；在跌水底应横砌（预制块长边垂直于水流方向），错缝砌筑，预制块错缝距离宜为预制块长的 1/2。

（3）石料（预制块）砌筑要求

①砌筑前宜将石料（预制块）洒水湿润，石料应冲洗干净。②浆砌料石和块石，应干摆试放后分层砌筑、坐浆饱满。每层铺砂浆的厚度：料石宜为 2~3 cm，块石宜为 3~5 cm。块石缝宽超过 5 cm 时，应填塞小片石。③卵石可采用挤浆砌筑，也可干砌后用砂浆或细砾混凝土灌缝。④浆砌石板应保持砌缝密实平整，石板接缝间的不平整度不应超过 1.0 cm。⑤浆砌预制块应保持砌缝密实平整，预制块接缝间的不平整度不应超过 1.0 cm。

（4）勾缝要求

浆砌料石、块石、卵石、预制块和石板，宜在砌筑砂浆初凝前勾缝。勾缝应自上而下用砂浆充填、压实和抹光。浆砌料石、块石和石板宜勾平缝，浆砌卵石宜勾凹缝，缝面宜低于砌石面 1~3 cm。

（5）混凝土浇筑施工要求

施工顺序应从下游向上游浇筑；伸缩缝的设置要合理；混凝土强度应满足设计要求和有关规定。

（二）急流槽的施工

急流槽基础和耳墙基础开挖到设计要求的高程或设计要求的承载力基础上为止，验收合格后方可进行加固施工。

1. 材料要求

采用浆砌石砌筑时，应采用微风化或新鲜、坚硬、裂隙不发育、单轴抗压强度大于 30 MPa 的片石；如果采用预制混凝土块施工时，预制块强度应满足设计要求和有关规定；砌筑砂浆强度不应低于 M7.5。混凝土原材料要求应符合有关规定。

2. 急流槽的施工方法

（1）急流槽沟槽一般采用人工开挖；如果坡度允许和断面尺寸合适，也可采用机械开挖；岩石沟基采用爆破开挖。（2）急流槽开挖后，立即平整夯拍密实，如沟基干燥需洒水湿润，遇有鼠洞、陷穴，应堵塞夯实。（3）砌石砂浆应按设计配比拌制均匀并符合有关规定，随拌随用，自出料到用完，其允许间歇时间不应超过 1.5 h。

3. 浆砌石（浆砌预制块）的施工要求

（1）砌筑顺序：纵向方向，从下游向上游砌筑；横向方向，宜先砌急流槽底后砌沟坡墙，砌沟坡墙时，应从墙脚开始，由下而上分层砌筑。

（2）石料（预制块）的安放要求：

①浆砌块石应花砌、大面朝外、错缝砌筑，并选择较大、较规整的块石砌在急流槽底和沟坡墙的下部。②浆砌料石和石板，急流槽沟坡墙应纵砌（料石或石板长边平行于水流方向）；在急流槽底应横砌（料石或石板长边垂直于水流方向），错缝砌筑，料石（石板）错缝距离宜为料石长度的 1/2 左右。③浆砌卵石，相邻两排应错开茬口，并选择较大的卵石砌于急流槽底和沟坡墙脚，大头朝下、挤紧靠实。④浆砌块石，应先砌面石，后砌腹石，面石与腹石应交错连接。⑤浆砌预制块，急流槽沟坡墙应纵砌（预制块长边平行于水流方向）；在急流槽底应横砌（预制块长边垂直于水流方向），错缝砌筑，预制块错缝距离宜为预制块长度的 1/2。

（3）石料（预制块）的砌筑要求：

①砌筑前宜洒水湿润，石料（预制块）应冲洗干净。②浆砌料石和块石，应干摆试放分层砌筑、坐浆饱满。每层铺砂浆的厚度：料石宜为 2~3 cm，块石宜为 3~5 cm。块石缝宽超过 5 cm 时，应填塞小片石。③卵石可采用挤浆砌筑，也可干砌后用砂浆或细砾混凝土灌缝。④浆砌石板应保持砌缝密实平整，石板接缝间的不平整度不应超过 1.0 cm。⑤浆砌预制块应保持砌缝密实、平整，预制块接缝间的不平整度不应超过 1.0 cm。

（4）勾缝要求

浆砌料石、块石、卵石、预制块和石板，宜在砌筑砂浆初凝前勾缝，勾缝应自上而下用砂浆充填、压实和抹光。浆砌料石、块石和石板宜勾平缝；浆砌卵石宜勾凹缝，缝面宜低于砌石面 1~3 cm。急流槽抹面施工，一般先抹沟坡墙，后抹沟底。

（5）混凝土浇筑施工要求

施工顺序应从下游向上游浇筑，伸缩缝的设置要合理；混凝土强度应满足设计要求和有关规定。

第六章　公路工程成本管理

第一节　公路工程成本管理

一、成本的概念及其作用

（一）成本的概念

对于成本，不同学术机构给出了不同的概念。我国的企业财务通则第二十六条规定："企业为生产经营商品和提供劳务等发生的各项直接支出，包括直接工资、直接材料、商品进价以及其他直接支出，直接计入生产经营成本。企业为生产经营商品和提供劳务而发生的各项间接费用，分配计入生产经营成本。"美国会计学会（AAA）认为："成本是指为达到特定目的而发生的或应发生的价值牺牲，它可以用货币单位加以衡量。"这两个成本概念并没有本质区别，只是我国的成本概念较为具体，而美国会计学会的成本概念更具有普遍性。

在市场经济环境下，成本属于价值范畴，是商品价值的重要组成部分。根据马克思主义政治经济学原理可知，商品价值可以用以下式表述：

W=C+V+M

其中：C= 商品中物化劳动的价值；

V= 劳动者为自己的劳动所创造的价值；

M= 劳动者为社会劳动所创造的价值；

（C＋V)=生产成本。

上式表明了商品价值与成本之间的关系。成本是商品价值的重要组成部分，是为了获得某种产品，在生产经营中所发生的人力、物力和财力的耗费。其实质是以货币表现的、为生产产品所消耗的、物化劳动的转移价值和活劳动的转移价值之和。成本的价值构成又包括以下三个方面：

（1）制造产品所耗费的物化劳动的转移价值，包括已消耗的原材料、燃料等劳动对象的价值；

（2）劳动者活劳动的转移价值，包括支付给职工的工资、福利费、奖金、津贴、补贴等；

（3）劳动者活劳动创造的价值，包括上缴给国家的税金和企业形成的利润等。

（二）成本的作用

成本是补偿生产耗费的尺度，是确认资源消耗和补偿水平的依据。为了保证再生产的不断进行，企业在生产过程中消耗的各种费用必须计入成本，这些资源消耗必须得到补偿。企业只有使收入大于成本才能有盈利，而企业盈利则是保证满足整个社会需要和扩大再生产的主要源泉。因此，成本作为补偿尺度的作用对经济发展具有重要的影响，成本的具体作用如下：

1. 成本是企业经营管理水平的综合反映

当前，我国的公路施工企业面临着非常激烈的市场竞争，能否在市场竞争中立于不败之地，关键在于企业能否为社会提供质量高、工期短、造价低的建筑产品；而作为公路施工企业，能否获得较大的经济效益，关键在于有没有低廉的成本。因此，公路施工企业在项目实施中，要以较少的物质消耗和活劳动消耗来创造较大的价值，通过获取工程款，以收抵支并有所盈利。可见，成本是衡量企业经营管理水平的一个综合性指标。

2. 成本是制定产品价格的重要依据

企业生产的产品，只有通过制定合理而有竞争性的价格，才能使得成本得到补偿并取得盈利。制定产品价格，要综合考虑各方面的因素，在社会主义市场经济条件下，产品价格的制定，应体现价值规律的要求，还要遵守国家的价格政策。由于目前产品价值还难以直接精确计算，可以通过计算产品成本来间接地、相对地反映产品价值。因此，成本是制定产品价格的重要依据。

3. 成本是企业进行经营决策、实行经济核算的重要手段

公路施工企业在生产经营过程中，对于重大问题的决策，必须全面地进行技术经济分析，其中决策方案的经济效果是技术经济分析的重点，而产品成本是考察和分析决策方案的经济效果的重要指标。企业各方面活动的经济效果，如资金周转的快慢、原材料消耗的多少等，都能由成本直接反映出来，所以，成本是经济核算的基本内容。

二、项目成本管理

（一）项目

项目是在一定时间、一定的预算范围内，达到预定质量的一项一次性任务。尽管项目千变万化，但归纳起来它具有如下基本特征：

1. 一次性

项目有明确的开始和结束时间，无先例可搬，将来也不会有完全的重复。这是项目与常规任务的最大区别。

2. 独特性

在大部分情况下，项目是从零开始的开创性工作，并且到某个具体的终点结束。项目自身有具体的时间期限、费用和性能质量等方面的要求。因此，项目的过程具有自身的独特性。

3. 组织的临时性和开放性

项目开始时要组建项目班子，项目执行过程中班子的成员和职能都在不断地变化，项目结束时项目班子要解散。

参与项目的组织往往有多个，它们通过合同、协议以及其他的社会联系组合在一起。项目组织没有严格的边界。

4. 后果的不可挽回性

项目不像其他事情可以试做，或失败了可以重来。这种属性决定了项目具有较大的不确定性，它的过程是渐进的，潜伏着各种风险。项目要求有精心的设计、精心的运作和精心的控制，以达到预期的目的。

（二）项目管理

项目管理是在一个确定的时间范围内，为了一个既定目标，通过项目经理和项目组织进行有效的计划、组织、领导与控制，充分利用既定有限资源的一种系统管理方法。

1. 项目管理是一种管理方法体系

项目管理不是一次任意的管理项目的实践过程，而是在长期实践和研究的基础上总结成的理论方法。项目管理理论已不断地发展为一种被公认的专业知识。

2. 项目管理的对象、目的

项目管理的对象是项目，目的是通过运用科学的项目管理技术实现项目的预定目标。

3. 项目管理的任务和职能

项目管理的任务和职能是对组织的资源进行计划、组织、指挥、协调和控制。

4. 项目管理职能主要是项目经理执行的项目

经理是项目的全权委托代理人，是协调各方面关系、使之相互紧密协作配合的桥梁和纽带，是项目的责任者、决策者和组织者。因此，项目管理的职能主要是由项目经理执行的。

（三）项目管理中的减本控制理论

项目的成本管理，就是在规定的时间内，为保证实现项目的既定目标，对项目所发生的费用支出所采取的各种措施，也就是在工程项目实施过程中对所发生的成本支出有组织有系统地进行预测、计划、控制、核算、考核、分析等一系列的科学管理工作，其主要内容如下：

1. 资源计划编制

确定完成项目各种活动所需的资源（人、财、物等）的种类，以及每种资源的需要量。同时在组织上落实成本目标的控制者，明确工程项目的管理者对项目成本的职能分工。

2. 成本估算与预算

编制一个为完成项目各种活动所需的资源成本的近似估算，将总成本估算分配到各单项工作上。同时在组织上落实成本目标的控制者，明确工程项目的管理者对项目成本的职能分工。

3. 成本控制

编制成本控制计划，以施工预算和项目预算成本同实际成本进行比较分析，使实际成本控制在预算成本之内。采取技术措施控制项目成本，主要从确定施工方案、采取技术措施、提高交付使用率等方面着手进行。

4. 实行计划与资金的动态管理

随时了解和掌握实际成本和计划之间的动态关系，适时调整计划、调整决策，使资金使用更加合理，更有效率。

5. 认真审核组成工程成本的每一笔款项的支付

审核其内容是否为支付范围、数额是否计算正确、是否留有余地，支付时间是否合适、支付对象是否为合同当事方等。

6. 尽量杜绝或减少赔偿事件的发生

尽量减少指挥和决策的失误，将设计图中的问题提前发现并在施工前解决，平时多积累相关的原始资料，如往来文件、指令、施工日志、气象资料、质量隐患记录、整改通知、政府的有关文件和法规等，作为赔偿事件纠纷时的依据。

7. 纵览全局，全方位控制

合理组织施工、提高施工质量、加快工期、减少质量事故的发生、减少返工、安全生产、文明施工等均可从另一个侧面相对地降低项目成本。以上这些过程之间彼此独立、相互间有明确界面，但在实践中，它们仍然会交叉重叠，相互影响、相互作用，所以要加强协调工作以确保项目成本得到有效控制。

三、公路工程项目成本分类

公路工程项目成本的划分有不同的标准，在项目成本管理中，通常根据成本管理需要的不同来划分。较常见的有按照时间、按照性质、按照费用目标三种。

按成本产生的时间不同，施工项目成本可分为三类：预算成本、计划成本和实际成本。预算成本是建筑施工企业按照预算期的生产和经营情况所编制的预定成本，项目完成后项目经理部参照预算成本计算和考核实际成本管理的效果。计划成本表达的是项目成本在某一段时期内期望或者计划达到的水平，由施工项目经理部在项目施工前计算得出。实际成本是公路工程施工期间实际发生的成本总和。

根据成本计算方式的不同，施工项目成本可划分为直接成本和间接成本。直接成本包括材料费、人工费、分包费、机械设备使用费等直接耗用于工程对象的费用，这一部分费用可以计入工程对象成本。间接成本以现场经费的形式体现，指非直接用于，但工程施工所必须发生的费用，通常无法计入工程对象。

根据费用目标来划分，施工项目成本还可分为工期成本、生产成本、质量成本和不可预见成本。

四、公路工程项目成本的构成及影响因素

（一）公路工程项目成本的构成

根据公路工程项目成本管理的需要，我们可以从不同角度进行考察，将工程施工项目成本划分为不同的类别。

按成本发生的时间来划分，施工项目成本可分为预算成本、计划成本和实际成本。预算成本是反映建筑施工企业的平均成本水平，是确定工程造价的基础，是编制计划成本和评价实际成本的依据。计划成本是施工项目经理部根据计划期的有关资料，在实际成本发生前预先计算的成本，是考虑成本降低措施后的成本计划数，是反映计划期内应达到的成本水平。实际成本是工程施工项目在计划期内实际发生的各项成本费用的总和。把实际成本与计划成本比较，可反映成本的节约与超支情况；把实际成本与预算成本相比较，可以反映工程施工项目的盈亏情况。

按成本的性质来划分，施工项目成本可分为直接成本和间接成本。直接成本指直接耗用于工程施工并能直接计入工程对象的费用，包括人工费、材料费、机械设备使用费、分包费以及其他直接费等。间接成本是指非直接用于也无法直接计入生产对象，但为进行工程施工所必须发生的费用，通常按照直接成本的比例计算，即项目经理部为施工准备、组织和管理施工生产所发生的全部施工间接费支出。按照现行的《公路工程施工预算编制办法》，间接成本是以现场经费的形式体现的。

按施工项目成本费用目标来划分，施工项目成本还可分为生产成本、质量成本、工期成本和不可预见成本。

按照现行的《公路工程基本建设项目概预算编制办法》的规定，施工项目成本的构成包括以下具体内容：

直接工程费，包括人工费、材料费、施工机械使用费。

其他工程费，包括冬季施工增加费、雨季施工增加费、夜间施工增加费、特殊地区施工增加费、行车干扰工程施工增加费、安全及文明施工措施费、临时设施费、施工辅助费、工地转移费等。

规费，包括养老保险费、失业保险费、医疗保险费、住房公积金、工伤保险费等。

企业管理费，包括基本费用、主副食运费补贴、职工探亲路费、职工取暖补贴、财务费用等项。

（二）公路工程项目成本的影响因素

影响公路工程项目成本因素很多，主要有以下几方面：

1. 招投标对成本的影响

对于施工企业和施工项目部来讲，合理的标价是企业和项目得以生存和发展的首要条件。由于公路建设规模大，周期长，建设资金都相对紧张，不能满足按正常建设概预算编制所需的资金需求，所以建设单位（或业主）在公路工程项目招标过程中多采用最低价中标的评标办法，工程最终中标价都远低于正常预算价。由于市场竞争的愈加激烈，在招投标过程中，各投标单位为了能够中标，竞相压低报价，使得工程造价也不断降低。这对于建设项目单位（或业主）来讲是比较有利的，可以尽可能地节约建设资金的消耗；但对于施工企业和施工项目来讲，若低于成本价中标，则是非常不利的。不仅会给企业和项目带来严重亏损的风险，还会影响工程质量，甚至使施工企业的信誉受损。

因此，在招投标的过程中，施工企业必须充分考虑企业自身的技术和经济实力、管理水平、市场价格等各因素，以合理的标价中标。只有这样，企业和项目才有管理的立足点，才能从管理中要效益，成本管理也才能发挥其效果。

2. 施工组织方案对成本的影响

施工组织方案，主要是指企业为完成项目施工目标，如何进行工、料、机及资金等资源配置，采取何种施工方法（特别是冬季和雨季施工以及技术复杂的特殊施工方法）、施工程序（施工顺序及工序之间的衔接），决定采用哪些新技术、新工艺、新材料和新设备，实施哪些技术保证措施、质量保证措施、工期和安全保证措施等项内容的计划方案。

工程项目中标后，施工单位必须结合施工现场的实际情况来制定技术上先进可行、经济上合理和施工安全有保证的施工组织方案。由于施工组织方案涉及内容较为广泛，并且涵盖了项目施工的整个过程，因此其中任何一项内容不合理，都会对施工项目成本有所影响。同时，在项目施工的过程中，对于出现的新情况和新问题要及时分析其原因，并对施工组织方案进行修正和调整，从而实现项目管理和成本管理的目标。

3. 施工进度对成本的影响

一个工程项目能否在预定的时间内交付使用，直接关系到投资效益的发挥。因此，对工程项目施工进度进行有效的控制，使其顺利达到预定的目标，是施工项目管理实施过程中的一个必不可少的重要环节。

进度控制的最终目的是确保项目施工进度目标的实现，工程项目施工进度控制的总目标是建设工期。合理制定施工进度目标并确保其实现，往往对项目的经济效益产生很大的影响。进度加快，要比原计划加大人力、物力、财力等资源的投入，增加直接成本，但间接成本则可能降低；但是若为了减少资源的投入，一些工程施工的直接成本降低，但容易造成施工进度延缓，则有可能会影响项目的交付使用，即总工期延长了，同时可能造成其他成本费用的增加而得不偿失。所以施工进度与项目施工成本必须同时兼顾，在项目实施的各个地区阶段分别制定进度计划并付诸实施，对出现的偏差及时进行分析和调整，同时也要将因此而发生的变动成本控制在最小的范围之内，从而达到施工项目的既定目标。

4. 工程质量对成本的影响

"百年大计，质量第一"是人们对建设工程质量重要性的高度概括。工程质量是基本建设效益得以实现的基本保证。尽管工程项目施工的质量问题已越来越受到重视，但每年由于质量问题而造成的施工项目停工、返工，甚至出现重大事故的反面事例仍然层出不穷。究其原因，主要可以归结为是由施工企业对工程质量与成本的关系认识不足，片面追求项目施工成本的最低化而忽视工程质量所造成的。这种质量成本不仅给企业甚至国家都造成了人力、物力、财力上的巨大浪费，而且给企业在市场竞争和生存的能力带来了巨大影响。

从整体和长远来看，提高工程质量与降低工程成本是统一的。没有质量就没有效益。施工项目必须建立健全质量保证体系、质量管理制度等，强化全员质量意识，积极推行全面质量管理方法，规范质量管理工作；要加强质量成本控制，坚持"预防为主"的原则，适当增加预防费用和检验费用，将质量隐患消灭在萌芽状态，以减少或避免因工程质量不合格而造成的内部返工损失和外部索赔损失。

5. 资金状况对成本的影响

由于建设单位（或业主）工程款支付不到位或者施工单位的资金垫付能力差而投入不足，都会造成施工项目经理部的资金短缺。出现这种情况，往往会使项目所需的原材料和机械设备供应发生问题，从而影响工程进度，延长了工期，造成施工成本的增加。另一方面，即使项目靠赊账或欠款暂时保证了物料供应和费用支付，但也会增加资金的时间成本，因为各种成本费用不按期支付的代价会高于现期支付的代价，造成施工成本的增加。

6. 施工安全对成本的影响

施工安全涉及施工现场所有的人、物和环境。凡是与生产有关的人、材料、机械设备、设施工具等所有因素都与安全生产有关，安全管理工作贯穿于工程项目施工生产的全过程，存在于每个分部分项工程、每道工序中。施工安全管理做的是否到位、安全管理活动是否发挥了作用，对施工项目的各项经营管理活动诸如施工进度、施工质量、施工成本以及施工项目的最终效益都有很大的影响。所以通过对生产要素进行具体的状态控制，使生产要素的安全隐患减少或消除，避免引发事故，尤其是引发使人受到伤害的事故，不仅可以减少不必要的资源消耗、降低成本，也会使施工项目效益目标的实现得到充分保证。

7. 变更与索赔对成本的影响

变更指的是合同变更，它包括工程设计变更、施工方法变更、工程量的增减等。对于公路施工项目实施过程来说，变更是客观存在的。特别是当工程量变化超出招标时工程量清单的 20% 以上时，可能会导致项目经理部的施工现场人员不足，需增加人工的投入；也可能会导致项目经理部的施工机械设备失调，工程量的增加，往往要求项目经理部增加机械设备数量等。人工和机械设备的需求增加则会引起项目部额外的支出，这样就会扩大工程成本。反之，如果工程项目被取消或工程量大减，又势必会引起项目经理部原有人工和机械设备的窝工和闲置，造成资源浪费，导致项目的亏损。

索赔是施工项目成本管理中非常重要的组成部分，是指承包商在履行合同中，对于并非由于自己过错而是由对方承担责任的情况下，造成的实际损失向对方提出的经济补偿的要求。公路建设工程往往具有工期长、规模大、技术复杂等特点，在施工过程中，由于受到征地拆迁滞后、基础施工地基条件的不确定性、气候条件复杂多变及市场波动等与设计文件和工程承包合同不相符的因素的影响，会造成工程量的增加、工程进度延缓以及临时停工或施工中断，从而导致成本费用的增加。

随着工程建设管理的规范化，搞好变更索赔管理越来越成为体现施工项目成本控制水平高低的重要内容。工程变更索赔形成于施工的全过程、全方位，是施工项目挽回成本损失增加企业效益的重要手段。因此要使施工项目产生经济效益，必须重视变更索赔工作。

8. 物价变动对成本的影响

在愈加激烈的市场竞争中，公路施工企业要想立于不败之地，必须充分掌握市场动态，广泛组织经营活动，以尽可能少的资源消耗完成满足要求的建设工程项目。而价格是市场中最活跃的因素，它能够灵敏地反映市场供求状况和动向。施工项目经理部要在约定工期内完成工程项目的施工，必须投入大量的人力、物力和财力，而市场价格的变动则会直接影响到施工项目的成本费用。

9. 环境因素对成本的影响

公路工程建设势必造成一定的环境资源损失。为了保护公路周边的自然生态环境，维持和恢复自然生态平衡，公路施工企业应该节约合理地利用土地资源，增强环境保护意识，在施工过程中采取有效的环保措施，注意科学管理规范施工，努力避免因破坏环境造成施工成本增加。比如，有些施工企业不按设计，乱采乱挖取土场，乱弃工程垃圾和废料，阻塞河道，污染水源、土壤等行为，势必会增加环境恢复的费用，造成成本增加。

10. 企业管理水平对成本的影响

施工企业作为市场的主体，处在日益激烈的竞争中，其生存与否，完全取决于对市场的适应能力，所以施工企业的经营管理水平必须满足市场竞争的需要。一个企业如果没有先进的管理理念、没有科学的管理方法、没有有效的管理制度，要想获得经济效益是不可能的。而成本管理作为企业经营管理系统的一个部分，其效果的好坏，直接反映出企业经营管理水平的高低。由于公路建设项目具有一次性的特点，所以管理活动应贯穿于施工过程的始终，任何一个环节的纰漏，都可能会造成工程项目成本的增加。因此，要降低成本，提高项目的经济效益，必须重视企业管理者素质和整体管理水平的提高。

五、公路工程项目成本管理的基本原则

公路工程项目成本管理原则是企业成本管理的基础和核心，施工项目经理部在施工过程中进行成本控制时，必须遵循以下基本原则。

（一）成本最低化原则

施工项目成本控制的根本目的，在于通过成本管理的各种手段，促进不断降低施工项目成本，以达到可能实现最低的目标成本的要求。在实行成本最低化原则时，应注意降低成本的可能性和合理的成本最低化。一方面挖掘各种降低成本的能力，使可能性变为现实；另一方面要从实际出发，制定通过主观努力可能达到合理的最低成本水平。

（二）全面成本管理原则

全面成本管理是全企业、全员和全过程的管理，亦称为"三全"管理。项目成本的全员控制有一个系统的实质性内容，包括各部门、各单位的责任网络和班组经济核算等等，应防止成本控制人人有责、人人不管。项目成本的全过程控制要求成本控制工作要随着项目施工进展的各个阶段连续进行，既不能疏漏，又不能时紧时松，应使

施工项目成本自始至终置于有效的控制之下。

（三）动态控制原则

施工项目是一次性的，成本控制应强调项目的中间控制，即动态控制，因为施工准备阶段的成本控制只是根据施工组织设计的具体内容确定成本目标、编制成本计划、制定成本控制的方案，为今后的成本控制做好准备；而竣工阶段的成本控制，由于成本盈亏已基本定局，即使发生了误差，也已来不及纠正。

（四）开源与节流相结合的原则

成本控制的目的是提高企业的经济效益，其途径包括降低成本支出和增加预算收入两个方面。这就需要在成本形成过程中，一方面以收入确定支出，定期进行成本核算和分析，以便及时发现成本节超的原因；另一方面，加强合同管理，加大工程变更索赔的工作力度，及时办理合同外价款收入的结算，以提高施工项目成本管理的水平。

（五）目标管理原则

目标管理的内容包括：目标的设定和分解，目标的责任到位和执行，检查目标的执行结果，评价目标和修正目标，形成目标管理的计划、实施、检查、处理循环，即PDCA循环。

（六）责、权、利相结合的原则

在公路工程项目施工过程中，项目经理部各部门、各施工班组在肩负成本控制责任的同时，也享有成本控制的权力。项目经理部要对各部门、各班组在成本控制中的绩效进行定期的检查和考评，与奖惩制度挂钩，实行奖优罚劣，促进和调动所有员工参与成本管理的积极性。只有真正做好责、权、利相结合，才能真正发挥成本管理的作用。

第二节　成本管理的组织结构

一、公路工程项目部组织结构

公路施工项目的成本控制，不仅仅是专业成本员的责任，而是所有的项目管理人员，特别是项目经理，都要按照自己的业务分工各负其责。所以要如此强调成本控制，一方面，是因为成本控制的重要性，成本控制是企业赢得市场竞争力的必要指标之一；另一方面，还在于成本指标的综合性和群众性，既要依靠各部门、各单位的共同努力，又要由各部门、各单位共享低成本的成果。为了保证项目成本控制工作的顺利进行，需要把所有参加项目建设的人员组织起来，并按照各自的分工开展工作。建立以项目经理为核心的项目成本组织结构是现代项目管理的特征之一，实行项目经理负责制，就是要求项目经理对项目建设的进度、质量、成本、安全和现场管理标准化等全面负责，特别要把成本控制放在首位，因为成本失控，必然影响项目的经济效益，难以完成预期的成本目标。

（一）公路项目的工作分解结构和成本编码

工作分解结构和成本编码是进行成本管理各项活动及管理信息沟通的基础，它们可以为系统的综合和控制提供有效手段。

1. 工作分解结构

工作分解结构，简称为 WBS（Work Breakdown Structure），它是一种将项目层层细分，不疏漏任何工作内容的技术。WBS 用于成本计划时，就是把整个工程项目逐层分解为内容单一、便于进行成本区间估算的子项或工作。它以施工图设计为基础，以公路施工企业做出的项目施工组织设计及技术方案为依据。从项目成本预测和计划开始，WBS 就应该得到很好的应用，因为成本预测的基础是人们对项目内容的准确认识，只有不遗漏任何工作，才能谈及成本预测的精确性的高低。不使用 WBS 或其应用不正确都可能会导致成本计划和控制的缺陷，而有着很好的 WBS，就可以进行相应的成本编码，方便计算机进行数据处理，并能够系统地进行成本控制。

2. 成本编码

为了使成本管理规范化、标准化，成本对象的划分也应标准化，这种标准化包括许多内容，其中成本编码是一种主要手段。特别是在利用计算机进行数据处理的过程中，对不同角度的成本项目采取不同的编码，更有利于提高管理工作的效率。成本编码是在 WBS 的基础上设计的，它必须要与 WBS 保持一致，以便于施工过程中成本数据的收集和成本状态的识别。成本编码的编制方法具体应由成本管理有关部门制定，并作为一套统一的标准使用，它因施工单位的不同而有所不同，但成本编码的原则是要简单明了，并且具有一定的灵活性，以便用于成本条款增加的项目。成本编码可对某一工作的成本进行编码，也可具体到该工作的人工费、材料费或机械费。

（二）公路项目的成本管理责任制

项目管理人员的成本责任，不同于工作责任。有时工作责任已经完成，甚至还完成得相当出色，但成本责任却没有完成。

我们对以上公路建设项目成本部分管理责任展开分析：项目经理在公路建设项目中的工作千头万绪，如项目的质量、进度、安全、成本管理等等，然而，项目最终落脚点要创造效益，质量、进度、安全等管理素要不应以牺牲成本为代价。项目经理应该在原有责任分工的基础上，进一步明确成本责任，使每一个项目管理人员都有这样的认识：在完成工作责任的同时还要为降低成本精打细算，为节约成本开支严格把关。这里所说的成本管理责任制，是指各项目管理人员在处理日常业务中对成本管理应尽的责任。项目经理应联系实际把项目的成本控制目标整理成文，层层分解，并作为一种制度加以贯彻。因此，项目经理要对工程项目成本管理全权负责，从成本的管理点切入，来合理制定质量、进度和安全等项目的施工管理计划与措施，确保项目成本管理目标的实现，使项目效益最大化。

合同预算员是公路施工项目增收节支把好第一关的责任人。在公路建设项目确定后，合同预算员应根据公路项目成本的总体目标与要求，收集工程变更资料，配合项目经理参与对外经济合同的谈判和决策，深入研究合同规定的"开口"项目。比如，要对项目管理中的工程师、材料员等人的工作责任和成本责任仔细区分，并得到相关人员的大力配合，严格控制经济合同的数量、单价和金额，切实做到"以收定支"，集合多种有利因素来努力增加工程收入。工程技术人员认真负责贯彻工程技术规范，对保证工程质量起了积极的作用，但往往强调了质量、安全第一，采用新的工艺、新的材料、新的施工方法等等，但在实施这些新技术的过程中，要对影响项目成本的主要因素展开论证和分析，不要为了质量、安全等而忽视节约，影响成本超支。

另外，质量成本和安全成本要贯穿到项目工程技术人员的全过程，没有优良的质量，就没有成本的节约；减少安全事故，就是创造了效益。所以，工程技术人员要严格执行工程技术规范和以预防为主的方针，确保工程质量；严格执行安全操作规程，减少一般安全事故，消灭重大人身伤亡事故和设备事故，为节约成本创造条件。材料员对公路工程成本的影响是显而易见的，材料要采购和构件加工、要检验核对到场的材料、及时组织材料、构件的供应、控制材料损耗、对租赁的材料进行清点和妥善保管并合理安排材料储备，减少资金占用，提高资金利用效率等。

在一些公路建设项目中，由于对材料的管理不善而造成了惊人的浪费，比如，材料采购时就远不就近，就次不就好，就高不就低，既增加了采购成本，又不利于工程质量。比如，对水泥的保管不善，导致受潮，不但影响了成本而且对工程质量、安全造成隐患。再如，对材料的防偷盗措施不严，就直接造成了经济损失。所以，减少采购（加工）过程中的管理损耗，是降低材料成本的第一步，还要根据项目施工的计划进度，及时组织材料、构件的供应，减少时间浪费，人力浪费，材料浪费。

成本会计是公路项目成本管理的关键责任人，也是项目经理的主要助手，担负着成本开支范围、费用开支标准和有关财务制度，严格审核各项成本费用，控制成本开支的重要责任。工程项目的成本管理所有数据、管理情况反馈都要从成本会计财务收支来体现，因此，成本会计除了需要掌握账簿上的成本开支以外，还应深入生产第一线掌握关键成本消耗环节，形成客观、公正、准确的成本开支分析，及时向项目经理和有关项目管理人员反馈情况，提出成本出现的问题和解决问题的有关建议，以便采取针对性的措施来纠正项目成本的偏差。行政管理人员控制非生产性的开支也是公路项目成本管理的一项重要内容，如，对人员的安排、行政费用的支出、生活后勤服务等，如何做到合理又节约是行政管理人员随时要思考的问题。

当前，公路施工项目的人员开支不断呈现出上升的趋势，从项目施工总体需要和工程的实际，参考以往其他公路项目的人员安排，在勤俭节约的前提下，满足职工群众的生活需要，节约工资性支出。

二、公路工程项目成本控制体系的构建

（一）减本控制组织机构的建立

现代企业成本控制体系从结构上可以分为三层：1. 成本控制决策系统：该系统负责制定成本控制战略决策；2. 成本控制管理系统：该系统负责制定成本控制计划，是成本控制结构的中间层次；3. 成本控制执行系统：该系统一方面由各具体控制主体根据已经制定的成本控制计划，采取一系列的措施和手段，努力完成各自的控制目标；另一方面根据各部门具体职能和特点，制定详细的二级成本控制计划。

（二）设计与投标阶段

设计阶段是公路工程项目成本控制决定阶段，为整个项目成本定下了基调。设计方案直接决定建设工期的长短和建设费用的多少。设计阶段所占的成本通常在3%~5%，但是对工程整体成本的影响可能达到75%~85%。先进的设计方案，可降低工程造价10%甚至更多。因此，项目的设计阶段对项目成本的影响不容忽视。

公路工程相关的招投标主要有施工招标和采购招标。通过招投标制度来选择供应商和施工单位，可以有效降低在材料和施工上的成本。

（三）施工现场成本控制

1. 合同的管理

合同管理是公路工程项目管理相当重要的一环。施工企业应当严格按照项目合同的要求制定施工计划。合同对于项目工期、质量等都有明确要求，严格遵守合同可以避免项目差异带来的返工。对合同中的暂定项目和存在变更的分项工程，及时申报，尽可能地增加工程收入。在合同管理方面需要注意：

（1）提高合同管理意识

重视合同管理对工程管理的重要性，深入贯彻以合同指导施工作业的准则，保证员工按照合同进行施工活动。

（2）建立合同管理机构

建立专门机构，负责合同的签订、审核，进行合同精神的传达，使合同管理覆盖

到整个项目。制定必要的合同管理制度。合同签订后，要制定必要的制度来保障合同的实施。

（3）重视合同文本分析

重视合同内容进行完备性分析和合法性分析，以避免合同出现问题而导致的成本损失。合同的合法性分析主要包括当事人是否具有资质、工程项目条件是否具备、审批文件是否齐全等；合同的完备性分析主要应注意合同条款是否有纰漏、用词是否准确无异意、有无考虑到不可预测因素的影响等。

（4）重视合同变更管理

合同变更即意味着存在变更索赔的机会，所以在工程实施中必须加强对合同变更的管理。

2. 机械的管理

随着公路施工技术的发展，以及公路等级的逐渐提高，施工对于机械设备的要求越来越高，必须建立完善的管理制度，以保障机械设备的供应和维护。机械设备在施工企业固定资产中占到总额的 75%~85%，对施工企业的施工进度、施工质量和工期都有着重要影响。机械设备的管理方面应注意做到：

（1）专人负责制

对于每台机械设备，除专人负责之外，都需要指定一名机长。机长对机械设备的使用状态和维护状态负责，并且工资与之挂钩。

（2）无缝交接制度

施工机械常常是换人不换机的多班作业制度。对于机械设备的交接班，必须做到无缝交接，以便分清责任，避免机械设备的管理出现漏洞。

（3）建立设备使用登记制度

对于机械设备的使用和维护，可以配备专门的登记卡簿，记录设备使用、维护的时间和执行人姓名。

（4）建立技术档案

建立包括使用设备说明书、使用参数、维护保养要求、修理技术参数、运行记录、配件消耗等资料的技术档案。

（5）加强操作人员的管理

加强设备操作人员的培训、培养和管理，实现人员管理与机械管理的有机统一。

（6）强化设备维护制度

对大型的设备，强化例行保养和预防保养相结合的保养制度、状态监测与定时维修的维修方式。

3. 物料的管理

在公路施工项目成本中，物料费用约占 60% 或更多。控制好物料费用，可以大幅降低工程总成本。做好物料成本的控制，首先要综合考虑供应价格和运输成本的因素，合理选择供货商；对于物料的存放，需要方便施工现场使用；对于物料的使用，要控制浪费，倡导节约。

（1）物料采购的招投标

招投标方式可以建立买方市场，有利于对供货商的比对、选择，可以有效降低物料采购成本。应当加强小批量物料的采购管理和地材地料的采购管理。

（2）明确划分采购权限

为了避免项目内部出现腐败现象，应当严格限制物料的采购权限。各种物料的采购权限根据项目需要分配，不允许"一把抓"的现象存在。

（3）加强物料采购计划管理

根据项目进行情况，制定物料采购计划。并确保其时效性，认真编制，精心策划，科学组织，统筹安排。

（4）加强运输管理

同等价位的情况下，就近就地选择物料供货商，以降低运输成本。选择最佳的物料运输方式以节约项目物料的运输成本，缩短装卸的等待时间，增加有效工作时间，提高车辆的运行率、装载率。

（5）控制物料使用的消耗量

作为有形的管理对象，物料的使用控制相对容易。对于物料使用严格管理，结合工程预算，制定物料使用量标准，按照定量限额发放。定期审查物料的领用情况是否符合标准。总之，只要定期对物料成本管理进行综合分析，加强物料采购管理，规范施工现场的物料使用，从来源、去向和过程上进行严格控制，降低物料成本并不难做到。

4. 工程竣工后的审查与反馈

竣工结算是工程造价成本控制的最后一关，严格把关可以及时挽回因质量缺陷或者施工过程缺陷造成的成本损失。工程验收人员应当在每个分项分部工程结束之后进行及时验收。对于不符合工程施工质量或者没有达到成本目标的，应当及时将相应问题反映至总工程师或者总会计师。对于发现的质量问题或成本差异，应当由总工程师或总会计师下达停顿整改，并进行审查，提出解决方案。

第三节　成本管理的目标

一、目标成本管理

所谓目标成本，是指企业在生产经营活动中某一时期或某一项目要求实现的产品成本额度。它是企业作为奋斗目标所要努力实现的成本，含有计划的性质。是根据生产要素的市场价格和项目实际制定的。目标成本管理的方法，一般是把企业的会计核算、业务核算、统计核算与现代管理方法（包括价值工程、数学分析和信息理论等）有机地结合起来加以运用。

目标成本的预测、决策、控制、分析和考核诸环节正是借助这些管理方法实现的，其管理形式是按照一定的程序循环往复持续地进行的，它的过程包括确定目标和组织实施两大部分，这两大部分又可分为四个步骤，即：目标成本预测、目标成本决策、目标成本控制、目标成本分解与考核四个步骤。结合企业项目成本管理的现状，在实践中我们探索了一些适合公路施工项目管理特点的成本管理方法，这种方法就是目标成本管理法。它能把人为的消极因素对成本的影响降低到最低程度，能把成本管理的责、权、利有机结合起来，调动全员参与成本管理的积极性。公路项目的目标成本管理不同于工业企业的目标成本管理。工业产品的销售价格是由企业和市场共同决定的，降低成本是取得竞争优势的手段之一，当市场价格不能保证企业的必要利润时，企业可通过各种手段进行调节甚至停止生产这种产品。对公路产品来讲，其价格完全是由市场决定的，其成本要根据成本构成要素进行分析计算，当计算的成本小于投标价格时，工程项目就有盈利的可能，当成本大于投标价格时，工程项目就会亏损。同时，项目的盈亏又受到各种主客观因素的影响，因此，必须对项目实施目标成本管理。

二、公路工程项目目标质量和目标周期

1. 公路项目的目标质量

公路工程的目标质量是公路工程完成后应达到的质量。公路工程的目标质量应是定量的，它的实现也应是可控的。公路工程目标质量的制定，为企业提供了一个关注的质量管理奋斗的方向。由于目标指出了预期的结果，从而可引导企业利用其资源达到这些结果。公路目标质量管理属于目标管理，它是采用目标管理的思想，按照目标管理的做法，促使企业的质量目标得以实现，并将该做法作为质量管理体系的一部分加以标准化和制度化。

对于公路工程项目的质量管理，企业领导应该为公路工程项目确定质量方针、制定公路目标质量；应当确保这些目标能够实现；并且应该将达到的结果与设定的目标相比较，发现问题及时予以改进。

2. 公路项目的目标周期

工程的目标周期是工程的预期周期。工程目标周期的确定，从项目的完工时间上为企业确定了一个最后的底线。项目所涉及的全体人员都要为达到这个目标而努力工作。同样，由于目标指出了预期的结果，从而有利于引导企业利用其资源达到这个结果。目标周期管理同样属于目标管理的范畴，它也是采用目标管理的思想，按照目标管理的做法，促使企业的工程进度目标得以实现。对于工程项目的工程进度管理，企业领导应该制订确保工程周期、加快工程进度的战略战策，并制定相应保证实施，通过这些措施来确保目标周期的实现。在工程实施过程中，还应及时将进度与设定的目标进度相比较，发现问题及时予以改进。

三、公路项目的目标成本的控制

目标成本的控制是按着核定的目标成本对过程进行指导、监督、调节和限制，及时纠正将要发生和已经发生的偏差，把各项成本控制在目标成本范围之内。目标成本的控制是优化成本管理的核心，目的是降低成本，提高效益。

（一）目标成本的全面控制

1. 开源节流

项目管理是一次性行为，其管理对象只有一个工程项目，且将随着项目建设的完成而结束其使命。在施工期间，项目成本能否降低，有无经济效益，得失在此一举，别无回旋余地，因此要全面控制，开源节流。全员参与并非抽象的概念，每人都关心，团队要群策群力，将施工的全过程纳入成本控制，科学管理，优化施工方案，提高劳动生产率，采取预防成本失控的技术组织措施，防止可能发生的浪费，以节约人力、物力、财力的消耗。

2. 充分做好施工准备

根据设计图纸和有关技术资料，对施工方法、施工顺序、作业组织形式、机械设备选型、技术组织措施进行研究分析，运用价值工程原理，拟定出科学先进、经济合理的施工方案。依据企业下达的目标成本，以分部分项工程实物工程量为基础，编制成本计划并按部门和班组分解，为目标成本控制做好准备。

3. 注重施工过程的控制

在施工期间，要实行并加强施工任务单和限额领料单的管理，做好每一个分部分项工程完工后的验收（包括实际工程量、工作内容和施工质量等）以及实耗人工、实耗材料的数量核对，以保证施工任务单和限额领料单的结算资料正确，为成本控制提供真实可靠的依据。利用图表将这些数据与目标成本对比，计算分部分项工程成本的差异，分析产生差异的原因，并采取有效的纠偏措施。正确核算月度成本，分析月度目标成本与实际成本的差异。在月度成本核算的基础上，实行责任成本核算。利用会计核算资料重新按责任部门或责任者归集成本费用，并与责任成本进行对比。定期检查成本控制情况，发现成本偏高或偏低情况，责任人要分析产生差异的原因，采取相应的对策来纠正差异。

4. 竣工验收阶段的管理

精心安排，干净利落地完成工程竣工收尾工作。避免拖拉以至施工机械、设备无法转移。配置合理的人力，避免人多窝工和人少将战线拉长。

（二）目标成本的控制步骤

公路工程项目目标成本的控制步骤一般有以下几个方面：

1. 确定成本费用的可控范围和责任人

按照成本属性，依据责任单位的控制区域和责权大小，划分和确定成本责任人。在项目部内，对施工项目成本划分为采购成本、生产成本和费用。采购成本包括项目部的材料采购、保管和供应，采购部门对所采购物资、材料的数量、质量、价格及其所承担的资金计划负责并承担责任。

生产成本包括各施工作业队、工班组、场内运输以及拌和站、预制场、修理和辅助加工等。各生产成本责任人只对其可控成本项目负责，如消耗的钢材、水泥、砂子、碎石、木材、水、电、人工费、机械使用费等。

费用包括企业内的和项目部内部的不进行生产、只提供一些专业管理服务且承担一定的费用计划指标的部门，包括质量、人力资源、财务、安全管理等耗费。按照"谁使用、谁承担"的原则，各费用责任人不能只花钱，也必须讲效益，讲效率，进行成本分析、效益分析。每季度自我对比检查各自费用计划的超支或节约情况，查找原因，提出改进措施，并做出下季度的费用开支方案。

2. 确定成本责任人后要明确责、权、利

公路施工企业的目标成本控制应以工班的生产成本为基础，以项目部为基本责任主体。要根据职能简化、责任单一的原则，合理划分可控成本范围，赋予工程项目部相应的责、权、利，实行责任成本包干。

3. 目标成本的分解

目标成本是施工项目在现有设计方案和施工环境下的成本控制标准，项目部要实现这个目标，还必须把它按照成本项目和经济责任的归属，进行分解归目，下达给相关责任人，层层落实。分解的目标成本中既要有人工、材料、机械台班等数量指标，也要有按照人工、材料、机械台班等的固定价格计算的价值指标。以便利于核算分析和基层操作。

目标成本可分解为标准数量和标准价格、控制价格三个方面。标准数量是设计中提供的形成工程实体的数量或各种物耗；标准价格就是制定目标成本时计算的综合价格或单项价格，分解时应考虑一定的控制量，这一控制量的大小由劳动的效率和施工环境等因素决定；控制价格是建立在本企业的先进水平基础上的。

4. 目标成本的执行

下达的目标成本就是各成本责任部门日常作业的成本上限，非方案变更（如地质条件变化）、不可抗力等因素的影响，各项成本不应突破，各成本责任部门必须采取提高效率、合理安排工序衔接、降低消耗等措施来力争成本目标的实现。

5. 差异分析

在执行过程中，由于方案变更、地质条件的变化、不可抗力等因素的影响，某项工序或工作的目标成本可能与实际发生较大偏差，在此种情况下，通过分析原因，提供相关的资料和数据，以便对此项偏差进行调整。

6. 偏差调整

通过对目标成本与实际的偏差分析并经过成本核算，可以反映施工耗费和计算工程实际成本，利用成本核算资料及其他相关资料，全面分析了解成本变动情况，系统研究影响成本升降的各种因素及其形成的原因，挖掘降低成本的潜力，正确认识和掌握成本变动的规律性。通过对标准成本的修正，可在执行过程进行有效的控制，及时发现和制止各种损失和浪费，为最终目标成本的制定、编制其他项目的目标成本提供重要依据。

（三）过程控制是目标成本控制的关键

1. 采购成本控制

采购成本控制是对项目部的材料采购计划、采购调查、采购实施、验收保管、发放使用等进行控制的过程。

（1）材料的采购成本控制

材料的采购成本涉及材料采购部门、材料保管部门、运输部门和材料的具体使用单位。其成本构成的主要环节是:材料的市场调查→材料质量检验→订货（付款方式等）→运输→验收→存放保管→发货搬运。要降低材料的采购成本，就必须把握构成材料成本的各个环节，尤其是尽可能不通过中间商，做尽可能进行详细的市场对比。

（2）材料采购成本的核算

对采购结果必须进行验收，采购与验收、保管、核算人员必须分开。核算员对采购的各环节所发生费用进行归纳，及时反映采购成本是否得到控制。

（3）周转材料的核算

周转材料是指各种外购和自行加工的不进入工程实体，可重复周转使用的材料。周转材料的核算必须有明确的摊销次数和摊销比例，由于其对项目的成本有较大影响，不合理的摊销将导致成本的虚增或虚降，因此应根据该材料的使用部位和施工时对其质量的要求，对不同的材料制定不同的摊销办法。由于公路项目质量要求的需要，各企业施工用周转材料的摊销次数在不断减少。

对特殊的周转材料，比如梁、柱模板是否能重复使用，是否能再利用都要充分研究，以便确定经济合理的制作数量和摊销办法。

2. 生产成本控制

生产成本按工程类型或作业内容的不同划分成若干个施工队或班组，各施工队或生产班组要建立作业台账，详细记录生产的消耗、工作量、质量及生产条件、工艺过程，进行投入产出计算，然后每月找出其中最好的和最差的，分析差异原因。

3. 费用控制

费用可归纳为行政性费用、业务类费用以及其他费用。行政性费用包括临时住房、食堂、管理人员工资奖金、招待费、日常交通工具使用保养费、差旅费、行政办公用品等；业务类费用主要是质量检验、安全生产、交工验收、工程资料以及业务活动中不可预见费用等。其他费用包括环境治理、宣传费等。

（四）公路项目成本管理的目标责任制

1. 注意的两个关键问题

（1）责任者责任范围的划分

工程项目项目经理部的管理人员都是成本目标责任制的责任者，但他们并不对施工项目的所有成本目标和总的目标成本负责，而是各有各的职责范围。

（2）责任者对费用的可控程度

在施工过程中，某种材料费用的控制往往由若干个责任体系共同负责，因此必须对该材料费按照其性能和控制主体来进行划分，以便分清各责任主体的控制对象和对其业绩进行考核。

2. 公路项目成本目标责任制的分解

成本目标责任制就是项目经理部将公路项目的成本目标，按管理层次进行再分解，分解为各项活动的子目标，落实到每一个职能部门和作业班组，把与公路项目成本有关的各项工作组织起来，并且与经济责任制挂钩，形成一个严密的成本管理体系。

第四节　成本的预测及计划

一、公路工程项目成本预测的方法

公路工程项目成本预测的方法有多种，对以下两种方法进行简介：

1. 专家会议法

专家会议法是组织施工项目成本管理有关方面的专家，运用专业知识和经验，针对预测对象，通过直观归纳，交换意见，预测工程成本。

2. 近似预测法

以近期同类施工项目的成本调查结果为参考依据，对工程建设项目的成本进行了预测，然后根据实际情况对结构和建筑上的差异进行了修正。下式是近似预测法模型：

对象工程总成本 = 参照工程单方成本 × 对象工程建筑面积 + 结构或建筑上不同部分的量 ×（对象工程该部分的单位成本 - 参照工程该部分的单位成本）

在此公式的使用中，对于参照工程有而预测对象工程没有的部分，对象工程该部分单位成本取为 0；反之，则参照工程该部分单位成本取为 0。

二、公路工程项目成本预测体系的构建

成本预测是成本计划的基础，为编制科学、合理的成本控制目标提供依据。因此，成本预测对提高成本计划的科学性、降低成本和提高经济效益，具有重要的作用。公路项目成本预测是使用科学的方法，结合中标价并根据公路项目的施工条件、机械设备、人员素质等对成本目标进行预测。主要包括以下内容：

1. 工料费用预测

（1）首先分析工程项目采用的人工费单价，再分析工人的工资水平及社会劳务的市场行情，根据工期及准备投入的人员数量分析该项工程合同价中人工费是否包含住宿。

（2）材料费占建安费的比重极大，材料费应作为重点予以准确把握，分别对主材、辅材、其他材料费进行逐项分析，重新核定材料的供应地点、购买价、运输方式及装卸费，分析定额中规定的材料规格与实际采用的材料规格的不同，对比实际采用配合比的水泥用量与定额用量的差异，汇总分析预算中的其他材料费，在混凝土实际操作中要掺一定量的外加剂等。

（3）机械使用费：投标施工组织设计中的机械设备的型号、数量一般是采用定额

中的施工方法套算出来的，与工地实际施工有一定差异，工作效率也有不同，因此需测算实际将要发生的机械使用费。同时，还需计算可能发生的机械租赁费及需新购置的机械设备费的摊销费，对主要机械重新核定台班产量定额。

2. 施工方案及相关费用变化的预测

（1）施工方案费用变化的预测

工程项目中标后，必须结合施工现场的实际情况制定技术上先进可行、经济上合理的实施性施工组织设计，结合项目所在地的经济、自然地理条件、施工工艺、设备选择、工期安排的实际情况，比较实施性施工组织设计所采用的施工方法与标书编制时的不同，或与定额中施工方法的不同，以据实做出正确的预测。

（2）辅助工程费的预测

辅助工程量是指工程量清单或设计图纸中没有给定，而又是施工中不可缺少的，例如混凝土搅拌站等，也需根据实施性施工组织设计做好具体实际的预测。

（3）大型临时设施费的预测

大型临时设施费的预测应详细地调查，充分地比选论证，从而确定合理的目标值。

（4）小型临时设施费、工地转移费的预测

小型临时设施费内容包括：临时设施的搭设，需根据工期的长短和拟投入的人员、设备的多少来确定临时设施的规模和标准，按实际发生并参考以往工程施工中包干控制的历史数据确定目标值。工地转移费应根据转移距离的远近和拟转移人员、设备的多少核定预测目标值。

三、风险对工程项目的影响及预测

在施工项目各个阶段的风险进行识别后，提出明确的风险管理目标对于进一步风险管理工作尤为重要。风险存在于工程项目的任何阶段、任何工序中，从风险的作用结果看，风险对工程项目的影响主要有以下几个方面。

1. 进度延误

由于风险因素作用的影响，使得工程局部进度滞后；严重的结果，还会使整个项目工期拖延。

2. 成本加大

由于风险的影响，工程消耗的人工、材料、机械费和管理费等间接费加大，利润减少。

3. 质量下降

由于原材料、施工组织、技术工艺和人的因素风险，造成工程质量水平下降，达不到质量目标。

4. 安全不能保证

在工程施工中，造成人身伤亡和机械设备的损坏，施工返工或工程实体损失。

5. 信誉下降

由于全面风险作用的影响，使得项目部在业主中的地位降低，信誉下降；严重的，还会遭到业主的处罚和承担法律责任。企业的社会信誉受到损害，在未来的投标中，影响极大。

除了对风险影响的因素分析外，还要对成本失控的风险进行预测。

（1）对工程项目技术特征的认识，如结构特征、地质特征等。

（2）对业主单位有关情况的分析，包括业主单位的信用、资金到位情况、组织协调能力等。

（3）对项目组织系统内部的分析，包括组织设计、资源配备、队伍素质等方面。

（4）对项目所在地的交通、能源、电力的分析。

（5）对气候的分析。

总之，通过对上述几种主要费用的预测，即可确定工、料、机及间接费的控制标准，也可确定必须在多长工期内完成该项目，才能完成管理费的目标控制。所以说，成本预测是成本管理的基础。

四、公路工程项目成本计划编制

公路项目成本计划就是目标成本。成本计划既是衡量公路项目管理班子施工生产经营业绩的尺度，又是通过目标分解，明确公路项目参与责任人员和作业人员对控制成本应承担责任的依据，所以编制成本计划是公路项目成本管理的重要步骤。项目成本计划编制一般按以下程序进行。

1. 有关资料收集整理

公路工程项目成本计划编制要对以下资料进行收集整理：

（1）施工图预算；

（2）施工组织设计、技术措施；

（3）施工工期网络计划；

（4）施工项目组织架构及人员配备计划；

（5）施工机械配备计划及进出场时间计划；

（6）工料分析表；

（7）市场调研报告，包括材料信息价、设备架料、模板租赁信息价、劳务价格信息；

（8）水电气的需用量计划及节能措施；

（9）上级下达的降低成本的要求；

（10）上期计划成本的执行情况。

2. 预测分析、计划编制及信息反馈

（1）预测分析

根据本企业或同类企业过去所实施的公路工程项目的结论指标，确定本公路工程项目的参照比例后确定成本预测数据，这种预测方法在公路施工企业中使用较为普遍，尤其是一般公路工程项目。这种以经验指标数据收集为支撑的成本预测方法，普遍有一定误差，但误差范围、幅度不大，有一定的实用性和可操作性。

（2）计划编制

在进行成本预测及成本趋势分析的基础上，优化施工组织设计和专项技术方案。在制定内部挖潜措施的基础上，编制计划成本作为对项目进行控制的依据，并签订目标成本管理合同。项目根据目标成本管理合同，在考虑内部挖潜的措施基础上，编制项目内部成本计划，并将各项目标成本进行分解落实到项目各级人员，作为项目各级人员成本控制的依据。

（3）信息反馈

通过会计核算的记录，及时反馈成本计划的执行情况。

3. 计划成本偏差及调整

成本计划编制并不是一次性完成的。在实施过程中，由于内外环境的变化，工程变更的发生，在执行期内，计划及时调整是正常的现象，引起成本计划调整的原因有以下几个方面。

（1）由于建设单位原因，工期不能按原计划进行，可能造成架料、模板和机械设备不能按计划进退场，应对上述费用做出相应调整。

（2）由于发生设计变更，出现工程量的增减，应对相关费用做出相应的调整。

（3）由于材料市场、劳务市场价格发生重大变化，应对计划成本做出调整。

（4）因其他一些未预见的因素发生而对成本造成较大影响的，可对计划成本做相应调整。

（5）由于项目自身管理上的原因，对成本造成较大影响的，这种情况不应对计划成本进行调整，而应由上级派员对项目经理进行指导，以改善其经营管理能力。

第五节　成本管理的过程控制

一、公路工程项目成本管理过程控制的重要作用

施工阶段的成本控制是工程成本控制的主要阶段，其目的是通过我们的严格管理过程控制最大限度地降低工程运营成本，为企业创造最大的利润。

现阶段公路施工企业承揽到的工程一般都是通过投标而获得的，因此确定的工程造价都是通过投标在竞争中形成的。通过竞争而拿到的工程造价往往都是低价的，利润空间都是很小的，而发包方所要求的条件又是很高的，发包方总是希望以最小的投资用最快的速度生产出最佳使用价值的固定资产，发包方总是要求工程的工期短、质量标准高、现场的文明施工管理要好等，而工程项目管理中的质量管理、工期管理、资源管理、合同管理等各方面无不受到成本管理的制约和影响，作为我们承包商对承揽到的工程要获得利润就只能通过提高我们的管理水平、提高施工技术水平以及最合理的资源配置，最大限度地降低我们的制造成本。现在我们做的如建立成本管理内部核算体系、工程项目管理体系等一系列工作的目的都是围绕以成本和利润为中心，施工阶段的成本控制要做好几个过程控制。

首先，在施工期间，要实行并加强施工任务单和限额领料单的管理，做好每一个分部分项工程完工后的验收（包括实际工程量、工作内容和施工质量等）以及实耗人工、实耗材料的数量核对，以保证施工任务单和限额领料单的结算资料证确，为成本控制提供真实可靠的依据。其次，利用图表将这些数据与目标成本对比，计算分部分项工程成本的差异，分析产生差异的原因，并采取有效的纠偏措施。再次，明确核算月度成本，分析月度目标成本与实际成本的差异。在月度成本核算的基础上，实行责任成本核算。利用会计核算资料重新按责任部门或责任者归集成本费用，并与责任成本进行对比。最后，定期检查成本控制情况，发现成本偏高或偏低情况，责任人要分析产生差异的原因，采取相应的对策来纠正差异。

二、公路项目成本费用控制的一般方法

1. 以施工图预算控制项目成本支出

在施工项目的成本控制中，可按施工图预算，实行"以收定支"，这是最有效的方法之一。具体控制方法如下：

（1）人工费的控制

项目经理与施工队签订劳务合同时，应以预算定额规定的人工费单价和合同规定的人工费补偿标准两者之和为基础，在考虑施工项目实际情况的前提下，适当降低上述标准，合理确定作业队的人工费单价，这样人工费就不会超支，并且留有一定余地，以备关键工序的需要和定额外人工费的奖励。

（2）材料费的控制

根据"量价分离"方法确定工程造价的需要，对材料费控制应从两方面进行，一是材料预算价格的控制，对钢材、木材、水泥等"三材"的价格应随行就市，实行高进高出，对地方性材料应以预算价格为基础控制其采购成本；二是材料消耗数量的控制，对施工中各种材料的耗用通过"限额领料单"进行控制。

（3）周转材料使用费的控制

施工图预算的周转材料使用费＝摊销量 × 预算价格

实际支出的周转材料使用费＝使用量 × 企业内部租赁单价

由以上公式可见，施工图预算的周转材料使用费和实际支出的周转材料使用费的计量基础和计算方式均不相同，需要以周转材料预算总费用来控制实际发生的周转材料使用费。

（4）施工机械使用费的控制

在施工图预算中：机械使用费＝工程量 × 预算定额台班单价

由于项目施工的特点，实际施工中机械的使用率往往达不到预算定额的取定水平，再加上预算定额中取定的施工机械原值和折旧率又存在较大的滞后性，因而施工图预算的机械费用常小于实际发生的费用，形成机械费超支。由于上述客观原因，就需要在洽谈合同时明确提出，取得甲方谅解后，在签订的合同中明确规定一定数额的机械费补贴，这样可用施工图预算的机械使用费加上机械费补贴来控制机械费实际支出。

（5）分包工程的控制

在签订分包合同时，必须以施工图预算控制分包工程的合同金额，绝不允许合同金额超过施工图预算，从而实现预期的成本目标。

2. 以施工预算控制施工中资源的消耗

项目资源消耗数量的表现就是项目成本，因此资源消耗的减少，就是项目费用的节约。控制了资源消耗，就等于控制了成本费用。以施工预算控制资源消耗的具体实施步骤如下：

（1）项目开工前，应根据设计图纸，按照规定计划规则计算工程量，并依据施工定额编制整个工程项目施工预算，作为指导和管理施工的依据。施工预算的分部分项工程划分，必须与施工工序吻合，以便与生产班组的任务安排和签发施工任务单相一致。在施工过程中，如发生工程变更或施工方法的改变，应由项目预算员对施工预算做统一调整和补充，其他人员不得任意修改或故意不执行施工预算。

（2）项目施工中对生产班组任务安排，必须签发施工任务单和限额领料单，并向生产班组进行技术交底。施工任务单和限额领料单的内容须与施工预算相符。在施工过程中，生产班组应对实际完成的工程量和实际耗用的人工、材料做好原始记录，作为施工任务单和限额领料单结算的依据。

（3）项目施工任务完成后，根据收回的施工任务单和限额领料单进行结算，并按结算支付报酬。为了严格按照施工任务单和限额领料单进行结算，必须对其认真的检查和核查，以保证准确性和真实性。

3. 建立项目资源消耗台账，实行中间控制

项目施工中资源消耗主要是人工、材料、机械设备的消耗。

（1）设置消耗台账格式

（2）填制材料消耗情况的信息反馈表

项目财务成本管理人员应在每月初根据材料消耗台账的记录，如实填写"材料消耗情况信息表"，并向项目经理和材料部门反馈。

（3）做好材料消耗的中间控制

由于材料成本在整个项目成本中占有很大比重，如果材料成本出现亏损，必然使项目成本控制陷入被动。因此项目经理必须对材料成本有足够的重视。项目经理和材料部门对收到的"材料消耗情况信息表"做好如下两方面工作：

根据本月材料消耗数，结合本月实际完成的工程量，分析材料消耗节超的原因，并制定材料节约使用措施，分别落实到有关人员和生产班组。

根据尚可使用数，结合施工的进度，从总量上控制下一步的材料消耗，而且必须保证有节约，这是实现施工项目成本目标的关键。

（4）运用成本与进度同步跟踪的方法控制分部分项工程成本

在项目实施过程中，成本与进度之间有着必然的同步关系，即施工到某个阶段，就应发生与之相对应的费用，否则就是出现了偏差，应及时分析原因并加以纠正。

三、基于挣值法的成本控制

挣值法，是一种综合了成本、进度计划、资源和项目绩效的方法，是通过对比建设工程实际进展情况与进度计划、实际投资完成情况与资金使用计划，确定工程进度是否符合计划要求，从而确定建设工程投资是否存在偏差的一种分析方法。

它是在某一给定的时间内，对计划完成的工作、实际赢得的收益、实际花费的成本进行比较，以确定成本与进度完成量是否按原计划进行。使用挣值管理方法，使每一个工序在完成之前就可以分析其成本偏差及趋势，为成本管理人员在后续工作中采

取正确的措施提供依据。挣值法是通过货币指标来度量建设工程的进度的，进而达到评估和控制风险的目的。引入挣值理论的目的是为了在公路工程实施过程中，准确地表示实际公路工程所发生的进度和计划的偏差。传统的偏差分析方法往往只侧重于某个方面进行比较，但是由于进度和成本之间的相互制约，这样得出的结论可能是错误的，而引入挣值法后可以克服过去进度、费用分开的缺点，即当发现费用超支时，很难立即知道是由于费用超出预算，还是由于进度提前。相反，当发现费用低于预算时，也很难立即知道是由于费用节省，还是由于进度拖延，而引入挣值法即可定量地判断进度、费用的执行效果。因此，有必要引进挣值管理法作为一种新的衡量标准，对项目的偏差进行比较客观、全面的判断。

挣值管理法所使用的三个基本参数：

（1）拟完工程计划投资——Budgeted Cost For Work Scheduled：拟完工程计划投资是指根据进度计划安排在某一确定时间内，所应完成的工程内容的计划施工成本——计划值。

拟完工程计划施工成本 = 拟完工程量（计划工程量）× 计划单位成本

（2）已完工程实际投资——Actual Cost of Work Performed：已完工程实际投资是指根据进度计划安排在某一确定时间内，已完工程内容的实际施工成本——实际成本。

已完工程实际施工成本 = 已完工程量 × 实际单位成本

（3）已完工程计划投资——Budgeted Cost of Work Performed：已完工程计划投资是指根据进度计划安排在某一确定时间内，已完工程内容的计划施工成本——挣值。

已完工程计划施工成本 = 已完工程量 × 计划单位成本 = 实际完成工程的百分比 × 该项工程的预算成本

第七章 公路工程施工现场管理

第一节 现场管理基本规定

项目经理部应在施工前了解清楚经过施工现场的地下构筑物，标注出其具体位置，并加以保护和妥善处理。施工中如果发现文物、古迹、爆炸物、电缆等，应当立即停止施工，采取措施保护好现场，并及时向有关部门报告，按照有关规定进行处理。

在施工过程中需要停水、停电、封路而影响环境时，应经有关部门批准，并事先告示。在行人、车辆通过的地方施工时，应当设置沟、井、坎、洞等覆盖物和标志。

项目经理部应对施工现场的环境因素进行分析，对于可能产生的污水、废气、噪声、固体废弃物等污染源应采取措施，进行严格控制。

施工产生的垃圾和渣土应堆放在指定地点，并定期进行清理。装载建筑材料、垃圾或渣土的运输机械，应采取防止尘土飞扬、撒落或流溢的有效措施。施工现场应根据需要设置机动车辆冲洗设施，冲洗的污水应进行处理。

除经批准符合规定的装置外，不得在施工现场任意熔化沥青、焚烧油毡等，也不得焚烧其他可产生有毒有害和刺激气味气体的废弃物。项目部经理应按规定有效地处理有毒有害物质，禁止将有毒有害废弃物当作回填材料。

施工现场的场容场貌管理，应符合工程施工平面图设计的安排和物料器具定位管理标准的要求，使施工现场达到整洁美观。

项目经理部应依据施工条件，按照施工总平面图、施工方案和施工进度计划的要求，认真进行所负责区域的施工平面图的规划、设计、布置、使用和管理。

施工现场的主要机械设备、脚手架、密闭式安全网与围挡、施工临时道路、施工模具、各种管线、施工材料制品堆场及仓库、土方及建筑垃圾堆放区、变电配电间、消火栓、警卫室以及现场的办公、生产和生活临时设施等的布置，均应符合施工平面图的要求。

在施工现场入口处的醒目位置，应设立公示牌。公示牌上应注明下列内容：①工程概况。②职业健康安全纪律。③防火须知。④职业健康安全文明施工规定。⑤施工平面图。⑥项目经理部组织机构及主要管理人员名单。

施工现场周边应按当地有关要求，设置围挡和相关的职业健康安全预防设施。危险品（如炸药、雷管等）仓库附近应有明显标志及围挡设施。

施工现场应设置畅通的排水沟（渠）系统，保持场地道路的干燥、平坦、坚实。施工现场的泥浆和污水未经处理不得直接排放。施工现场的有些地面应做硬化处理，有条件时可对项目经理部驻地进行绿化和美化。

第二节　施工现场的环境保护

一、施工现场环境保护基本规定

1. 项目经理部应当遵守国家有关环境保护的法律规定，采取措施控制施工现场的各种粉尘、废气、废水、固体废弃物以及噪声、振动对环境的污染和危害。

2. 施工现场在施工中所用的泥浆水，应按有关规定进行妥善处理，未经处理不得直接排入河流中。

3. 除经批准符合规定的装置外，不得在施工现场任意熔化沥青、焚烧油毡等，也不得焚烧其他可产生有毒有害和刺激气味气体的废弃物。

4. 在工程施工的过程中，尤其采用石灰稳定土路基时，应采用有效控制措施，防止石灰和尘土的飞扬。

5. 对于施工产生噪声、振动和排废气的施工机械，应采取有效控制措施，减轻对周围环境的影响。

6. 工程施工由于受技术、经济、设备等方面的各种限制，对环境的污染不能控制在规定范围内，项目经理部应会同业主事先报请当地建设行政主管部门和环境保护行政主管部门批准。

二、施工现场环境保护主要措施

1. 生态环境保护措施

具体如下：①对于开挖土方、回填土方过大的路段，施工应当避开雨期，并在雨期来临之前，将开挖、回填、弃土方的边坡处理完毕。②对于施工取土，要做到边开采、边平整、边绿化。同时还要做到计划取土、及时还耕。对于需要在公路两侧取土的，要根据实际情况做好规划，要有利于保护耕地。在南方地区公路工程的取土，要与修建养鱼、养虾池有机地结合起来，并与路基保持一定的距离，杜绝随意取土。③对于雨水较多的地区，在公路工程施工中，很容易出现边坡的崩塌、滑坡现象，因此凡是大面积护坡处需增设截水沟，有组织地排除雨水。④施工过程中，在可能产生雨水地面径流处开挖路基时，应设置临时性的土沉淀池以拦截泥沙，必要时在沉淀池的出水侧面设置土工布围栏，待公路建成后，将土沉淀池推平，并绿化或还耕。⑤对修筑好的路堤边坡应及时植草绿化，在修筑较高的挡土墙时，每隔一定距离栽植容易生存的灌木。⑥对于施工中的临时占地，应将原有土地表层耕作的熟土堆积一旁，待施工完毕再将这些熟土推平，恢复原土地表层。

2. 大气污染防治措施

具体措施如下：①公路工程施工的堆料场、灰土料拌和站等应设于空旷的地方，周围相距 200 m 的范围内不应有集中居民区、学校等。②在采用沥青路面的路段，沥青混凝土搅拌站的位置应选择适当，既要施工方便，又要符合卫生要求，卫生防护距离分级中规定的保护距离不少于 300 m 同时沥青混凝土搅拌站应设在离开居民区、学校等环境敏感点以外的下风向处，有条件的工程宜采用封闭式沥青熬化作业工艺。③在进行施工材料运输时，运输道路在干燥气候下应采取定时洒水降尘措施，对于一些粉状材料（如石灰粉、散水泥等），运输时应加以遮盖，卸料时应低位轻卸。

3. 水体污染防治措施

具体措施如下：①某些施工所用材料，如沥青、油料、化学品等不宜堆放在民用水井及河流湖泊的附近，防止雨水冲刷而进入水体。②施工单位的生活污水、生活垃圾、粪便等应集中处理，不能直接排入水体；施工管理区的生活污水等无法接入市政排水管网时，要建化粪池进行处理。③桥梁施工中的施工机械、船只要经过严格检查，防止出现油料泄漏。严禁将废油、施工垃圾等随意抛入水体中。

4. 施工噪声防治措施

具体措施如下：①当公路工程施工路段或工地距居民驻地距离小于 150 m 时，为保证居民夜间休息，应在规定的时间内停止施工，并提前张贴安民告示。②对于公路工程施工处附近的学校和单位，施工项目部应预先与他们商议，调整施工时间或采取其他措施，尽量减小施工噪声对教学和工作的干扰。③施工项目部要注意保养施工机械，使机械维持最低声级水平，安排工人轮流操作施工机械，减少工人接触高噪声的时间，对在高噪声声源附近工作时间较长的工人，可采取发放防声耳塞、头盔等保护措施，使工人进行自身保护。④对于施工机械产生的噪声，可采用吸声、隔声、隔振和阻尼等声学处理方法来降低噪声，使其符合规定的标准。

第三节 公路工程施工现场生产要素管理

一、劳动力组合

（一）劳动力配置的依据

1. 依据施工过程的组织实施需要进行劳动力配置。

（1）保证施工过程的连续性对劳动力的需要：施工过程是由各阶段、各工序组成的，在时间上是连续的。保持和提高施工过程的连续性，可以缩短施工周期，节省流动资金，可以避免已完工程在等待时可能引起的损失，对提高劳动生产率，具有很大的意义。因此，在配置劳动力时，必须从劳动力的素质和数量上保证满足施工过程连续性的需要。

（2）保证施工过程的协调性对劳动力的需要：施工过程的协调性是指在工程施工各阶段、各工序之间，在施工能力上保持一定的比例。协调性是保证施工顺利进行的前提，可以使施工过程中的人力和设备得到充分的利用，避免工程在各个施工阶段和工序之间由于劳动力不足、失调而产生停顿和等待，从而缩短施工周期。因此，劳动力配置时，必须从劳动力的素质和数量上保证满足施工过程协调性的需要。

（3）保证施工过程的均衡性对劳动力的需要：施工过程的均衡性也称施工过程的节奏性，是指各个施工环节工作负荷保持相对稳定，工作量比较均衡，不出现时紧时松或者前松后紧等现象。均衡施工能充分利用设备和工时，保证正常的施工秩序、施工质量、除低成本。因此，劳动力配置时，必须从劳动力的素质和数量上保证满足施工过程均衡性的需要。

（4）保证施工过程经济性的要求：施工过程的连续性、协调性、均衡性的实施效果如何，最终通过施工项目的经济效益反映出来。因此，劳动力配置时，必须从劳动力的素质和数量上合理搭配，整个项目综合平衡，保证满足整个施工项目的经济性。

2. 依据施工进度计划要求进行劳动力配置

施工进度计划对将要实施的工程项目的各个工序进行了时间规定。施工进度图一般以横道图、直方图、网络图表示，劳动力配置数量、类别因根据施工进度计划确定，当劳动力队伍配置不合理时应对施工进度计划作适当的优化，最终根据优化的施工进度计划确定劳动力配置。

（二）劳动力的组织

劳动力的组织形式根据施工工程的性质、特点、规模、技术难度、工期要求及施工条件等确定。公路工程劳动力组织形式一般表现为工程施工队、专业班组、混合班组。根据施工项目性质不同，可以设置土方施工队、路面施工队、桥梁施工队、隧道施工队、小型结构物施工队等；施工队根据施工工程内容配置不同数量的班组，如钢筋班、模具班、机务班等；各专业班组根据施工量大小配置不同数量、不同类型的劳动力。

（三）公路工程主要施工过程的劳动力组合

1. 材料的装卸与运输。运输车辆司机、装卸工、机械操作工起重工。

2. 路基工程。

（1）土石方开挖：机械操作人员、运输车辆司机、工长、爆破工和普工。

（2）路基填筑：机械操作人员、运输车辆司机、工长和普工。

（3）公路路面施工：拌和设备操作人员、装载机操作人员、运输车辆司机、摊铺机操作人员、压路机操作人员、普工、交通管理人员、指挥人员和工长。

（4）结构工程施工：

①钻孔灌注桩施工：钻孔机械操作人员、普工和工长。

②混凝土施工：木工、混凝土工、普工和工长。

③钢筋施工：钢筋工和电焊工、工长。

二、现场材料管理

（一）材料管理的作用

1. 公路工程施工用材料数量大、品种多、规格复杂、材料消耗不具有连续性，是施工管理的难点，同时工程施工消耗的材料费用多数占工程造价的一半以上。

2. 材料管理的最终目的是控制材料成本，对施工过程中涉及材料的各个环节进行管理。由于材料费多数占工程成本一半以上，因此，对材料费成本的控制是公路施工企业成本控制的重点，加强现场材料成本控制是降低工程施工成本、提高经济效益的重要环节。

（二）材料管理的过程控制

1. 购入原价（材料原价）的控制。材料购入原价是材料费的重要组成部分，特别是钢材、木材、水泥、沥青四大材的比重很大，物资人员熟悉各类物资产品标准和市场行情是避免购入质次价高材料的基本要求。

2. 运杂费的控制。运杂费是材料自供应地至工地仓库、料场的费用，其不包括材料工地后场内运输、二次倒运、超定额操作的费用。运杂费对于某些材料占供料成本的比重也很大，控制运杂费的发生环节、减少支出也是降低供料成本的重要途径。在保证质量的前提下，如何挑选运价低、运距短的供料方以及减少运输中的存囤、包装等都是降低材料运杂费的重要措施。

3. 场外运输损耗的控制。公路概预算编制办法规定了某些材料的场外运输损耗率，为了减少这部分的成本，物资人员要加强收料计量，完善工地计量手段，控制收料损耗。

4. 采购及保管费的控制。采购及保管费是指材料部门在组织采购供应和保管过程中所发生的费用，主要包括工地和各级材料管理人员的开支以及采购保管费、仓库材料储存损耗等，预算中原材料的采购保管费率为 2.5%，外购设备构件的采购保管费率为 1%。

三、机械设备的配置与组合

（一）合理配置施工机械

1. 目的。

公路施工机械化与管理研究机械的施工配置及合理运用施工机械，是为了达到提高机械作业的生产率、降低机械运转费用和延长机械使用寿命的目的。在组织机械化施工时，要注意分成几个系列的机械组合，同时并列施工，这样可以减少当组合中某一台机械发生故障而造成全面停工的现象。

2. 选择施工机械的原则。

（1）施工机械选择的一般原则：①适应性：适应性指施工机械要适应用于工程的施工条件和作业内容。如工地的气候、地形、土质、场地大小、运输距离、工程规模等。②先进性：新型的施工机械具有高效低耗、性能稳定、安全可靠、质量好等优点，更能保质保量地完成公路施工任务。③通用性和专用性：选用施工机械时要全面考虑通用性和专用性。尽可能用一种机械代替一系列机械，减少作业环境，扩大机械使用范围，提高机械利用率，方便管理和维修。

（2）使用机械应有较好的经济性：机械产品的性能价格比是用户首先考虑的具体问题之一，机械类型选定后，必须细致调研具体产品的运转可靠性、维修方便程度和售后服务质量。

（3）合理的机械组合：合理的机械组合包括机械技术性能的合理组合和机械类型及其台数的合理组合。机群的合理规模由工程量、工期要求和机群的作业能力几方面的因素决定，机械组合要注意牵引车与配置机具的组合、主要机械和配套机械的组合。在组合机械时，力求选用统一的机型，以便维修和管理，从而提高公路施工的水平。

（4）利用与更新：在选用施工机械时，应根据工地的实际情况，既要充分利用现有机械，又要注意机械的更新换代，加强技术改造，以求达到技术上合理、经济上有利，不断提高机械的利用率。

（5）安全而不破坏环境：选择的机械在施工作业过程中必须保证工程施工质量要

求，保证作业质量，同时，不应破坏环境，不会对环境产生明显的不利影响。

3. 施工机械需要量的确定

施工机械需要数量是根据工程量、计划时段内的台班数、机械的利用率和生产率来确定的。

对于施工期长的大型工程，常以年为计划时段。对于小型和工期短的工程或特定在某一时段内完成的工程，可根据实际需要选取计划时段。

（二）路基工程主要机械设备的配置

1. 设备种类。路基工程施工设备主要包括推土机、装载机、挖掘机、铲运机、平地机、压路机、凿岩机以及石料破碎和筛分设备，根据工程的作业要求，选择不同的机械设备。

2. 根据作业内容选择施工机械。

（1）对于清基和料场准备等路基施工前的准备工作，选择的机械与设备主要有：推土机、挖掘机、装载机和平地机等；遇有沼泽地段的土方挖运任务，应选用湿地推土机。

（2）对于土方开挖工程，选择的机械与设备主要有：推土机、铲运机、挖掘机、装载机和自卸汽车等。

（3）对于石方开挖工程，选择的机械与设备主要有：挖掘机、推土机、移动式空气压缩机、凿岩机、爆破设备等。

（4）对于土石填筑工程，选择的机械与设备主要有：推土机、铲运机、羊足碾、压路机、洒水车、平地机和自卸汽车等。

（5）对于路基整型工程，选择的机械与设备主要有：平地机、推土机和挖掘机等。

（三）路面基层施工主要机械设备的配置

1. 选型及组合原则。该原则具体为：①达到计划生产量确保工期。②充分利用主机的生产能力。③主体机械与辅助机械及运输工具之间的工作能力要保持平衡，使机群得到合理的配合利用。④进行比较和核算，使机械设备经营费用达到最低。

2. 机械配置。机械配置具体为：①基层材料的拌和设备：集中拌和（厂拌）采用成套的稳定土拌和设备，现场拌和（路拌）采用稳定土拌和机。②摊铺平整机械：摊铺平整机械包括拌和料摊铺机、平地机、石屑或场料撒布车。③装运机械：装载机和运输车辆。④压实设备：压路机。⑤清除设备和养生设备：清除车、洒水车。

（四）沥青路面施工的机械配置和组合

1. 沥青混凝土搅拌设备的配置。

（1）沥青混合料拌和厂：沥青混合料拌和厂一般包括原材料存放场地、沥青贮存及加热设备、搅拌设备、试验室及办公用房。选择厂址不仅要确定场地面积，还要满足拌和对供电和给排水的要求。所用矿料符合质量要求，贮存量应为平均日用量的 5 倍，堆场应加遮盖，以防雨水；矿料和沥青贮量应为平均日用量的 2 倍。

（2）高等级公路：一般选用生产量高的强制间歇式沥青混凝土搅拌设备。高等级公路路面的施工机械应优先选择自动化程度较高和生产能力较强的机械，以摊铺、拌和为主导机械并与自卸汽车、碾压设备配套作业，进行优化组合，使沥青路面施工全部实现机械化。

（3）沥青路面：大面积施工前，确定生产配合比，采用计划使用的机械设备和混合料配合比铺筑试验段。拌和设备启动前要拉动信号，使各岗位人员相互联系，确认准备就绪时才能合上电闸。

（4）待各部门空运转片刻，确认工作良好时，才可开始上料，进行负荷运转。沥青混合料应按设计沥青用量进行试拌，试拌后取样进行马歇尔试验，并将其试验值与室内配合比试验结果进行比较，验证设计沥青用量的合理性，必要时可做适当调整。

（5）间歇式拌和。设备每盘拌和时间宜为 30~60 s，以沥青混合料拌和均匀为准；沥青的加热温度宜为 130℃~160℃，加热不宜超过 6 h，不宜多次加热；砂石加热温度为 140℃~170℃；矿粉不加热；沥青混合料出厂温度宜控制在 130℃~160℃。

（6）沥青混合料用自卸汽车运至工地，车厢底板及周壁应涂一薄层油水混合液；运输车辆上应覆盖，运至摊铺地点的沥青混合料温度不宜低于 130℃。

2. 沥青混凝土摊铺机的配置。

通常每台摊铺机的摊铺宽度不宜超过 7.5 m，可以按照摊铺宽度确定、选用摊铺机的台数，调整与选择摊铺机的参数，摊铺机参数包括结构参数和运行参数两大部分。

3. 沥青路面压实机械配置。

沥青路面的压实机械配置有光轮压路机、轮胎压路机和双轮双振动压路机。

（五）水泥混凝土路面施工主要机械设备的配置

1. 设备种类。

水泥混凝土路面施工设备主要有混凝土搅拌楼、装载机、运输车、布料机、挖掘机、吊车、滑模摊铺机、整平机、拉毛养生机、切缝机、洒水车等。

2. 根据施工方法配置施工机械。

(1)滑模式摊铺施工：①水泥混凝土搅拌楼容量应满足滑模摊铺机施工速度 1 m/min 的要求。②高等级公路施工宜选配宽度为 7.5~12.5 m 的大型滑模摊铺机。③远距离运输宜选混凝土罐送车。④可配备一台轮式挖掘机辅助布料。

（2）轨道式摊铺施工：除水泥混凝土生产和运输设备外，还要配备卸料机、摊铺机振捣机、整平机、拉毛养生机等。

（六）桥梁工程施工主要机械设备的配置

1. 通用施工机械。①常用的有各类吊车、各类运输车辆和自卸车等。②桥梁混凝土生产与运输机械，主要有混凝土搅拌站、混凝土运输车、混凝土泵和混凝土泵车。

2. 下部施工机械。

（1）预制桩施工机械：常用的有蒸汽打桩机、液压打桩机、振动沉拔桩机、静压沉桩机等。

（2）灌注桩施工机械：根据施工方法的不同配置不同的施工机械。灌注桩施工机械分类：①全套管施工法：相应配置全套管钻机。②旋转钻施工法：相应配置有钻杆旋转机和无钻杆旋转机（潜水钻机）。③旋挖钻孔法：相应配置旋挖钻桩机。④冲击钻孔法：相应配置冲击钻机。⑤螺旋钻孔法：相应配置螺旋钻孔机。

3. 上部施工机械。上部施工机械分类：①顶推法：主要施工设备有油泵车、大吨位千斤顶、穿心式千斤顶、导向装置等。②滑模施工方法：主要施工设备有滑移模架、卷扬机油泵、油缸、钢模板等。③悬臂施工方法：主要施工设备有吊车、悬挂用专门设计的挂篮设备。④预制吊装施工方法：主要施工设备有各类吊车或卷扬机、万能杆件、贝雷架等。⑤满堂支架现浇法：主要施工设备有各类万能杆件、贝雷架和各类轻型钢管支架等。

（七）隧道工程施工主要机械设备的配置

1. 不同施工方法的机械配置。由于隧道的类型不同，使用的施工机械也不相同，有的隧道用一般的土石方机械即可施工，有的隧道需专用施工机械，如使用全断面掘进机（TPM）、臂式掘进机（EPB）、液压冲击锤等。盾构法施工盾构的形式多样，按开挖方式的不同，可分为手工挖掘式、半机械挖掘式、机械化挖掘三种；机械化盾构有多种形式，主要有刀盘式、行星轮式、铲斗式、钳爪式、铣削臂式和网格切割式，所以根据施工方法的不同需配置不同的设备，这里主要介绍暗挖施工法的机械配置。

2. 暗挖施工法机械配置。①钻孔机械：风动凿岩机、液压凿岩机、凿岩台车。②装药台车。③找顶及清底机械。④初次支护机械：锚杆台车、混凝土喷射机、混凝土喷射机械手。⑤注浆机械（包括钻孔机、注浆泵）。⑥装渣机械（包括轮胎式、履带式装载机、扒爪装岩机、耙斗式装岩机、铲斗式装岩机）。⑦运输机械（包括自卸汽车、矿车）。⑧二次支护衬砌机械：模板衬砌台车（混凝土搅拌站、搅拌运输车、混凝土输送泵）。

四、施工场地要求

（一）总体规划

根据施工项目的施工环境，合理选择项目经理部的临建场地，做好项目经理部施工现场管理的总体策划和部署，确定设备停放场地、料场、仓库、办公室和预制场地等的平面布置。

认真做到文明施工，安全有序，整洁卫生。各分包人严格执行并接受监督、管理与协调。按照施工方案和施工进度计划的要求，结合施工条件，项目经理部必须认真进行施工平面图的规划设计，根据施工阶段的需要，分别设计阶段性施工平面图。项目经理部应严格按照审批的施工平面图布置主要施工机械设备，施工临时道路，供水、供电管道，施工材料制品堆场及仓库，现场的办公、生产和生活临时设施等。施工现场的排水沟渠系统应畅通，工地临时地面做硬化处理。

（二）规范场容

1. 注重环境保护。项目经理部应根据《环境管理体系标准》（GB/T24001—2016）建立项目环境监控体系，采取环境保护措施，施工现场泥浆和污水未经处理不得直接排入河流、湖泊和城市排水设施。除去符合规定的装置外，不得在施工现场熔化沥青和焚烧油毡、油漆等可产生有毒有害烟尘和臭气的物品。禁止将有害物当作土方回填，建筑垃圾、渣土应在指定地点堆放。在居民和单位密集区域进行爆破、打桩等施工作业前，施工中需要停水、停电时，项目经理部应按规定申请批准，并向受影响范围的居民和单位通报说明。因封路影响环境时，必须经有关部门批准，事先告示。在行人、车辆通行的地方施工，应当设置沟、井、穴覆盖物和标志。

2. 防火保安。严格按照《中华人民共和国消防法》的规定，建立和执行防火管理制度，设置符合要求的防火报警器和固定式灭火系统，现场必须有满足消防车出入和行驶的道路。根据需要，施工现场设置警卫，施工现场的工作人员应当佩戴证明其身份的证卡。施工现场的通道、消防出入口，均应有明显标志。

3. 卫生防疫及其他事项。施工作业区与办公区应明确分区，施工现场不宜设置宿舍。现场应准备必要的医务设施，在办公室的显著位置应张贴急救车和有关医院的电话号码，根据需要采取防暑降温和消毒措施。项目经理部应进行现场节能管理；现场的食堂、厕所应符合卫生要求；现场应设置饮水设施。

4. 公示标志。①工程概况牌：工程规模、性质、用途、发包人、设计人、承包人和监理单位的名称及施工起止年月等。②安全纪律牌。③防火须知牌。④安全无重大事故计时牌。⑤安全生产、文明施工牌。⑥施工总平面图。⑦项目经理部组织架构的主要管理人员名单图。

第四节 施工现场的管理优化

施工企业如果想在日趋激烈的市场竞争中获得应得份额，就必须优化现场管理。从某种意义上说，现场管理优化水平代表了企业的管理水平，也是施工企业生产经营建设的综合表现。因此，施工企业应该内抓现场外抓市场，以市场促现场，用现场保市场，并在此基础之上，不断优化现场管理。

一、优化公路工程现场管理的基本原则

优化公路工程现场的管理，主要应遵循经济效益的原则、科学合理的原则和标准化规范化原则。

1. 经济效益原则。施工现场管理一定不能只抓进度和质量而不计成本和市场，从而形成单纯的生产观和进度观。项目部应在精品奉献、降低成本、拓展市场等方面下功夫，并同时在生产经营诸要素中，时时处处精打细算，力争少投入多产出，坚决杜绝浪费和不合理开支。

2. 科学合理原则。施工现场的各项工作都应当按照既科学又合理的原则办事，以期做到现场管理的科学化，真正符合现代化大生产的客观要求。还要做到操作方法和作业流程合理，现场资源利用有效，现场定置安全科学，促使员工的聪明才智能够充分发挥出来。

3. 标准化规范化原则。这是对施工现场最基本的管理要求。事实上，为了有效而协调地进行施工生产活动，施工现场的诸要素都必须坚决服从一个统一的意志，克服主观随意性。只有这样，才能从根本上提高施工现场的生产、工作效率和管理效益，从而建立起一个科学而规范的现场作业秩序。

二、公路工程现场管理优化的主要内容

优化施工现场管理的主要内容有施工作业管理、物资流通管理、施工质量管理及现场整体管理的诊断和岗位责任制的职责落实等。通过对上述施工现场的主要管理内容的优化，来实现施工现场管理的优化目标。

1. 以市场为导向，为用户提供最满意的工程精品，全面完成各项生产任务。

2. 彻底消除施工生产中的浪费现象，科学合理地组织作业，真正实现生产经营的高效率和高效益。

3. 优化人力资源，不断提高全员的思想素质和技术素质。

4.加强定额管理，降低物耗及能耗，减少物料压库占用资金现象，不断降低成本。

5.优化现场协调作业，发挥其综合管理效益，有效地控制现场的投入，尽可能地用最小的投入换取最大的产出。

6.均衡地组织施工作业，实现标准化作业管理。

7.加强基础工作，使施工现场始终处于正常有序的可控状态。

8.文明施工，确保安全生产和文明作业。

三、公路工程现场优化管理的主要途径

1.以人为本，优化施工现场全员的素质。现场管理的复杂性和艰巨性突显了规章制度的局限性。庞杂的施工现场、众多的工种和岗位、越来越短的工期及不断压缩的管理层，使得管理者不可能做到时时监督、处处检查。因此，优化施工现场的根本就在于坚持以人为本的科学管理，千方百计调动、激发全员的积极性、主动性和责任感，充分发挥其加强现场管理的主体作用，重视现场员工的思想素质和技术能力的提高。

2.以班组为重点，优化企业现场管理组织。班组是企业现场管理的保证，班组也是施工企业现场管理的承担者。班组的活动范围在现场，工作对象也在现场，所以，加强现场管理的各项工作都要无一例外地通过班组来实施，抓好班组建设就是抓住了现场管理的核心内容。因此，优化施工现场管理组织必须以班组为重点。

3.以技术经济指标为突破口，优化施工现场管理效益。质量与成本是企业的生命，也是企业的效益。任何时候市场都只会钟情于质优价廉的产品，而质优价廉的产品需要严格的现场管理来保证。否则，企业将因为产品质量与成本问题而难以再开拓新的市场，从而影响企业的市场占有率和经济效益。

第八章 公路工程施工安全管理

第一节 公路施工安全事故致因分析

一、公路施工安全事故的主要类型

广泛的事故定义：导致死亡、职业相关病症、伤害、财产损失或其他损失的意外事件。本章所涉及的施工安全事故是指在正常的施工条件下，由于施工企业自身管理组织不善等原因，在工程施工过程中发生的人员伤害或死亡的意外事件。公路工程施工是一个复杂的人、机、环境系统，具有点多、线长、建设周期长、受自然条件影响大等特点，安全事故频发，且安全事故主要是由施工环境、管理、作业人员、机械设备和材料等方面的原因引起。

有关统计资料表明，公路施工发生的安全事故具有发生部位、发生类型的规律性和重复性特征。在我国公路施工中，施工安全事故主要有以下9种事故类型：（1）高处坠落；（2）坍塌事故；（3）物体打击；（4）机械事故；（5）车辆伤害；（6）触电事故；（7）火灾爆炸；（8）烫伤事故；（9）中毒窒息。其中高处坠落事故、施工坍塌事故、物体打击事故、机械伤害、车辆伤害、触电事故这六种事故类型在公路施工中最为常见。

二、公路施工安全事故致因分析

（一）人的因素

人的因素主要是指导致事故发生的人的不安全行为。人的不安全行为又称为人的失误，是指人为地使公路施工系统发生故障或发生性能不良等事件，违背设计和操作规程的错误行为，也就是能造成事故的人的失误。人的心理、生理、自身技能知识和周身的环境都能造成人的不安全行为发生。按国家标准《企业职工伤亡事故分类标准》，人的不安全行为的表现形式可分为13类，如下所示：

1.操作失误、忽视安全和警告标志信号等：

2. 造成安全装置失效；

3. 使用不安全设备；

4. 手代替工具操作；

5. 物资存放不当；

6. 冒险进入危险场所；

7. 攀爬不安全位置；

8. 在起吊物下作业、停留；

9. 在机械运转时进行检查、维修、保养等工作；

10. 工作时注意力分散不集中；

11. 没有正确使用个人防护用品、用具；

12. 穿戴不安全装束；

13. 对易燃易爆等危险品处理失误。

（二）物的因素

在公路施工过程中，物的因素是指物的不安全状态，即指机械设备、施工物资等明显地不符合安全要求的状态，也是事故发生的直接因素之一。物的不安全状态主要有物（包括机械设备、设施、工具等）本身存在的缺陷、安全防护方面的缺陷、物的存放方法的缺陷、施工作业方法导致的物的不安全状态和安全信号、标志及其缺陷等。

所有的物的不安全状态，背后都隐藏着人的不安全行为或人失误，与人的不安全行为或人的操作、管理失误有不可分割的联系。物的不安全状态既反映了物的自身特性，又反映了人的素质和人的决策水平，施工企业通过对施工全体人员和施工物资采取相应的安全技术措施和安全管理措施，可以有效地控制物的不安全状态，预防与消除安全事故。

（三）环境的因素

环境因素指的是施工现场周边环境的不良状态。不良的公路施工环境不仅会影响人的行为，同时也会对施工物资等产生不良的作用，导致施工安全事故的发生。众所周知，公路建设工程施工作业的显著特点是露天作业、工序繁多、交叉作业现象多、机械化和半机械化作业程度相对较低、使用的材料种类多等等，诸多可变因素都有可能对作业环境产生影响，甚至产生重大影响，以致影响安全生产。

安全事故的发生都是由人的因素和物的因素共同作用直接导致的，而施工环境是安全事故发生的背景条件，客观上影响了事故隐患的发生和发展，通过使人的因素和物的因素产生时空交叉，从而影响安全事故的发生。例如，整洁、有序的施工现场发生事故的概率肯定较之杂乱的现场低，如果在施工现场存在施工材料和机械设备的乱摆放、生产及生活用电私拉乱扯等情况，这不仅给公路施工工作带来了不便，同时也会引起从业人员的烦躁情绪，进而可能会导致从业人员的操作失误，导致施工安全事故的发生，所以环境的因素也是事故发生的直接原因，它通过对人和物的影响对事故的发生起到重要作用。

另外，在公路施工中，如果遇到不利于公路施工的天气环境或地质环境，也容易引起安全事故的发生。同时人文环境也是一个不容忽视的因素，如果施工企业形成了良好的安全氛围，甚至形成了企业的安全文化，那么在这样的环境下进行公路施工作业，安全事故发生的概率将大大降低。

（四）管理的因素

人的不安全行为和物的不安全状态，往往只是安全事故发生的表面原因，深入分析可以发现，安全事故的根源在于施工企业安全管理的缺陷，因此采取适当的安全管理措施可以把人的因素、物的因素和环境因素对安全事故发生影响的程度减少到最低。

导致安全事故的管理因素主要包括以下方面：企业领导层对施工安全不重视、安全意识薄弱，安全管理机构不完善、职责不明确，安全管理制度不健全，施工组织、安全操作规程、安全技术措施不健全或不合理，安全投入和教育培训力度不足不够，安全隐患排查整改不彻底等。

需要说明的是，在公路施工过程中，从业人员过失、施工机械失控、环境突变、安全管理不到位等方面的因素并不是孤立存在的，它们之间存在一定的相互影响和交互作用，共同构成了公路施工安全事故的环境条件。

第二节　公路施工危险源的辨识

危险源是指可能导致从业人员伤亡或财产损失的潜在的不安全因素，而危险源辨识就是识别危险源并确定其特性的过程，是事故预防、安全评价的基础，为公路施工的安全管理工作提供了帮助。

一、危险源的构成要素与分类

根据事故致因分析，归纳总结危险源的构成要素、辨识程序、辨识方法等，为进一步实施危险源的管理控制提供技术支持。

（一）危险源的构减要素

根据危险源的定义，危险源是导致一切安全事故的起因，应具有三个基本要素：（1）潜在危险性；（2）存在条件；（3）触发因素（包括人为因素、自然因素和管理因素）。

（二）危险源的理论分类

根据《生产过程危险和有害因素分类与代码》将公路施工过程中存在的危险源分为 6 大类、37 个小类。

另外，《企业职工伤亡事故分类》按照导致事故发生的原因和伤害方式对危险源进行了分类，把上述的 20 种事故类型定为 20 类危险源。

实际上，在公路施工过程中，鉴于危险源种类繁多，且在导致事故发生和事故危害程度所起的作用很不相同，难以对其全部概括罗列，所以依据能量意外释放理论，根据危险源在事故发生、发展中的作用，把危险源分为第一类危险源和第二类危险源两大类。

在事故的发生过程中两类危险源相互依存、相辅相成，共同作用导致安全事故的发生。第一类危险源是指为可能发生意外释放的能量或危险物质。它是事故发生的前提，决定了发生事故后果的严重程度，在公路施工安全系统中，是不可避免且无法完全消除的存在。

第二类危险源是指导致能量或危险物质约束或限制措施破坏或失效的各种因素。它决定了事故发生的可能性大小，主要包括物的故障、人的失误和环境因素等三种类型。

通过对工程项目中危险源进行分析，可以确定公路施工中存在的危险源类别。

二、危险源的辨识

危险源辨识是危险源控制的基础，是危险源控制的关键措施之一，为危险源控制提供保障。危险源辨识的内容主要包括以下方面：工作环境；平面布局；运输线路；施工工序；施工机具、设备；有害作业部位；各种设施等。

（一）危险源辨识的程序

1. 分析系统的确定

危险源的辨识需要在特定的系统内进行，所以在进行危险源调查之前，首先确定所要分析的系统，然后全面辨识整个系统内所有的活动，把总系统逐级分解为子系统，以利于危险源的辨识。

2. 危险源的调查

在系统分析和分解完成后，针对系统进行危险源调查，即对公路施工系统中的机械设备及施工材料情况、作业环境情况、施工操作情况、安全管理防护情况等进行统计调查，实施危险源的初始辨识，明确系统中危险源主要有哪些类别，重大危险源是哪些。

3. 危险区域的界定

危险源一旦引发事故，它会有一个影响的范围，以危险源点为核心加上防护范围即为危险源区域。企业可以通过以下三种方法界定危险源区域：①按危险源是固定还是移动；②按危险源是点源还是线源；③按危险作业场界定。

4. 存在条件的分析

由于存在条件不同，一定数量的危险物质或一定强度的能量被触发转换为事故的可能性大小不同，所引发事故的危险程度也不同。因此存在条件及触发因素的分析是危险源辨识的重要环节。

危险源存在条件分析主要是针对第一类危险源，由于第一类危险源是固有存在的，在一定的触发条件下，这类危险源可能导致安全事故的发生。

5. 触发因素的分析

危险源只有在一定的触发条件下，才会发生安全事故。在公路施工系统中，触发因素可分为人为因素和自然因素。人为因素包括个人因素和管理因素，而自然因素是指引起危险源转化的各种自然条件。

触发因素主要来自第二类危险源，管理失误导致的人的失误是最大的触发因素。对危险源的触发因素加以研究分析，降低人为失误，减少触发因素，就可以减少系统危险性，有效提高安全管理水平，从而最大限度地减少安全事故的发生。

6. 潜在危险分析

危险源转化为事故后释放出相应的能量和危险物质，因此危险源的潜在危险性可用能量的强度和危险物质的量来衡量。危险源的能量强度越大、危害物质的危害性越强，表明危险源潜在危险性越大，因此危险源的危险性可以用危险源的物质量来描述。

7. 危险等级划分

危险源的等级划分实质上就是对危险源的评价。危险源的等级划分一般按危险源在触发因素作用下转化为事故的可能性大小与发生事故的后果的严重程度划分，即根据危险源的潜在危险性大小、控制难易程度、事故可能造成损失情况进行等级评价划分。

（二）危险源的辨识方法

1. 直观经验法

直观经验法适用于以往经验可以借鉴的危险源辨识过程，不适用于没有可供参考先例的新系统。直观经验法作为危险源辨识中常用的方法，其优点是简便、易行，缺点是受辨识人员知识、经验和占有资料的限制，可能出现遗漏。直观经验法主要有对照分析法、经验法和类比推断法等。

对照分析法和经验法就是对照有关标准、法规、检查表或依靠专业分析人员的观察分析能力，借助于经验和判断能力直观地评价对象危险性的方法。

在施工项目的危险源辨识中，常用类比推断兼顾专家评议的方法。通过利用相同或类似工程项目、作业条件的经验和事故类型的统计资料来类推、分析评价对象的危害因素。对于施工作业，它们在事故类别、伤害方式、事故概率等方面极其相似，作业环境中所得到的监测数据也具有很好的相似性，并由于遵守相同的规律，其危险源和导致的后果也可以类推，具有较高的置信度。

2. 系统安全分析方法

系统安全分析方法是指应用系统安全工程评价方法的部分方法进行危险源辨识。系统安全分析方法常用于复杂系统、没有事故经验的新开发系统，可以广泛适用于不同领域、阶段和场合。目前，对于施工项目较为适用的系统安全分析方法有安全检查表、危险性预先分析、事故树分析（FTA）、事件数分析（ETA）和因果分析等。在公路施工项目危险源辨识过程中，可以多种方法一起使用。

第三节　公路工程项目安全管理体系

公路施工安全管理的核心是危险源，而不是事故，对危险源的管理控制即是对事故的预防。事故是危险源激发后可能产生的后果，对事故进行管理只能是事后的管理，因此危险源的管理控制具有极其重要的意义。危险源的管理控制可以利用安全技术、安全培训教育和安全管理等手段控制、消除危险源，防止危险源导致事故的发生，造成人员伤害和财物损失。公路施工事故发生的原因主要包括人的不安全行为、物的不安全状态、环境的不良状态和管理缺陷等。因此，基于公路工程施工事故致因的分析，本节从以下四方面进行危险源管理控制。

一、人员的安全管理

人员的安全管理就是控制人为失误，减少不正确行为对危险源的触发作用。

对人的不安全行为进行管理控制，首先要合理选择、安排作业人员，由于危险源大多来源于重要岗位，有的操作管理技术比较复杂，对作业人员的要求较高，因此应选拔那些认真负责、技术能力强的员工从事危险源多的作业。

其次应加强施工企业的安全文化建设，对人员进行严格培训考核，加强上岗前安全教育和技能培训，提高人的安全意识和安全技能。从事危险岗位工作的人员要进行专业培训，确保人员严格按照安全操作规程和程序进行作业。培训教育内容主要包括：以下方面危险源控制管理的意义、本单位（岗位）的主要危险类型；产生危险的主要原因、控制事故发生的主要方法、日常的安全操作要求、应急措施和各种具体的管理要求等。

二、机械设备的安全管理

物的不安全状态的运动轨迹，一旦与人的不安全行为的运动轨迹发生交叉，安全事故就会发生，所以危险源的控制管理工作的核心就是消除物的不安全状态和人的不安全行为。

对物的不安全状态的控制，首先进行危险源辨识和评价，通过辨识找出危险源，使管理对象更为明确；通过危险源的评价发现隐患的危害程度，以便为隐患整改提供依据。

然后采用技术措施对固有危险源进行控制，通过对危险源进行消除、控制、转移、防护、隔离和监控等措施清除危险源。

物的不安全状态的管理控制方式可以通过制订和完善操作规程、施工工艺和方案等，采用新工艺、新技术、新设备，增加安全投入和安全设施的配置，合理布置并改善安全设施和作业条件，加强重点设备、人员作业的安全管理和监控，定期维护检查设施设备等，并对公路施工危险物资和机械设备实施监控，以避免物的不安全状态与人的不安全行为的运动轨迹发生交叉。

例如，对施工机械危险源进行管理控制，首先对其进行辨识和评价，然后正确选择施工机械设施，合理调配使用，同时做好作业人员的选择、培训和教育，保证机械设施的正确使用，最后机械设备定期进行安全检查、维修和更新，从而控制、消除危险源，避免事故的发生。

三、施工环境的安全管理

作业环境的优劣，直接关系到公路施工安全。作业环境管理的核心是如何保持作业环境的整洁有序与安全无害，给作业人员创造一个良好的作业环境。

1. 施工平面布置。施工平面布置的总体要求是布置紧凑，充分利用场地；场内道路畅通，运输方便，减少二次搬运；在保证施工顺利的条件下，尽可能减少临时设施搭设，尽可能利用附近的原有建筑物作为临时设施；应便于工人生产和生活，办公用房、福利设施应在生活区内。施工平面应符合防火治安、卫生防疫、环境保护和无建设公害的要求。

2. 施工现场功能区划分。根据施工项目的要求，划分为作业区（辅助作业区）、材料堆放区和办公生活区。作业区与办公生活区分开设置，并保持安全距离。办公生活区应设置于在建筑物坠落半径之外，应设置防护措施，划分隔离，以免人员误入危险区域。

3. 安全警示标志。根据工程特点及施工的不同阶段，在危险部位有针对性地设置、悬挂明显的安全警示标志，规范施工现场标示牌。危险部位主要指施工现场入口处、施工起重机械、临时用电设施、脚手架、出入通道口、桥梁口、隧道口、基坑边沿、爆破物及有害危险气体和液体存放处等。安全警示标志的类型、数量应当根据危险部位的性质不同，设置不同的安全警示标志。

4. 定期对作业条件（环境）进行安全评价，以使采取安全措施，保证符合作业的安全要求。

四、管理制度的安全管理

在公路施工过程中，可采取以下管理措施对危险源实施管理控制，达到施工安全的目的。

1. 建立健全的危险源管理的规章制度。在确定危险源之后，首先要全面地分析危险源的危险性，然后进一步完善相关规章制度，如日常管理检查制度、安全操作规程、安全生产责任制、交接班制度、操作人员培训考核制度、考核奖惩制度等。

2. 将各级危险源的定期检查责任落到实处。应根据危险源的等级，分别确定各级的负责人并明确其具体责任，特别是要明确各级危险源的定期检查责任。

3. 强化危险源的日常管理，保证工作人员切实执行相关危险源的日常管理规章制度，负责人和安检部门认真记录好所有的活动，定期进行严格检查考核，根据检查考核情况进行奖惩。

4. 及时根据信息反馈整改隐患。危险源的管理和控制依赖于施工现场信息的及时反馈，若想及时彻底地整改安全隐患，必须建立健全信息反馈制度并严格执行。根据事故隐患性质和严重程度的不用，按照规定分级实行的信息反馈和整改。

5. 抓好危险源控制管理的基础建设工作，对危险源进行归档管理。在公路施工场地危险源附近设置醒目的安全标志牌，标明危险等级，扼要注明防范措施，并以此建立危险源的档案，指定专人保管、定期整理。

6. 落实危险源控制管理的评价考核和奖惩制度。制定并量化危险源控制管理的各方面工作的考核标准，并定期严格检查考核，将奖惩制度与评先进和班组升级结合，并逐步提高要求，不断提高危险源控制管理水平。

7. 建立危险源分级管理体系，对危险源实施分级控制管理的办法，对动态危险源实施跟踪管理。根据动态危险源变化快、情况复杂、难以控制等特点，应实行跟踪管理；对于特别危险、情况复杂的危险源由监理安排人员进行定点跟踪，并有权现场采取应急措施及停工观察；对一般动态危险源，由项目经理部派人跟踪检查，安全部门随时检查监督。

8.对重大危险源应制订有针对性的应急预案。施工企业和项目经理部均应编制应急预案，企业应根据自身特点和承包工程的类型、共性特征、重大危险源的存在状况，编制在企业内部具有通用性和普遍指导意义的应急预案的各项基本要求；项目部应按应急预案的基本要求，编制符合各个项目个性特点的具体、细化的应急预案，指导施工现场的具体操作。

第四节　山区公路施工安全管理

公路交通是我国最重要的基础设施之一，在国民经济发展中发挥着举足轻重的作用。山区公路施工是一项复杂的系统工程，影响施工安全的风险因素涉及施工组织、安全措施、水文地质、自然环境等各个方面，这些危险因素具有高度不确定性，而且相互间关系复杂。山区公路施工事故频繁发生，经济财产损失巨大，社会舆论影响恶劣。如何对山区公路施工安全风险进行科学分析和安全管理，有效预防和控制山区公路施工安全风险和安全事故，减少事故损失和人员伤亡，提高山区公路施工的经济效益和社会效益，是一个亟待解决的问题，这也要求从新角度对安全管理体系开展研究。

一、山区公路施工危险源辨识

山区公路安全事故的发生都是由于存在事故要素，并不断孕育发展的结果，而这些事故要素就是施工中的危险源。所以对山区公路施工危险源进行辨识是建立施工现场安全生产保证计划的一项主要工作内容。国外对重大危险源危险性评估的研究起步较早。自从20世纪60年代以来，美国空军倡导的系统安全思想得到人们的普遍认可，并由此形成了独立的系统安全工程学科，此后，系统安全工程得到飞速的发展，重大危险源危险性评估也随着系统安全工程的发展而崛起。20世纪六七十年代，我国开始吸收并研究事故致因理论、事故预防理论和现代安全生产管理思想。20世纪80年代开始对重大危险源评价和控制技术进行攻关。伴随着国家出台的一系列法律、法规、规范性文件，对危险源的监控与管理措施逐步加大，但同时，我国相关研究底子薄且起步晚，尤其是针对山区公路危险源辨识和风险评价的研究还很少，因此本论文对山区公路危险源辨识与风险评价的研究具有重要的现实意义。

（一）山区公路施工危险源的基本特征

通过对山区公路施工现场的实地调查，结合以往研究文献，发现诱发安全事故的危险源主要具有如下特征：

1. 隐蔽性：危险源潜伏于工程施工的各个环节中，并不明确暴露，即便有些危险源已经暴露，也并未进一步转化为现实的危害，从而未引起足够的重视，因此山区公路施工过程中的危险源具有较强的隐蔽性。

2. 突发性：山区公路施工危险源从隐患到触发的过程突发性强、可预警时间短，而且同一系统中的危险源间还可能产生因果连锁反应，使一般危险源触发成重大危险源，导致突然爆发不可控制的重大事故。

3. 高度不确定性：山区公路施工涉及面广、管理系统复杂，涉及危险源隐蔽性强，形式复杂多变，因此难以对施工过程中各种危险源的发展变化规律进行常规性判断和预测，且危险源的发展及可能的影响范围也难以量化，不易推行指导，导致危险源隐患事故的发生具有很大的不确定性。

4. 连带性：山区公路施工中，一个系统内的不同危险源之间并不是孤立的，往往是多个危险源并存，如果某个危险源引发安全事故，由于其突发性，加之难以立即建立应急指挥系统和协调机制，一旦在应急处置过程中产生不当行为，则可能成为其他危险源的诱发因素，导致危险源之间发生连锁反应。

5. 致灾性：山区公路工程项目一旦发生事故，与普通事故相比，其伤亡人数更多，经济损失也更为严重，而且往往会带来较为恶劣的社会负面影响，所以山区公路施工中危险源引发的安全事故通常具有灾难性特征。

（二）危险源致灾机理

事故发生也有其自身的发展规律和特点，只有掌握了事故发生的规律，才能更深刻地理解危险源致灾机理，才能保证安全管理系统处于有效状态。危险源致灾机理包括事故频发倾向理论、因果连锁理论、能量意外释放理论、轨迹交叉理论和系统安全理论。

研究表明，事故频发倾向理论与现实情况出入较大，所以在当代事故致因理论中，该理论已被基本排除在讨论范围之外。因果连锁理论由美国的海因里希首先提出，涉及遗传及社会环境、人的缺点、人的危险行为或物的危险状态、事故和伤害 5 种因素，该理论认为防止和消除人的危险行为和物的危险状态，是安全工作的重心所在。能量意外释放理论由吉布森最先提出，他认为采用各种方法和措施来防止或屏蔽能量的意外转移，是防止事故发生的有效手段。轨迹交叉理论是由日本劳动省提出的，该理论认为预防事故发生的根本原则就是从时间和空间上避免人、物发展运动轨迹的交叉。系统安全理论包含许多与传统安全理论不同的创新概念：事故致因理论方面，更重视物的故障在事故致因中的作用，通过改善物的系统可靠性来提高复杂系统的安全性；强化危险性观念，明确没有任何一种事物是绝对安全的，通常意义上的安全或危险只是一种相对的主观表述；危险源的危险性可以被降低，但不可能根除一切危险源，危险控制的有效方式是减少总的危险性，而不是仅消除特定的危险；危险源会随着技术、工艺的发展和新材料、新能源的出现与应用而不断产生，安全工作应致力于控制危险源，最大限度降低事故发生概率。

山区公路施工一般具有如下特点：山区公路所经区域地势陡峭，岩石风化严重，加之地表土层浅导致山体不稳定因素增多；山沟之间形成河流，受气候环境影响因素大，使得公路桥梁总体长度比例较之普通公路大幅增加；隧道工程多，边坡开挖面积大，边坡高陡，高填深挖工程量大；施工作业面狭小，交通运输不便，作业点分散且相互间制约干扰严重；高空作业多，多层面立体交叉作业频繁，施工组织复杂。无论从时间角度——施工准备到施工进行的全过程，还是空间角度——施工作业区和辅助施工区，疏忽大意、不遵守操作规程等人的不安全因素和滑坡、机械失稳等物的不安全因素都密集存在。山区公路施工中要避免发生事故，就要从时间和空间上防止人和物的危险状态在发展过程中产生交集。按照轨迹交叉理论，在山区公路施工过程中，应该从以下几个方面强化安全管理：限制人的不安全行为；消除物质的不安全状态；在限制人的不安全行为的同时消除物质的不安全状态；将人的不安全行为和物的不安全状态隔离。

（三）危险源辨识原则

1. 共性原则：山区公路施工涉及工程项目多，施工过程中产生的问题复杂多样、各不相同，但具有相似的施工程序、技术与工艺，针对施工共性中的危险因素进行危险源辨识，确定基本的共性危险源。

2. 特性原则：在危险源辨识过程中应针对具体的工程项目，充分考虑其特有性质，对工程项目进行具体分析，辨识出其共性之外的自身特性，对基本危险源清单进行特性补充，增强危险源清单的针对性与完善性。

3. 科学性原则：危险源辨识是在科学的安全理论基础上进行的，对安全事故的预测与后果估计具有重要的指导意义，只有正确认识安全事故可能发生的途径及其演变规律，才能正确地把握施工项目的安全状况。

4. 系统性原则：山区公路施工中涉及危险源众多，不同危险源之间又具有连带性，危险源辨识要以系统性原则为出发点，掌握危险源之间的主次关系及相互联系，便于对危险源诱发事故的连带性进行控制。

（四）危险源辨识方法

1. 直接经验法：分为对照经验法和类比法两种，前者指借助经验，在人员观察分析的基础上，直观地对分析对象的危险性和危害性进行评价，该方法简单易操作，在危险源辨识中最为常用，但受辨识人员知识、经验和评价资料的限制，需要通过专家会议的方式来集思广益；类比法是根据两个（或两类）对象之间的某些相似，或相同性质而推导出它们另一些特性也可能相似或相同的逻辑方法。

2. 事故统计分析法：事故统计分析法基于大量事故案例基础开展分析，对事故的发生、发展规律进行总结，并针对共性危险源和特性危险源提出普适性和特别性的预防措施，相应的可以分为统计分析法和个别案例分析法。

3. 系统安全分析法：山区公路施工涉及人、物、环境、社会等多种因素，适于运用系统安全分析方法，对危害因素进行系统性分析和评价，可采用危险性预先分析、安全检查表、事故树分析和因果分析等具体方法。

（五）山区公路施工中常见危险源

通过对山区公路施工项目相关资料的查阅和施工现场的调查研究发现，施工过程中导致安全事故的重大危险源包括以下 5 种：

1. 长大隧道施工。隧道施工隐蔽工程多，工程设计与实际施工差异性大，施工作业面少，工序环节紧凑，施工连续作业性强，随着工程延伸存在暗河、溶洞和瓦斯等潜在危险因素，施工作业专业技术要求高。

2 大跨度桥梁施工。山区公路受地形限制，设计路线往往与河流交叉，需要架设高墩大跨桥梁，桥梁跨越沟壑，墩台形式多样，高空支架作业多，桥梁各部分构件关系复杂，所处环境地形复杂且地势陡峭。

3. 高陡边坡施工。高边坡施工会破坏山体的原有力学平衡，需要人为引入支撑加固工程重新建立力学平衡。在开挖过程中，边坡岩体或土方会产生应力松弛，结构强度减弱，易形成边坡失稳，从而导致垮塌或滑坡事故发生；同时高边坡施工工作面小，工作环境复杂，施工难度也很大。

4. 特种设备事故。山区公路施工需要使用起重机械、工程机动车辆等多种特种设备，在自身和外在因素的影响下，特种设备易发生安全事故，如设备本身存在质量或制造安装缺陷、工作人员违规操作、安全附件失效或安全装置损坏等。

5. 火工品管理使用。山区公路施工高边坡开挖和隧道工程需要使用炸药、雷管等火工品，在火工品的运输、储存和使用环节，容易发生违规指挥和违规操作，如果再存在管理缺陷和物料安全性和设备本质安全度不达标，则极易引发爆炸、火灾事故。

山区公路施工中的安全事故主要由上述危险源诱发，具体的事故表现形式如下：物体打击类伤害，指物体在重力或其他外力作用下对人体撞击造成伤害，如隧道施工现场不戴安全帽、开放式建筑工程未使用安全网等容易引发此类伤害；高处坠落类伤害，此类事故发生频率高、易发事故部位多、事故危害性大，如高墩攀登作业防护设施不齐全、高边坡违规作业等容易引发此类伤害；机械伤害类，主要指施工现场使用的机械设备在作业过程中对作业者造成伤害，如在恶劣环境中使用特种机械设备，防护装置不齐全、操作规程不完善、维护保养不及时都容易引发此类伤害；坍塌滑坡伤害，指构筑物在建设过程中坍塌或土石方大规模垮塌造成的伤害，例如土方工程边坡设计不合理，模板设计浇铸不合格，盲目冒进施工都容易引发此类伤害；火灾爆炸类伤害，指易燃易爆物质在运输、存放或使用时突然燃烧或爆炸，造成人员伤害和财产损失，如火工品安全防护设施不到位，存放条件不合格，工程爆破措施不当都容易引发此类伤害。

在山区公路施工中一定要密切关注上述 5 类重大危险源，在后续的山区公路施工安全评价中，也将为其建立专门的评价指标，以求抓住安全事故隐患突出环节，采取有力措施加强控制，杜绝安全事故的发生。

二、山区公路施工安全管理体系

安全生产是一项复杂的系统工程，是生产力发展水平和社会公共管理水平的综合反映。我国安全生产方针为"安全第一、预防为主、综合治理"。安全第一是在生产过程中把安全放在首要位置，保护劳动者的安全和健康；预防为主要求把安全生产工作的关口前移，超前防范，建立立体化事故隐患预防体系，改善安全状况，预防安全事故；综合治理则指应对安全管理的长期性、艰巨性和复杂性特点，服从安全管理规律，抓住安全管理工作中的主要矛盾和关键环节，综合运用多种手段，发挥社会舆论的监督作用，有效解决安全生产领域的问题。

安全管理工作的改进过程中，安全管理政策的改进与完善是必要前提。任何一个单位要想成功地进行安全管理，都必须有明确的安全管理政策，反映到公路建设安全管理中，相关安全管理政策研究的作用主要体现在以下几个方面：

（1）公路建设安全管理政策研究使公路安全事故的分析更全面客观，让公路交通部门更多地参与事故分析研究和整治，以形成更加合理有效的整治措施。

（2）公路建设安全管理政策研究既是一个技术问题也是一个社会问题，从管理与监督、激励与约束、投入与保障、文化与教育四个宏观方面入手进行研究，为制定有效的防范措施和管理决策提供科学依据。

（3）通过实施施工阶段的安全管理政策研究，使各方更关注施工阶段的安全管理，促进安全方面的技术、标准规范的进步。

（4）施工阶段通过进行安全评价，预先找出不安全因素，进行安全管理，可有效地提高公路建设的安全水平，减少事故率，降低事故严重度。

结合我国公路施工安全管理现状，充分考虑山区公路复杂的工程地质及施工技术特征，立足于建设期项目管理层面对山区公路施工安全管理政策体系进行研究，从安全管理与监督机制、安全激励与约束机制、安全投入与资源保障机制、安全文化建设与教育机制四个方面展开分析，从管理监督、投入保障、教育激励等方面系统总结，提出适应我国国情的山区公路施工安全管理政策体系。

（一）山区公路施工安全管理与监督机制

《中华人民共和国安全生产法》中规定：生产经营单位必须遵守本法和其他安全生产法律法规，加强安全生产管理，建立健全安全生产责任制度，完善安全生产条件，确保安全生产。因此在山区公路施工中必须成立安全生产管理机构。同时，安全监督管理机构的组织建设工作也非常重要，只有在建立了可靠的监督管理机构的基础上，各项建设安全方针政策与技术措施才能得以有效的落实。

山区公路所处地形复杂，环境气候多变，坡陡、弯急、路窄等不利影响因素多，施工管理工作中要着重解决技术控制、现场安全管理等问题。而且部分工程施工中面临半开放式施工环境，进一步增加了山区公路施工管理工作的难度。随着现代林业发展及矿产资源的开发，山区公路的承载负荷不断增加，对道路质量和性能也提出了更高要求。因此，山区公路施工要不断提高设计标准，在解决技术问题的同时制定和完善严格的安全管理制度，加强监督与管理，保障山区公路施工建设安全。

1. 安全管理组织机构职能与领导职责

根据山区公路施工施工特点，本书构建了山区公路施工安全管理机构，对各相关单位安全管理机构进行研究，依据项目特点制定安全管理实施细则等指导性安全管理文件，明确各级人员的安全生产职责，确保施工安全。

（1）建设单位安全管理机构设置及机构职责

机构职责：贯彻执行"安全第一，预防为主，综合治理"的方针政策及相关规定；分析山区公路施工项目安全生产形势，预防各类不安全事故的发生；负责监督各合同单位各项安全工作落实情况；定期和不定期进行安全检查，组织监督各合同单位的安全学习与培训，对存在的安全隐患发出整改指令等。

（2）监理单位安全管理机构及机构职责

监理单位成立山区公路施工安全生产管理机构，机构成立后经法人单位批准，而后上报建设单位备案。

机构职责：督促施工单位建立、健全山区公路施工现场安全生产保证体系；审查施工承包单位资质及人员资格；审查施工单位编制的安全专项施工方案和应急救援预案；对高边坡、隧道等关键工序（重大危险源）实施安全旁站监理；参加施工现场的安全检查，对各施工单位存在的安全隐患发出整改指令；协助施工现场事故的调查处理等。

（3）施工单位山区公路施工安全管理机构及机构职责

山区公路施工各标段项目部必须成立以项目经理为首的安全生产管理机构，该机构必须首先经施工单位的法人单位主管安全的领导批准，然后报总监办安全管理机构审批，最后再报建设单位备案。

机构职责：贯彻执行国家安全管理相关方针政策和相关规定；负责建立和健全山区公路施工安全管理组织机构，确定部门和人员的安全职责；制定符合实际的施工组织设计和安全生产预案，并上报监理审核；负责对作业人员，尤其是特种作业人员的安全培训和考核；组织进行安全技术交底；参与安全事故的调查，提出预防事故重复发生的措施；负责安全生产事故抢险、救灾工作；每日进行安全生产巡回检查，并组织各种形式的安全检查活动，负责完成建设单位或监理单位发出的安全隐患整改指令。

2. 安全人员配备、责任制与监督检查

（1）山区公路施工安全人员配备规定与要求

在山区公路施工中，安全人员具有不可替代的作用。山区公路施工安全人员具有独特的知识能力结构，专业的工作运行机制，更为深入的工作深度与广度。山区公路施工安全人员必须熟知公路建设安全管理知识，具备山区公路施工工作经验，了解山区公路施工技术手段，具备独立、协调开展安全管理的素质与能力，能发现安全隐患，会处理隐患，以更好地推动山区公路施工安全顺利开展。

交通部 2007 年发布的《公路水运工程安全生产监督管理办法》中规定：公路施工单位应当设立安全生产管理机构，配备专职安全生产管理人员。施工现场应当按照每 5000 万元施工合同额配备 1 名的比例配备专职安全生产管理人员，不足 5000 万元的至少配备 1 名。山区公路施工施工中应酌情增配安全人员。

监理单位安全人员配备要求，专职安全监理工程师通过交通运输部或相关主管部门举办的教育培训考核，并取得安全监理资质持证上岗，同时必须经建设单位考核，确定具备山区公路施工相关监理经验与能力后方能正式上岗。

（2）山区公路施工安全生产责任制

安全生产责任制是将各职能部门及其工作人员和各岗位生产人员在安全生产方面应负的责任明确规定的一种制度，是生产经营单位各项安全生产规章制度的核心。山区公路施工要制定与完善安全管理责任制度，落实施工中的技术和安全等问题的相关责任，由现场技术人员及安全管理人员进行监管，保障山区公路施工质量及施工安全。在山区公路施工中，为了真正落实好安全生产责任制，明确界定各级部门和人员在安全工作中的责、权、利，必须以管理人员的岗位职责为依据，逐层制定《安全生产责任书》。

安全生产责任人：各标段的主要负责人（项目经理、总监）是山区公路施工安全管理的第一责任人，对安全管理负全面责任；分管安全管理的负责人是直接责任人，对安全管理负有直接领导责任；其他负责人对各自分管业务范围内的安全管理负领导责任。安全管理责任人必须按规定参加交通部或相关主管部门举办的教育培训考核，具备山区公路施工相关知识，取得安全资质后持证上岗。

安全生产责任书：山区公路施工各标段单位必须以安全生产责任书的形式落实安全生产责任制，责任书要层层签订、责权明确、层次分明，并明确详细的奖惩措施。施工单位内部的安全生产责任书必须落实到施工班组，监理单位必须明确到部门和监理组。各单位必须建立岗位安全责任制，明确各个岗位的安全责任，并严格按照制度执行。

（3）山区公路施工安全监督与检查

山区公路施工受地形条件限制，施工现场狭窄，材料输运困难，自然环境条件变化易引发地质灾害。因此山区公路施工现场动态复杂，不论建设单位、监理、施工单位对安全多重视，在施工过程中依然会存在安全隐患，所以安全监督与检查是必不可少的一个环节。山区公路的安全监督与检查要明确安全监督职责，建立健全定期安全检查制度，明确重点检查对象，及时处理安全问题，落实隐患排查整改，记录检查处理情况。

检查形式：建设单位安全生产检查包括定期安全大检查、根据有关要求和工作需要或重大节假日前组织的安全检查、专项检查、日常安全检查、安全事故隐患排查和其他形式的安全检查等。

检查内容：公路沿线山体情况的检查与掌握；对各工序安全生产技术交底和特种机械设备培训检查；检查各级主要负责人对相关安全生产法律、法规、规范、标准和安全管理职责的掌握情况；检查各项安全制度是否建立健全，安全生产责任制是否落实到班组；检查隐患和违章；检查施工组织设计是否编制安全技术措施，是否履行评审或审批手续；检查相关教育培训；检查各项制度的落实情况；检查事故处理情况。

检查要求：检查要求内容明确、形式简单、注重实效，检查时应留下检查记录，并及时将发现的问题书面反馈给受检单位。受检单位整改完成后必须将整改情况以书面形式上报。对于因特殊情况造成客观上不能按时完成整改的应向检查单位如实反映情况并制定相应安全措施和整改计划。专项检查应下发检查通知和检查结果通报。

隐患排查治理：各单位要加强风险辨识和评估，确定本单位的危险源、可能发生的事故类型和后果，并按规定定期组织重大危险源普查和辨识，建立重大危险源档案，抄报建设单位。各标段单位对检查中发现的事故隐患和问题，要做到责任、措施、资金、时间、预案"五落实"。

3. 安全会议、事故报告与资料管理

（1）山区公路施工安全管理会议管理

召开安全管理会议是做好安全管理工作的一种措施和办法，根据山区公路施工不同施工阶段的特点及工程建设项目任务和要求，设置多种安全管理会议，细化相关会议内容，明确会议制度与要求。

山区公路施工安全管理会议可分为以下几种：建设单位原则上每年定期（半年）

召开一次全线安全管理会议；每年定期（每季度）召开建设单位安全管理例会；每月至少召开一次总监办安全管理例会和项目部安全管理例会；其他安全会议视情况而定。

山区公路施工安全管理会议的请假制度如下：合标段单位第一负责人因故不能参加会议，须向建设单位安全生产领导小组组长请假；标段单位直接责任人和安全主任因故不能参加安全生产例会，须向建设单位安全生产直接责任人请假。

山区公路施工安全管理会议要求：安全管理会议密切联系山区公路施工特点，内容简洁且重点突出，针对具体问题以提高效率并取得实效。重要安全管理会议如全线安全管理会议和各级安全管理例会应有会议纪要，存档中还应包括会议照片和会议签到表。

（2）山区公路施工安全事故报告管理

安全事故的报告和调查处理，是安全管理工作的重要环节，国家和各级部门先后制定了一系列有关安全事故报告和调查处理的法规和标准，对安全事故的报告和调查处理做出了全面明确的法律规定，使地方政府、安全生产监督管理部门和其他相关部门的事故报告和调查处理工作能够有法可依。

综合考虑《中华人民共和国突发事件应对法》《中华人民共和国公路法》《国家突发公共事件总体应急预案》和国家相关预案等文件规定，结合依托项目实际情况，从建设单位项目级管理出发，按照山区公路施工可能发生的安全生产事故的可控性、严重程度和影响范围，将事故等级分为三级：I级（重大）、II级（较重大）、III级（一般）。

山区公路施工安全事故调查处理原则如下：属国家、交通运输部规定范围内的事故，按照相关规定办理。除此以外的一般事故，由建设单位项目部安全办组织调查、分析，并向建设单位上级单位安全办报告。对安全事故的处理，一定要做到"四不放过"，即事故原因不清不放过；事故责任人不处理不放过；事故责任人不教育不放过；事故整改措施不落实不放过。对于事故责任者的处理，根据造成事故的责任大小和情节轻重，认真进行批评教育或给予必要的行政处分和经济处罚。经济罚款将从安全投入中扣除。对于后果严重并已构成犯罪的责任者，应报请检察部门提出公诉，追究刑事责任。

（三）山区公路施工安全激励与约束机制

1. 山区公路施工安全考核

依据现场签订的山区公路施工《安全生产责任书》，安全管理小组定期对各标段单位和各相关人员进行考评，重点考查安全目标的完成情况和管理人员岗位责任的执行情况，考评成绩可与物质奖励挂钩。

（1）山区公路施工安全考核对象与时间：考核可采取自评和组织考核相结合的方法，对各单位安全生产责任人及相关人员履行安全生产责任制情况的考核和奖惩。安全考核通过安全检查评分进行考核，分日常考核和年终考核。

（2）山区公路施工安全考核内容

1）监理单位的考核标准：对各标段单位安全生产第一责任人、安全生产直接责任人考核为以年度考核为主，同时辅以定期问卷调查、定时安全述职、安全检查当面问询和重大过失日常记录；对各单位安全管理人员（安全主任及专职安全员）以建设单位安全生产小组办公室出卷和平时工作检查结果综合评定（各占50%），重点考核其安全素质、安全意识、安全工作主动性和职责履行情况。监理单位考核评分由两部分组成，建设单位对其安全工作检查评分和监理单位所监管施工单位的合计总分各占一定比例。

凡出现以下情况一律被评为不达标：建设单位对其安全工作检查评分不达标；上级各有关部门对其安全工作检查后被点名通报批评；上级部门下发《安全隐患整改通知书》中涉及该单位或其所监管的标段；监理单位或其所监管的施工标段发生安全事故；当次考核时间段内有超过1次（含1次）安全罚款记录（各建设单位可自行规定）等。

2）施工单位的评分标准：建设单位采用问卷测试、现场检查观摩和查看记录等方式，对施工单位进行日常安全生产考核，重点考核其作业规程掌握情况、安全生产应知应会掌握情况、按章操作和标准化操作、危险辨识控制能力、应急处理能力、班组安全活动、持证上岗等内容。检查评分结果直接由检查小组根据评分表计算得出，其中检查小组若有监理参加，则监理评分的平均值与建设单位评分的平均值各占一定比例。年度考核以日常考核的平均成绩为依据。

凡出现以下情况一律被评为不达标：建设单位对其安全工作检查不达标；上级各级部门或政府有关部门对其安全工作检查后被点名通报批评；上级部门下发《安全隐患整改通知书》中涉及该合同段；该合同段发生了安全事故；当次考核时间段内有1次（如果是年度考核则为2次）安全罚款记录（各建设单位自行规定）等。

（3）山区公路施工安全考核结果及处理措施

1）根据《安全生产检查评分表》，由检查人员综合评定各标段的分数，最后将各标段的评分汇总。建议考核起评分100分，考评90分以上（含90分）者为优秀；90~80（含80分）为良好；80~70（含70分）为达标；70分以下为不达标。考核90分及以上的被考核人为优秀；90~80分为良好；80~70分为达标；70分以下为不称职。每次评分排名情况将在全线内通报，并视情况抄送上级有关部门或各参建单位的上级和主管部门。

2）考核不达标的单位、不称职的安全生产责任人和责任区内存在重大事故隐患的被考核单位和被考核人，应于规定时间内制定整改措施报送建设单位安全办；对不称职的被考核人和单位进行经济处罚并不得参加当年度评优；被考核单位和被考核人弄虚作假的，由建设单位安全办提出建议，报领导小组同意，对该单位进行考核经济处罚，并不得参加当年评优，同时必须对相关人员进行调离岗位的处罚。

2. 山区公路施工安全考核奖惩办法

（1）山区公路施工安全考核奖惩机制建立原则：山区公路建设单位安全办是安全奖惩工作的主管部门，负责制定安全奖惩规定，起草奖惩文件，签发一般的罚款通知，检查指导各单位安全奖惩及审核备案工作；建设单位指定相关部门负责安全奖罚资金的发放和收缴工作；建设及监理单位相关人员可以按照有关规定随时填发安全罚款通知书。

（2）奖励经费来源：各级单位给予建设单位的安全奖励经费；对各单位在安全方面的罚款转作奖励费用；劳动竞赛中的部分安全费用；建设单位的安全经费预算。

（3）奖惩办法的具体规定

1）日常检查奖惩办法：为了加强日常安全生产工作，山区公路建设单位将掌控的部分安全生产保障费用于奖励施工期间建设单位及上级主管部门组织的各项安全生产检查评比活动中的优胜者，同时对检查评比活动中不合格者给予处罚。检查组由建设单位有关领导任组长，成员由建设单位相关部门及总监办的有关人员组成。

2）年底安全考核奖惩办法：年底的安全考核是对当年山区公路施工安全总体工作的综合考核评价，为了加强平时的安全工作，年度考核纳入日常考核的内容，年底考核得分中日常检查考核的平均成绩和年底检查成绩各占一定比例。

（4）考核评比成绩发布：最终考核成绩将以文件通报的形式发出，考核成绩差的将在全线通报批评，必要时要求抄送各自上级单位。

（四）山区公路施工安全投入与资源保障机制

1. 山区公路施工安全投入

山区公路施工安全投入是指为保障建设工程项目的顺利实施，而投入到施工领域的一系列经济活动和资源的总称。山区公路施工安全投入直接对应着山区公路施工单位的安全效益，即单位利用其有限的人力、财力和物力资源对建设工程项目进行投入后，降低安全事故、减少事故损失而产生的效益。由于山区公路施工事故风险具有很高的不确定性，施工单位的安全投入对其安全效益具有重要影响。

山区公路施工安全管理专项资金由成本中列支，可分为安全教育投入资金、安全管理投入资金、安全技术投入资金和劳动防护与保健投入资金。施工单位是山区公路施工安全投资的主体，安全投入直接关系到施工单位与法律、法规和标准规定相对应的安全生产条件。施工单位要加强财务审计，确保安全投入专款专用，以取得预期的安全效益。

（1）山区公路施工安全投入相关文件

我国各部委、各省市目前针对安全生产投入制定的代表性文件如下：《中华人民共和国安全生产法》第十八条规定、《高危行业企业安全生产费用财务管理暂行办法》第二章第八条规定、《广东省安全生产专项资金管理暂行办法》及《浙江省公路水运建设工程安全生产费用管理暂行规定》等。

（2）山区公路施工安全投入办法

1）山区公路施工安全投入要点：山区公路施工安全投入资金严格按照"项目计取、确保需要、规范使用"原则实行专款专用；山区公路施工单位安全投入费用是指各施工单位按照有关规定和施工安全标准，用于更新施工安全防护用具和设施，改善施工安全条件，落实安全施工措施，加强安全管理等所需的费用；安全投入的计取、使用、支付、监督检查及相应法律责任依据项目实际编制具体规定。

2）山区公路施工安全投入的计取：山区公路建设单位在编制工程招标文件时，应当确定项目所需的安全生产费用；对施工单位的安全生产条件、安全生产信用情况、安全生产的保障措施等提出明确要求；按国家规定提取安全生产专项费用，按不低于合同价1%（《2009公路工程标准施工招标文件》第9.2.5条款规定）的标准（且不得作为竞争性条件），详细地计量支付。

3）山区公路施工安全投入的应用对象：维护、改造和完善安全防护设备设施的支出；现场作业人员安全防护物品的支出；配备必要的应急救援器材和设备的支出；重大危险源事故隐患评估、排查、监督、整改的支出；安全生产检查及评价的支出；安全教育培训和应急救援演练的支出；其他与安全生产密切相关的费用支出。

4）山区公路施工安全投入的支付：山区公路建设单位与施工单位应当在施工合同中明确安全投入的数额、支付计划、项目清单、调整方式和使用要求等条款；合同工期在一年以内的，建设单位应当自合同签订之日起五日内预付安全投入不得低于该费用总额的50%，合同工期在一年以上的（含一年），预付安全生产投入不得低于该费用总额的40%；施工单位应当根据招投标文件的要求，编报当月投入使用的安全投入使用报表（按项目清单编制，附相关凭证）及下个月的安全投入使用计划，经项目负责人签字盖章后与当月工程款计量支付表同时报送监理工程师审核。

5）山区公路施工安全投入的监督检查：为了确保安全生产经费的合理正确使用，要求山区公路施工各标段施工单位的财务部、采购部和安保部分别独立建立安全生产经费使用管理台账，定期在施工单位内部公示安全生产经费的使用状况，鼓励和接受施工单位内部职工的监督；由监理单位对施工单位的安全生产经费进行全面的检查监督；由建设单位业主代表或安全主任对安全管理经费的使用进行抽查；对虚报、挪用安全生产经费的施工单位处以罚金；对施工单位职工反映或举报安全生产费用虚报或挪用的，建设单位应给予举报者适当的奖励，并采用保密和保护措施。

2. 山区公路施工安全保障机制与措施

（1）山区公路施工安全保障机制

山区公路施工要认真贯彻"安全第一，预防为主，综合治理"的工作方针，严格遵循"谁主管，谁负责；谁检查，谁监督；谁在岗，谁落实"的原则，建立健全安全保障体系，从组织上、思想上、制度上和经济上确保安全目标的实现。

组织保障：建立健全完善的山区公路施工安全组织管理机构，确保工程施工的正常进行。各单位设立专门的安全生产领导小组，小组下设日常办公室，从组织上、措施上完善安全生产工作，使之程序化、规范化。

思想保障：从思想上高度重视山区公路施工安全，更新管理理念，从过去的"事后事故处理"为主向"事前事故预控"转变，提高全员安全生产意识。

制度保障：山区公路施工工程开工前，制定对本项目管理行之有效的安全规章制度：隧道作业安全制度、桥梁作业安全制度、高空作业规章制度、爆破作业规章制度、特殊工种安全管理制度、安全教育制度、事故报告制度等等，进行宣传张贴，并和经济奖罚挂钩，使之成为法规性、强制性的制度。

技术经济保证：山区公路施工安全工作是一项复杂的系统工程，需要从技术创新与推动、经济辅助与发展上采取一系列措施，确保山区公路施工工作安全进行。

（2）安全保障措施

山区公路施工单位要根据工程的情况，制定切实可行的安全目标，上报监理、建设单位批准，使安全管理方向明确，同时项目技术负责人必须编制相关安全施工组织方案，上报监理、建设单位批准，对现场安全施工起指导作用。

安全技术措施：各单位总工程师或技术负责人，对施工安全生产负技术责任；总体施工组织设计和重大施工方案，必须经上一级总工程师或技术负责人审核批准后执行。

安全技术交底制度：工程开工前、各标段项目部的总工程师应将工程概况、施工方法、安全技术措施等情况，向工地负责人、各施工队负责人进行详细的书面交底，并向参加施工的全体从业人员进行现场交底，所有从业人员必须在安全教育记录上签字，不得代签；必须及时对未能参加统一安全交底活动的从业人员进行补充交底。

安全保障措施：为规范安全施工，防止事故发生，切实保障施工人员及设备安全，依据国家出台的相关法律法规，制定山区公路施工各项工程安全保障措施。

三、山区公路施工安全文化建设与教育

（一）山区公路施工安全文化建设

1. 安全文化在山区公路施工中的意义与作用

安全文化建设是山区公路施工的重要组成部分，体现着精神层面的安全管理，是安全管理未来的重点发展方向。安全文化以"人"为本，以文化为载体，通过文化的渗透规范人的行为并提高人的安全价值观。山区公路施工的安全文化可以分为两个层

次：第一个层次是基础安全文化，即每个人在一般生活及工作环境中应具备的安全文化，如一般用电安全、交通安全等；第二个层次是专业安全文化，即从事专业性活动的人应具备的如（特种设备、技术手段和特殊作业等）安全文化。山区公路施工中的安全文化建设要通过宣传、教育、奖惩等手段，激发和推动人的道德、观念、情感在安全工作中产生正能量，从两个层面同时提高职工的安全意识与安全素养，以提高山区公路施工的安全水平。

安全文化建设在山区公路施工中具有重要的导向功能、凝聚功能、激励功能、约束功能和协调功能。安全文化建设可引导山区公路施工向着时代潮流方向科学发展；能使职工形成统一的安全意识、安全信念和安全行为准则；能彰显人文尊重与关心，体现职工的主人翁作用，提高劳动积极性和创造性；能推动安全投入和改善安全设施，形成精神上的群体规范和行为准则，增强职工的自我安全约束能力和安全自控意识；能形成共同的安全价值观和一致的安全认识，夯实管理者与被管理者间的沟通交流基础，减少矛盾和摩擦。

2. 山区公路安全文化建设内容

声势浩大的全民抓安全活动可有效减少事故发生。要搞好施工现场的安全管理工作，离不开平时安全生产氛围的建设工作。因此要通过安全培训、安康杯等形式对全体人员进行安全教育，同时结合违章曝光栏及警示牌等的警示作用，传播安全会议的思想精神，使现场作业人员逐步实现从"要我安全"向"我要安全"的思想转变。

（二）山区公路施工安全教育培训

1. 山区公路施工安全教育的含义、要求与形式

山区公路施工安全教育是为了贯彻执行国家的安全生产方针，避免或减少伤亡事故，顺利完成施工任务而对施工单位职工进行安全知识的宣传、指导和培训，以使职工掌握安全知识、具备操作技能和形成良好安全态度的行为。

各施工单位应充分保障安全教育培训所需人员、资金和设施，建立从业人员的安全教育培训档案，建立健全安全教育培训制度。各施工单位要对所有进场人员进行安全教育学习和再教育学习活动，严格按照国家相关的法律法规、文件和行业标准要求执行。

各施工单位要重视安全生产宣传工作，通过单位专栏、橱窗、局域网等多种渠道，营造浓厚的安全氛围，加强安全文化建设，提高员工的安全意识。

2. 山区公路施工安全教育的主要内容

山区公路施工安全教育内容主要集中在安全施工规范、安全施工和防护技术知识、岗位安全操作知识、日常生活安全常识等方面。

各施工单位主要负责人安全资格培训和安全施工培训主要内容如下：行业相关规

章制度和规范标准；安全施工管理与安全技术知识；事故防范、应急救援及事故调查处理方法；典型事故案例分析等。

安全管理人员安全资格培训和安全施工培训的主要内容如下：行业相关规章制度和规范标准；安全施工管理和安全卫生文化知识，相关安全施工技术；工伤保险的法律、法规、政策；事故应急处理方法和现场勘验技术；重大危险源管理与应急救援预案编制。

3. 山区公路施工安全教育效果评价

各施工单位必须进行安全教育效果评价，组织有针对性的安全生产考核或开展安全知识竞赛等活动。安全生产考核可分为书面考核、现场提问考核和实际操作考核等。

书面考核是对每个参加安全生产教育和培训的人按不同阶段、不同作业对象进行书面考试，考试可视情况采用闭卷或开卷；现场提问考核是由驻地监理组、总监办或建设单位安全技术人员随机对现场从事操作的人员进行提问考核，检查其是否参加了安全教育和培训，从而判定安全教育的效果；实际操作考核是由驻地监理组、总监办或建设单位安全技术人员有针对性地对现场从事有危险性的作业和管理人员进行考核。考核不合格的责令其重新参加安全教育。

第五节　提高公路施工安全管理水平的措施

一、公路施工从业人员的改善措施

（一）配备足够的安全管理人员和提高安全管理人员的素质

首先，公路施工企业应该提高安全管理人员的配备，特别是专职安全管理人员的配备。企业应该引入一些具有专业技术、经验丰富的人员从事安全管理工作。如果能引入具有安全专业技术又有相应的公路施工技术的人员作为企业的专职安全管理人员更好。要达到这个标准比较难，不过不妨在现有的从业人员里面选一些专业技术比较过硬的人员利用节假日去进行专业的安全培训。这样就有了专业技术人才又有了专职的安全管理人员。

当然，为了提高他们的积极性应该提高专职安全管理人员的待遇，赋予其相应的权力，履行安全管理人员的职责。

通过对从业人员的调查分析可知，公路施工企业现有的安全管理人员的学历不高，特别是职称结构不合理，大多数人员都集中在初级职称上。要改变低重心的学历构成，必须通过在安全管理人员中开展成人教育或者鼓励他们攻读工程硕士来实现。而要改善安全管理人员的职称结构，提高中、高级职称人员的比例，就要减少甚至不用无专业技术人员从事安全管理工作。同时，对已经从事安全管理工作的低学历、低职称的人员进行公路专业知识和安全技术知识的专业培训，从而达到提高他们的整体水平的目的。

（二）提高工人的素质，适当提高招聘的门槛

提高工人的素质首先就要加强对农民工的职业技术培训教育和安全教育培训，切实提高其安全生产意识和安全操作技能。同时也要针对不同的工种进行不同的专业技术培训。

通过鼓励工人学习比较紧缺的技术，提高技术工人在工人中的比重。另外，新工人应由老工人带新工人一段时间后再单独作业，还要经常组织工人进行技术、学习、经验等的交流，通过"传、帮、带"等方式增长工人的从业经验，提高工人的专业技能等。适当提高招聘的门槛，在招工时适当增加招聘的条件，比如文化程度、工作经验等。

二、公路施工的设施与设备管理改善措施

（一）加强公路施工设备的现场管理

加强公路施工设备的现场管理，严格贯彻执行设备维护保养制度。操作人员要严格执行机械保养制度，避免过时保养，使机械保持良好的工作状态。对利用率高、易损坏、易出故障的设备应做好跟踪诊断，变事后修理为预防性修理。机械发生异常现象时应立即停机检查，并及时向上级汇报，以便能迅速组织维修人员进行现场抢修。同时还要建立安全设备报废和更新制度，对已经不适应安全生产需要的落后设备、已经超出使用年限不能再用的设备要及时更新，保证安全设备的新度系数。

另外，公路施工企业应在施工现场配备专人负责机械设备在施工面的使用和保养工作，使机械设备始终在完好状态下发挥最大效能。现场管理人员应负责监督检查操作人员是否按操作规程操作，故障是否能得到及时的处理，设备是否得到了充分的利用，保养工作是否及时到位等一系列工作，以免机械设备的非正常使用和不合理调派。现场管理人员还应具有一定的管理权，即在设备现场使用和保养问题上有奖罚权，并有在设备非正常使用时令其停产接受整改的权利。

（二）提高安全设施和防护管理

企业统一规定施工现场的平面布置和有较大危险因素的场所及有关设施、设备设立安全警示标志。机械安全装置必须按规定正确使用，绝不能为了方便将其拆掉不使用。机械设备使用的刀具、工夹具及加工的零件等一定要装卡牢固，不得松动。

（三）提高设备管理干部、操作人员和维修人员的素质

首先，加强对设备管理干部进行现代化设备管理方法的培训，提高他们的业务水平。其次，对操作人员、维修人员定期或不定期地进行技术、业务培训，提高他们的技术理论水平。设备操作人员应做到懂结构、懂原理、懂性能、懂用途、会使用、会保养、会排除一般故障。特种设备的操作者必须通过培训考试合格，发给"操作证"后方可上岗操作。设备维修人员必须进行技术培训，掌握设备的原理，对设备进行预防性维修，减少因故障造成的停机和损失。建立和完善各项设备运转记录，操作人员必须按要求填写，做到齐全准确。操作者与维修人员必须报告设备运转及修理情况，保证施工设备及时排除故障，安全使用。

三、公路施工作业环境改善措施

针对公路施工作业环境的特殊性提出以下建议：

（一）预防生产性粉尘和噪声的危害

首先，加强组织领导是做好防尘工作的关键。针对粉尘作业较多的施工段、施工期建立粉尘监测制度，并配备专职测尘人员，医务人员应对测尘工作提出要求，定期检查并指导，做到定时定点测尘，评价劳动条件改善情况和技术措施的效果。

其次，采用有效的技术措施，尽可能降低作业环境粉尘浓度。例如通过湿式作业，它是一种经济易行的防止粉尘飞扬的有效措施。凡是可以湿式生产的作业均可使用，如湿式凿岩、冲刷巷道、净化进风等。

对于噪声控制首先应从工程控制方面来考虑，即在设备采购上，要考虑设备的低噪声、低振动。而在爆破作业时工程控制则起不了多大作用，此时最好采用个人防护，即佩戴耳塞或者耳罩。

（二）防暑降温的主要措施

在夏季应尽量缩短高温下的作业时间，采取小换班、增加工作休息次数、延长午休时间等方法。休息地点应设在通风阴凉处，并备有清凉饮料、风扇、洗澡设备等。最好在休息室安装空调或采取其他的防暑降温措施。

同时也要加强个人防护，在高温下作业的从业人员应佩戴不吸热、活动方便的工作服，并要佩戴工作帽、防护眼镜、隔热靴等。

（三）针对复杂的地质条件做好施工组织设计

首先要做好施工组织设计，合理安排施工段的先后顺序。其次做好施工前的准备工作，即开工前要认真审阅设计文件，详细了解各段的地质情况，对重要地段要重点勘察，进一步核对设计资料，发现设计文件中有误及时上报业主，妥善处理。

（四）材料堆放和仓储要符合安全要求

施工现场材料的堆放需遵循以下要求：施工现场工具、构件、材料的堆放必须按照总平面图规定的位置放置；各种材料、构件堆放必须按品种、分规格堆放，并设置明显标牌；各种物料堆放必须整齐，砂、石等材料成方，大型工具应一头见齐，钢筋、构件、钢模板应堆放整齐用木方垫起；施工现场的垃圾也应分类型集中堆放；易燃易爆物品不能混放，除现场有集中存放处外，班组使用的零散的各种易燃易爆物品，必须按有关规定存放。

四、公路施工组织管理改善措施

（一）建立完善的公路施工的安全生产责任制

1. 建立健全的公路安全生产责任制和安全生产保证体系

责任制是管理制度的核心，没有责任制再完善的管理制度也不过是一纸空文。因此，要建立完善的公路施工安全责任制。而安全生产责任制要以制度的形式明确公路施工企业各级领导、各职能部门、各类从业人员在施工生产活动中应负的安全职责。公路工程施工项目应根据其具体情况，成立以项目经理为首的安全生产委员会或领导小组。同时，根据建设工程的性质、规模和特点，配备规定数量的安全管理人员，监督检查各类人员贯彻执行安全生产管理制度并协助项目经理推动安全生产管理工作。建立安全生产保证体系，即项目部成立以项目经理为首的安全领导小组，安全管理部门负责人全面负责安全工作，下设专职安全员和兼职安全员。公路工程施工项目的安全生产委员会或领导小组的组织管理体系。

2. 明确各级安全管理人员的责任

据《关于2006年交通建设安全生产工作的意见》要求公路工程单位全面落实安全生产责任制。各地要依法采取措施，分层次明确安全生产责任主体，逐级落实安全生产责任。要突出施工企业主体责任，特别要突出企业负责人、项目负责人的第一责任人的责任。要建立安全生产责任考核评价办法，构建有交通特点的建设安全生产防控体系。各地可结合国家和地方人民政府确定的安全生产控制指标要求，制定本地区交通建设安全生产控制指标。

安全生产责任制要明确各级安全管理人员的责任，首先成立施工安全领导小组，即以项目经理为施工安全第一责任人，下设以项目经理为组长，成员以安全管理部门负责人为主，由各管理部门负责人参加的施工安全领导小组，负责监督安全施工，制定安全生产管理措施及方法，是工程施工安全的最高领导机构，有权处理一切违章行为。项目经理作为施工安全管理第一责任人，应对公路工程项目施工过程中的劳动保护和安全生产工作负具体的领导和经济责任。领导并编制本项目安全生产管理的目标及措施，建立安全生产保障体系，确定安全生产管理职能。安全管理部门负责人为施工安全的重要责任人，负责施工实施安全规章和落实全面的安保工作。专职安全员以各施工班组专业安全员为成员，具体负责日常的安全工作。检查施工现场的安全隐患，对不穿工作服、不戴安全帽上工地及高空作业不系安全带等违章行为进行纠正和处罚，同时负责爆破、拆除、混凝土、土方施工过程中人及设备的安全和防护工作。而兼职安全员的责任不容忽视，负责具体落实分部工程、各工序的安全检查和督促工作，把安全隐患消除在萌芽状态。项目施工员对所管辖工程的安全生产负直接责任。坚决贯彻有关的安全生产技术措施和施工组织设计中规定的安全措施，对违章作业的班组和个人及时提出批评和防范措施，防止事故的发生。

（二）提高企业安全教育培训质量

安全教育培训是企业安全管理工作的重要组成部分，是企业安全管理系统工程中极为重要的一个子系统。对员工进行安全教育培训是企业保证安全生产，提高员工安全防范意识和能力的重要措施。而安全教育就其本身来说，是以企业实现安全生产为最终目标，按照一定的程序和要求对企业每个岗位员工的心理、思想意识及日常行为加以规范和影响的系列活动。当前，随着我国产业水平的不断升级，企业的整体装备水平也在不断提高，由此也给安全教育这项理论化、系统化的工作提出了新的要求。所以，探索安全教育工作的创新，是摆在安全管理工作者面前亟待解决的课题。

从对企业的安全教育现状的调查分析，公路施工企业安全教育质量不高，培训的内容没有针对性，视安全教育为一种形式。针对这些问题，提出以下五项措施：

1. 健全的安全教育培训责任制

首先要建立健全的安全教育培训责任制，明确安全教育责任，落实安全教育培训制度。明确施工现场各级教育培训的责任，并加强对责任主体的监督和考核，对考核不合格的责任人进行换岗或清退；确立安全教育培训的实施责任人，同时要注意培养安全教育实施责任人的职业素养和责任感；明确现场安全教育接受者的主体——施工现场全体人员。

2. 安全培训教育要遵循以下原则

（1）"三步骤"的原则，施工安全教育培训可分为安全生产思想教育、安全知识教育、安全技能教育培训三个步骤。安全生产思想教育即通过安全生产思想路线和方针政策的教育，提高各级领导、管理干部和广大职工的政策水平，使其严肃认真地执行安全生产方针、政策、法律。安全知识教育是对企业的基本生产概况、施工工艺、机械设备、高处作业、脚手架工程、模板工程、临时用电工程、文明施工、消防器材应用等安全基本知识进行学习。安全技能教育是结合公路施工专业特点，实现安全操作、安全防护所必须具备的基本技术知识的教育。

（2）经常性培训原则

当今是新知识、新材料、新技术在各行业应用速度极快的时代，不断更新思想、更新观念、更新知识、更新技术是各行各业生存发展的需要，不更新就意味着倒退，就意味着淘汰。因此，要进行经常性培训，还要把经常性的安全教育培训贯穿于企业员工工作的全过程，贯穿于每个工程施工的全过程，贯穿于公路施工企业生产活动的全过程。

（3）广泛性原则

所谓广泛性就是在进行安全教育时要保证每一个从业人员都能受到教育。要做到这一点首先要抓好对企业管理者、领导者的安全教育，提高企业管理者的安全意识和安全素养。然后建立覆盖企业全体人员的安全教育培训体系，即公路施工企业所有从事生产活动的人员，从企业经理、项目经理，到一般管理人员及一线作业人员，都必须严格接受安全教育，全力形成全员、全过程、全企业的安全意识。

（4）理论联系实践的原则

进行安全教育的最终目的是对事故的防范，因此，安全教育培训工作要密切结合公路施工生产生活实际，保证其能真正服从和服务于安全生产这个中心，使其为安全生产提供智力支持和思想保证。

（5）大众化原则

公路施工的从业人员大多数都是农民工，文化水平不高。如果安全教育用很专业的语言他们听不懂也不明白，最终失去兴趣产生抵触情绪。因此，安全教育培训工作要做到"通俗易懂"，尽量用浅显的语言和方式进行教育。

（6）创新性原则

创新，就是要做到勇于探索、开拓进取，不断探索安全教育培训的新思路、新方法。在坚持"与时俱进"的同时，更要坚持贯彻"发展就是硬道理"，以保持创新的连续性和持久性。

3. 安全培训教育的内容应具有以下特征

通常安全培训的内容包括安全知识培训、安全操作技能培训、安全思想教育等。但是也不能无论什么工种、岗位都学同样的知识，因此要因地适宜地选取安全培训教育内容。选取需遵循以下两个原则：

（1）安全培训教育的内容要适应需求。首先，要适应各层次的需求，包括组织的需求、岗位的需求、个人的需求。比如说，不同的公路施工阶段具有各自的不安全因素，如隧道施工和桥梁施工两个不同的岗位需要注意的安全隐患大不相同。其次，适应不同时期的需求，包括目前的急需和中长期发展的需求。如因季节或气温变化而产生的新的不安全因素。在施工现场，雨季施工中安全隐患危害程度和类型要远远大于平时；高温条件下施工中的安全隐患危害程度和类型要远远大于常温条件下的施工。如因雨季施工产生边坡的不稳定甚至坍塌、高温下施工产生的中暑等。

（2）安全培训的内容要有超前性。培训内容不但要体现针对性，要应付眼下急需，同时还要具备超前性，所选内容，无论知识还是技能，要站在当今科技发展、管理运作的前沿领域。所以，安全培训的内容，要针对不同的工种、不同的从业人员，不同的时间需要有不同的培训内容。

4. 改善安全培训教育的方法

传统的安全培训教育主要是采用理性灌输法，这是用得最多的一种教育方法，从理性角度向受教育者传授安全理论和方法，引导人们理解国家安全生产方针、法律法规和政策及企业的安全生产规章制度等，掌握预防、改善和控制危险的手段和方法。这种教育方法虽然具有系统性、理论性，但是会让人感觉到枯燥乏味，无法调动学习者的积极性。因此，笔者特提出以下几种安全培训教育的方法以供选择：

（1）互动、交流式的感性教育法

互动式安全教育培训法使教师的主导作用、学员的主体地位能够得以充分发挥和实现。采用互动式教学，能置教和学于研究探讨的氛围之中，不同的人对同一问题有不同的看法，而用开放、互动的方式就能谈谈自己的观点和意见，畅谈自己的想法和做法，同大家一起探讨，听取别人的经验和体会，互相启发，相互学习。整个学习氛围十分轻松，学员也可以将平时遇到的难题讲出与学友们交流、探讨。该方法的优点主要就是能够充分调动学员的积极性，让学员充分发表自己的见解，有利于深化主题，提高大家对某一问题认识程度。最后再由教师进行归纳和总结，以便达到更好的培训效果。

（2）理性灌输法和案例培训相结合的办法

案例培训法是用一定视听媒介，如文字、图片、视频等，所描述的客观存在的真实情景。针对公路施工农民工文化素质较低的情况，该法比较适用。通过历史上发生过的公路施工事故进行分类整理，并把各种事故发生的原因，以及如何防范、发生事故后如何处理等一一列出，给从业人员的感觉就是直观、通俗易懂、记忆深刻。但它也有不足之处：案例数量有限，并不能满足每个问题都有相应案例的需求。因此，我们采用理性灌输和案例培训相结合的办法，既避免了理性灌输法的枯燥乏味，又能学到更多的安全知识，也弥补了案例有限涉及的安全知识不能满足需要的情况。

（3）采用"直观教学法"

形象直观教育实际上就是通过现场、实物或模拟演示（练）迅速抓住学员的注意力，使学员有一种身临其境、课堂与现场零距离的感觉。这种培训方法可以最大限度地激发学员的学习兴趣，增强学员接受培训的积极性和主动性，从而达到最佳培训效果。其特点和作用：一是直观形象，解决了纯理论、培训内容抽象空洞问题，使学员寓教于乐，容易掌握学习内容；二是有针对性，可以根据工作或生产实际情况，突出组织某一个方面的培训，还可以灵活地选择培训项目；三是实用性强，能加深认识，特别是能弥补农民工文化水平低、基础知识不足的缺点。

安全教育培训的方法是多种多样的，各自的方法都有其优缺点，企业可以根据自己的实际情况选择适合本企业安全教育的方法，也可在以往方法的基础上发展、创新，最终找到适合本企业的安全教育培训方法。

5. 建立健全的安全培训效果监督、反馈机制

一方面，安全培训的最终目的是提高从业人员的安全素质，从而使从业员工能够在实际工作中安全生产。另一方面，从调研的情况来看，从业人员在工作中只关心行为的经济考核而不关心行为的安全后果，因此，要建立健全的安全培训效果监督及反馈机制。

（1）要建立健全的安全培训效果监督就要完善和健全安全培训约束机制，并加强追踪检查考核。要完善和健全安全培训约束机制并加强追踪检查考核，主要从以下三个方面来实现：

首先，加强对学习过程的监督考核。凡是未按照要求参加培训、培训过程中不遵守纪律、要求的培训时数没有达到的，都要按照企业的安全教育制度列入考核内容。对学习过程的考核是为了对职工相对制约，以保证学习效果。

其次，加强对学习效果的评估考核。应建立定期考核及检查制度，每次培训学习，不能光有"讲"和"学"的环节，而没有"考"即"效果评估"的环节。评估的内容可以在培训完后通过问卷、总结、组织交流的方式听取职工对培训的反应，以及对培训内容、技能的吸收掌握程度，对培训人员获得效果方面进行检验评价，并存入个人培训档案，也可按不同的考核项目，按年、季、月进行逐项考核及检查来评估其安全教育的效果。

最后，要加强对培训结果的激励。尽快建立企业干部职工安全教育培训的激励机制，安全教育工作不能局限在办班、开讲座、单纯搞培训上，要把安全教育培训的结果与干部职工的提拔和使用、职工的竞岗及对干部职工的安全管理、安全监督有机结合起来，贯穿到企业干部职工的述职、评议、考核等管理环节中去，使之成为促进干部职工安全学习的有效手段，进而提高企业干部职工安全教育培训的工作质量和效果。

（2）建立反馈机制

安全培训的反馈机制可以准确地掌握安全培训在实际工作中的具体效果。通过对安全教育的评估找到现阶段安全教育培训的不足之处，及时反馈回去以便能及时发现并纠正安全培训中的错误和偏差，进而对整体安全培训计划、内容、方法等进行修改和进一步完善。

（三）提高企业的安全文化水平

安全文化是人们安全价值观、思维方式和行为规范的总和，是以安全价值观为核心的人们的内在安全素质及其外在表现。

目前施工现场的实际情况如下：许多人存在不安全行为，大量不安全行为的结果必然导致事故发生。在安全管理上，时时、处处、事事监督施工现场每一位成员遵章守纪是一件十分困难的事情，甚至是不可能的事，这必然带来安全管理上的漏洞。建设安全文化正可弥补安全管理手段的不足。因此，要提高企业的安全管理水平就要建设企业安全文化，而建设安全文化必须了解建设安全文化的原则。

1. 建设安全文化的原则

企业安全文化是企业全体人员在安全生产过程中创造的物质和精神的总和。

任何企业都要面对安全生产工作，对安全生产都有一定的认识和保证措施。因此，企业安全文化没有"有"和"没有"之分，只有"优"和"劣"之分。但是，随意的发展，虽然也有文化的因素，不过是消极的、无凝聚力的。也就是说，良好的企业安全文化不是自然而然地得来的，需要企业有目的地去建设，而且，建设企业安全文化是一个过程，这个过程中必须遵循一些原则。

（1）安全第一、预防为主、遵章守纪

企业安全文化是企业全体人员的内在安全文化素质及其外在表现，主要标志是企业全体人员的安全价值观念、思维方式和行为规范。安全价值观念和思维方式是全体人员内在安全文化素质的主要内容，行为规范是全体人员的安全文化素质的外在表现的主要内容。企业文化建设需要自上而下地灌输，有必要将安全第一的安全价值观念、预防为主的思维方式以及遵章守纪的行为规范作为灌输的主要内容。

（2）实事求是，注重实效

企业安全文化建设是一个从低级向高级循序渐进的发展过程，一般来说，首先应加强行为规范的建设；其次是强化企业安全文化的物质系统的建设；再次是提炼形成安全价值的观念。企业安全的价值观一旦形成并被全体职工接受，即具有一定的稳定性，安全生产就有了核心的指导思想，企业安全文化建设又推进了新的阶段。将企业安全文化建设分为若干阶段，提出每个阶段的目标、任务、内容和对策措施，体现了实事求是、注重实效的原则。

（3）全员参与，通力协作

企业安全文化是全体人员安全价值观念、思维方式、行为规范的总和，企业领导的观念和行为只是榜样的作用，并不是企业安全文化的主流。而且，企业安全文化的水平与职工的参与程度有十分密切的关系。没有职工的参与或者参与程度较低，企业安全文化缺乏群众基础，不能认为是良好的安全文化，其作用和影响是肤浅的。通力协作要求各部门将企业安全文化建设摆在议事日程上，各负其责并相互沟通。

（4）坚持继承和变革

任何一个企业，都不可能割断其自身的文化传统，都必须在继承的基础上发展。企业的安全生产工作，总有其经验和精华，同时也有其不良习惯、糟粕。企业在其安全文化建设中理性地分析、归纳、总结本企业安全生产工作的精华，将其纳入企业安全文化建设规划的内容，并付诸实施，使其在新的企业安全文化体系中获得新的生命力。在企业安全文化建设中，继承和变革不是可以分开的两个独立部分，也不是互有先后的"两步走"，而是在内容上相互交叉、交融，在时间上同步进行的。通过继承与变革，企业安全文化体系将更完整和更有活力。

2. 建设施工企业安全文化的主要措施

在了解了安全文化建设的原则上，提出针对施工企业安全文化问题的改善措施：

（1）打造企业安全文化工作氛围

营造施工企业安全文化氛围，是一项涉及面很广、持续时间很长的一项长期而艰苦的任务，而且是业务量很大的工作。

首先，要树立"以人为本"的安全文化理念。现代企业安全文化涉及全体员工的安全素质，是建立在"以人为本"的理念上的。由于安全文化对人的影响是多层次的，因此不可能在短期内产生明显的、根本的效果，只有通过各种手段对人进行熏陶、培养和塑造，形成一种安全文化的氛围，促使人的安全意识产生质的飞跃。

其次，安全文化氛围的营造要结合公路施工企业的实际，公路施工企业都有行业的共同特性，安全文化氛围的营造策略途径、方法均可相互借鉴。但是，每个施工企业都有其自身的实际情况，必须从本企业的实际出发使安全文化氛围完全切合本企业的实际。一方面，要结合施工安全工作的实际需求，不要凭空臆造、虚构妄建。另一方面，要结合本企业的传统，优良的传统做法和习惯，是安全文化氛围的营造基础；不良的传统习惯习俗，需要逐渐改进。

再次，要营造安全氛围还得宣传。各施工企业利用信息简报、展窗等方式，向员工普及安全知识，宣传安全生产的先进事迹，使员工耳濡目染，帮助他们建立生产过程中的安全意识，培养安全生产的良好习惯，促进安全观念深入人心。

最后，安全文化氛围的内容和形式需要不断创新改进。当今是新知识、新材料、新技术在各行业应用速度极快的时代，不断更新思想、更新观念、更新知识、更新技术，就会有新的安全法规、政策产生。而这些新的法规、新的政策需要宣传，新的问题、新的对策需要了解，因此，需要不断改进安全文化氛围的内容及形式，以适应新的发展。

（2）将安全文化建设融于施工企业总体文化和各项工作中

首先，安全文化是企业文化建设的重要组成部分。安全文化建设必须融于施工企业文化，还要依赖于企业文化这个基础，没有企业文化的发展，企业安全文化也就没有了根基。而安全意识是安全文化的基础，因此必须加强对职工的安全素质教育，强化职工的安全意识，全面提高职工的思想素质和文化素质。

其次，安全文化建设必须融于施工企业的各项工作中去，即在施工企业的总体理念、企业的生产目标、企业的规划、岗位责任制的制定、施工过程控制以及监督反馈等方面融入安全文化的内容。

（3）把安全文化工作纳入企业领导班子工作议事日程，加强对安全文化建设工作的直接领导，充分发挥施工企业政治思想工作的作用。由施工企业法人代表挂帅，并由党、政、工、团等部门负责人组成管理小组，负责施工企业安全文化建设工作的统筹规划，制定施工企业的安全方针和安全目标，明确各职能部门在安全文化建设的具体职责，并要做好宣传动员、督促检查、总结评价等各项工作。把安全文化建设与政治思想工作紧密地结合起来，在施工企业全体成员中开展理想与道德的教育，提高全体成员的思想境界。同时，把安全文化融入施工企业各系统各类活动中去，使安全文化产生更广泛的效应，以深入人心。

参考文献

[1] 魏道凯，卞贵建. 农村公路施工安全与环境保护管理 [M]. 郑州：黄河水利出版社，2021.

[2] 谢兴华. 成乐高速公路扩改施工交通安全管理 [M]. 成都：西南交通大学出版社，2021.

[3] 潘凯，晁新忠，陈纪州. 公路工程经济及项目施工管理 [M]. 北京：中国石化出版社，2021.

[4] 陈伯奎，秦峰. 公路隧道质量安全管控提升指南 [M]. 北京：人民交通出版社，2021.

[5] 冯少杰，高辉，孙成银. 公路桥梁隧道施工与工程管理 [M]. 长春：吉林科学技术出版社，2021.

[6] 吴冰，乔树勋，刁胜勇. 高速公路施工大气污染防治技术指南 [M]. 北京：科学出版社，2021.

[7] 王志斌. 高速公路安全风险预警管理技术与应用 [M]. 北京：人民交通出版社，2021.

[8] 刘新. 公路工程跨越油气长输管道安全防护技术研究 [M]. 北京：人民交通出版社，2021.

[9] 方勇. 高速公路改扩建工程安全技术与实践 [M]. 北京：人民交通出版社，2021.

[10] 杨勇. 山区高速公路关键工点施工控制及安全预警技术研究 [M]. 成都：西南交通大学出版社，2020.

[11] 艾建杰，罗清波. 公路工程施工技术 [M]. 重庆：重庆大学出版社，2020.

[12] 吴留星. 公路桥梁与维修养护 [M]. 北京：中国纺织出版社，2020.

[13] 葛明元. 公路建设与项目管理 [M]. 长春：吉林科学技术出版社，2020.

[14] 袁凤，刘志. 路基施工技术 [M]. 北京：北京理工大学出版社，2020.

[15] 于洪江，李明樾. 道路工程施工技术 [M]. 重庆：重庆大学出版社，2020.

[16] 杨飞. 公路桥梁施工与隧道工程 [M]. 天津：天津科学技术出版社，2020.

[17] 许振兴，张晓峰，宋延艳. 高速公路房建工程施工技术指南 [M]. 北京：中国

建材工业出版社，2020.

[18] 彭翔．公路项目安全性评价案例集 [M]．北京：人民交通出版社，2020.

[19] 刘慧．公路桥涵养护技术 [M]．长春：吉林教育出版社，2020.

[20] 陈略．公路交通工程导论 [M]．成都：西南交通大学出版社，2020.

[21] 张庆勋．桥梁工程与施工管理 [M]．长春：吉林科学技术出版社，2020.

[22] 张锐．路桥工程施工与检测技术 [M]．天津：天津科学技术出版社，2020.

[23] 马绪荣．公路工程施工企业安全生产管理人员实用手册 [M]．北京：人民交通出版社，2019.

[24] 龚剑，吴小建．地下工程施工安全控制及案例分析 [M]．上海：上海科学技术出版社，2019.

[25] 张少华．公路桥梁工程与项目管理 [M]．北京：北京理工大学出版社，2019.

[26] 张建东，刘朵．公路水运工程承重支架安全技术指南 [M]．上海：上海科学技术出版社，2019.

[27] 任祥，何勇成．公路滑坡勘察与防护工程设计 [M]．北京：冶金工业出版社，2019.

[28] 毛磊，李俊均，李小青．公路隧道钻爆法开挖支护机械化施工与管理技术 [M]．武汉：华中科技大学出版社，2019.

[29] 董明．公路施工安全与环境保护技术 [M]．北京：人民交通出版社，2018.

[30] 杨勇，王琨，邵明学．公路施工安全管理与风险辨控技术 [M]．徐州：中国矿业大学出版社，2018.

[31] 李晓龙．公路工程施工安全管理 [M]．西安：西北工业大学出版社，2018.

[32] 孔德华．公路设施施工与安全防护管理 [M]．长春：吉林教育出版社，2018.

[33] 艾芃杉，邢敬林，刘秀．公路工程施工技术与安全管理 [M]．延吉：延边大学出版社，2018.

[34] 高峰．公路施工组织实务 [M]．北京：北京理工大学出版社，2018.

[35] 王秀敏，葛宁．公路工程施工组织与管理 [M]．天津：天津大学出版社，2018.